Cheryl Benard und
Edit Schlaffer

Gemeinsam Eltern bleiben - auch nach der Trennung

Emotionale
Schäden
bei
Scheidungskindern
vermeiden

WILHELM HEYNE VERLAG
MÜNCHEN

HEYNE SACHBUCH
19/572

Das Buch erschien in der Originalausgabe im Wilhelm Heyne Verlag unter dem Titel DAS KIND, DAS SEINEN VATER MIT EINEM SAMSTAG VERWECHSELTE.

Wir danken der Bank Austria, Wien für ihre Unterstützung.

Ungekürzte Taschenbuchausgabe
im Wilhelm Heyne Verlag GmbH & Co. KG, München
Copyright © 1996
by Wilhelm Heyne Verlag GmbH & Co. KG, München
Printed in Germany 1998
Umschlagillustration: Bavaria Bildagentur/FPG, München
Umschlaggestaltung: Atelier Adolf Bachmann, Reischach
Druck und Verarbeitung: Presse-Druck, Augsburg

ISBN 3-453-13194-0

Inhalt

1
Das Kind, das seinen Vater mit einem Samstag verwechselte

Samstag morgen, halb zehn, in einem ruhigen Vorort. Ein drahtiger, etwa dreißig Jahre alter Mann in Jeans und Windjacke und mit etwas zu langen, ungekämmten Haaren, fährt in einem VW vor. Er steigt aus und geht zielstrebig auf Haustür Nummer 7 zu. Er klingelt. Er wartet ein paar Minuten, dann klingelt er wieder, diesmal ungeduldiger. Die Tür geht auf, ein zehnjähriges Mädchen erscheint. Es trägt Jeans, einen Pulli und eine Jacke. Es ist zum Weggehen angezogen, aber es bleibt im Türrahmen stehen. Mit fester Stimme sagt das Kind: »Ich will nicht mit dir gehen.«

Ein paar Sätze werden ausgetauscht. Der Mann stellt einige Fragen, die das Mädchen knapp beantwortet. Es sieht ihn dabei nicht an, sondern scharrt unruhig mit den Füßen. Wie war die letzte Woche? Okay. Was gibt es Neues? Nichts. Wie geht es in der Schule? Gut. Das Mädchen ist sichtlich ungeduldig. Es wiederholt seinen ersten Satz und schließt die Tür. Durch die Glasscheibe sieht man, wie es in den ersten Stock hinaufläuft, ohne sich noch einmal umzudrehen. Der Mann steigt in sein Auto und fährt weg.

Dies ist keine Filmszene. Wir haben es auch nicht erfunden. Der hier beschriebene Ablauf wiederholt sich alle vierzehn Tage in einer Wohnsiedlung am Rande einer österreichischen Stadt. Die »Darsteller« sind keine besonderen Leute, sondern ganz normale Menschen aus der Mittelschicht: eine Hausfrau, ein Geschäftsmann, ein Verkäufer. Ihre Situation ist tragisch, aber nicht ungewöhnlich. Wir hatten im Laufe unserer Recherchen eine reiche Auswahl an solch bedrückenden Szenen, die sich durch zahlreiche weitere, ebenfalls wahre Details ergänzen ließen.

Wir hätten zum Beispiel hinzufügen können, daß an diesen Samstagen meist ein Mann mit einer Videokamera an der Straßenecke steht, um im Auftrag der Mutter, die sich weitere anschuldigende Vorladungen vor Gericht ersparen möchte, zu dokumentieren, daß sie das Kind, wie angeordnet, ausgehbereit hinuntergeschickt hat und daß es das Kind war, das nicht mitgehen wollte.

Der Mann im VW: Das ist Arno, der leibliche Vater des Kindes. Das Mädchen ist Franzeska, seine Tochter. Im ersten Stock oben, dort wartet die Mutter, Silvia, mit ihrem neuen Mann. Im Herbst fahren sie an den Wochenenden gerne nach Salzburg, zur Großmutter, doch das geht nur jedes zweite Wochenende, denn vierzehntägig müssen sie zu Hause bleiben, um das soeben geschilderte Ritual zu vollziehen: die Tochter zu ihrem leiblichen Vater hinunterschicken.

Dieses samstägliche Ritual, bei dem jeder Geste und jeder verzögerten Minute eine feindselige Bedeutung zukommt, ist das Resultat eines erbitterten Kampfes zwischen Mutter, Vater, Stiefvater, Anwälten und Gericht. Das »Kindeswohl« ist hier längst auf der Strecke geblieben. Genauso das »Wohl« aller anderen Beteiligten. Denn keiner hat etwas von dieser immer wiederkehrenden, quälenden Prozedur. Man muß keine Partei ergreifen. Weder für die sitzengelassene Mutter, die es nach mehrjähriger Verspätung nun mit einem plötzlich engagierten Erzeuger ihres Kindes zu tun hat. Auch nicht für den Vater, der alle vierzehn Tage auf entwürdigende Weise abgefertigt wird. Höchstens für das Kind. Wenn das Mädchen, wenn Franzeska später an die Beziehung zu ihrem Vater zurückdenkt, worin soll dann ihre Erinnerung bestehen? Darin, daß sie ihren Vater alle vierzehn Tage wegschicken mußte? Wie soll sie ihre Eltern in Erinnerung behalten? Als zwei Personen, die sich unter heftigstem Einsatz von Gerichtsgutachtern und Psychologen, An-

wälten und Aktionsgruppen, Richtern und Sozialarbeitern be-
kämpften?

Soll sie sich erinnern an jenen Versuch des Vaters, ihre Mutter in »Beugehaft« nehmen zu lassen, als sie einmal, zu Beginn
des Dramas, ganz einfach krank war und wirklich nicht mit ihm
kommen konnte?

Vielleicht wird sie sich nur an ein Gefühl der Neugierde erin-
nern, ihren Vater betreffend, und an die Unmöglichkeit, dieser
Neugierde nachzugehen, ohne ihre Mutter und ihren netten
Stiefvater zu verdrießen.

Dieser Fall gab uns sehr zu denken. Wir sprachen mit der
Mutter. Wir sprachen mit dem Stiefvater. Wir sprachen mit dem
Vater. Dem Kind, das ohnehin schon genug Sorgen hat, erspar-
ten wir unsere Bekanntschaft.

Zwar förderte jedes Gespräch neue gegenseitige Vorwürfe,
neue Tiefen an Mißtrauen und Ablehnung zutage, doch zu
unserer eigenen Überraschung hinterließ ausgerechnet dieser
Fall bei uns am allerstärksten das Gefühl, daß die Situation – ja,
gerade diese, in all ihrer trostlosen Verfahrenheit – eigentlich
lösbar gewesen wäre.

Die Beteiligten, in diesem Fall besonders der leibliche Vater,
waren vielleicht schwierig, aber keiner von ihnen war von
Grund auf böse oder gar ein schlechter Mensch. Es ist nicht
leicht, Arno zu mögen. Er strahlt Rechtschaffenheit und
Kampfeslust aus. Er ist zynisch und macht seine Ex-Frau völlig
herunter. Seine Tochter bezeichnet er oft als »das Kind« – ein
verbales Signal dafür, daß es ihm mittlerweile weniger um eine
echte Beziehung zu seiner Tochter geht als um den Rechts-
standpunkt. Er ist vollkommen uneinsichtig, was seinen eigenen Anteil an der Situation anbelangt.

Doch hinter seinem trotzigen, aggressiven Vorgehen steckte
irgendwo doch noch der Rest eines aufrichtigen Wunsches,
seine Tochter zu sehen.

Auch Silvia ist nicht gerade unkompliziert und steckt voller
Widersprüche. Mit ihrer Art zu kämpfen, die auch nicht immer

die feinste ist, macht sie sich mehr Probleme als nötig. Sie fühlt sich schwach und hat Angst. Das führt dazu, daß sie Konflikten einfach aus dem Weg geht; eine Strategie, die auch hinterhältig wirken kann. Silvia wäre es am liebsten, wenn Arno endgültig aus ihrem Leben verschwinden und sie mit ihrem neuen Mann in Frieden lassen würde. Aber in ihren Aussagen blitzen auch immer wieder Mitgefühl für Arno und Kompromißbereitschaft durch.

Die Fronten waren also nicht ganz verhärtet, und die Probleme wären lösbar gewesen, aber nur durch einige Schritte, zu denen die Betroffenen einfach und dezidiert nicht bereit waren. Im Lauf unserer Interviews stellten wir immer wieder fest, daß es Auswege gab, doch die Betroffenen waren nicht in der Lage, sie anzunehmen.

Die Mutter hatte in diesem Fall zwei akute Probleme, die ihren Umgang mit dem Kindsvater vergifteten. Erstens war sie erfüllt von (berechtigten) Gefühlen der Kränkung und des Ressentiments, die sich aus der Situation des Sitzengelassenwerdens während der Schwangerschaft und der frühen Kindheit der Tochter ergaben und später durch weitere Ablehnung seinerseits verstärkt hatten. Und zweitens machte sie sich wirklich Sorgen darüber, ob der Vater am Besuchstag gut genug auf die Tochter aufpassen und nett zu ihr sein würde.

Ersteres hat, juristisch gesehen, mit dem Besuchsrecht überhaupt nichts zu tun. Es ist vom gesetzlichen Standpunkt aus völlig irrelevant, welche Gefühle die Mutter des Kindes dem Vater des Kindes entgegenbringt. Das Besuchsrecht hat er trotzdem. Er kann der Mutter sogar Gewalt angetan haben – solange nicht erwiesen ist, daß er auch das Kind geschlagen hat, sehen viele Richter darüber hinweg. Gesetzlich ist dies möglich, aber es widerspricht natürlich den Gefühlen der Menschen.

Arno hatte sich, als die damals achtzehnjährige Silvia schwanger geworden war, als Partner und Vater zurückgezogen. Er verschwand nicht gänzlich von der Bildfläche, ließ aber offen, ob er sich »zum Kind bekennen« könne. Silvia verbrachte zwei aufreibende Jahre in der Hoffnung, daß sie und das Baby ihn für sich gewinnen würden, daß sie beide lieb und reizvoll genug sein könnten, um sein Herz zu erobern.

Das war nicht nur eine demütigende Situation, sie fand auch zu einem besonders ungünstigen Zeitpunkt statt, an dem Frauen sich häufig aufgewühlt und überfordert fühlen: während der Schwangerschaft, unmittelbar nach der Geburt und während der ersten Säuglingszeit.

Arno ließ Silvia aber noch länger zappeln. Er zog zu ihr und dem Kind, wollte jedoch nicht heiraten und leistete auch keinen finanziellen Beitrag. Silvia mußte sich alleine um die Versorgung und Ernährung des Kindes kümmern, Babysitter organisieren und arbeiten gehen. Arno wohnte bei ihr, studierte aber gemächlich weiter und half ihr kaum. Im Gegenteil, er spielte sich auf. *Er* war derjenige, der an einer Universität studierte und wichtige Prüfungen hatte! Und was war sie? Eine Person ohne Bildung, Mutter eines ledigen Kindes! Wenn es zum Streit kam, schlug er zwar nicht zu, bedrohte sie jedoch auf physische Weise, indem er sie etwa gegen die Wand preßte oder an den Haaren zog.

Auch nachdem er schließlich ausgezogen war, erfolgten keine Unterhaltszahlungen. Streckenweise überwies er einen Betrag von hundert Mark pro Monat.

Silvia mußte sehr kämpfen und vieles entbehren, um sich und das Kind alleine durchzubringen. Arno setzte bequem sein Studium fort, wurde dabei von seinen Eltern unterstützt und besuchte gelegentlich, wenn er Zeit und Lust hatte, seine Tochter.

Nun zum zweiten Punkt. Silvia erinnert sich daran, daß Arno das Kind mit unzureichender Sorgfalt betreute. Als Franzeska sechs bis sieben Jahre alt war, holte er sie des öfteren für einen Tag oder ein Wochenende ab. Danach brachte er sie oftmals erst um Mitternacht heim, obwohl sie am nächsten Tag in die Schule mußte. Oder sie kam mit großen Kratzern nach

Hause, weil sie unbeaufsichtigt auf dem Bauernhof seiner Freunde gespielt hatte und über eine Böschung gefallen war. Nach dem letzten Besuch, vor nun zwei Jahren, hatte die Tochter geweint, weil er sie in der verrauchten Wohngemeinschaft irgendwelcher Leute abgesetzt und sie ihn den ganzen Tag nicht zu Gesicht bekommen hatte.

Arno weist alle diese Vorwürfe zurück. Das findet er übertrieben und überzeichnet. Er sieht darin bösartige Verleumdungen und den Versuch, seine väterliche Kompetenz in Frage zu stellen.

Er hätte die Option, anders zu reagieren. Er könnte vom Wahrheitsgehalt im Detail absehen und einmal probeweise versuchen, die Sache aus der Perspektive seiner Ex-Freundin zu betrachten. Vielleicht könnte er dann der Tatsache ins Auge sehen, daß er von der neuen Familie – Mutter, Stiefvater und Tochter – als Eindringling erlebt wird, und versuchen, unter diesen Umständen so wenig bedrohlich wie möglich zu erscheinen.

Arno geht, einer männlichen Intuition folgend, den entgegengesetzten Weg. Er will so bedrohlich wie möglich auftreten, damit er ernstgenommen wird und man seinen Wünschen nachkommt.

Doch überlegen wir: Er *wollte* nicht mit Silvia und der Tochter zusammenleben. Sie haben sich ohne ihn ein neues Leben mit einem anderen Mann aufgebaut. Seine Tochter lebt in stabilen Verhältnissen. Will er dort Turbulenzen hineinbringen? Ist es nicht besser, wenn er von allen Beteiligten als positive Persönlichkeit, als Ergänzung und Bereicherung wahrgenommen wird, statt als Feind und Bedrohung?

In den ersten Lebensjahren seiner Tochter hat Arno sich unzuverlässig gezeigt. Nehmen wir aber an, daß er seither einen Gesinnungswandel erlebt hat. Vielleicht ist er ja, mit leichter Verspätung, erwachsen geworden. Er lebt heute in einer festen Lebensgemeinschaft mit einer jungen Frau, die ein Kind im Alter seiner Tochter hat. Möglicherweise hat er sich dadurch seiner eigenen Vaterschaft besonnen. Er will seine Tochter wiedersehen.

Nun könnte er beispielsweise über die Vergangenheit nachdenken. Er könnte sehen, daß er Silvias Situation sehr erschwert und sie dadurch verletzt hat. Er könnte erkennen, wie ungleich und ungerecht ihre vergangenen Jahre verlaufen sind. Er konnte studieren, Silvia nicht. Silvia hat das gemeinsame Kind versorgt und ernährt, er hat sich aus der Verantwortung gestohlen. Er könnte das bedauern, Silvias mühevolle Leistung anerkennen und versuchen, wenigstens jetzt einen Beitrag zu leisten, indem er irgendeine Hilfe anbietet, die Silvia braucht. Vielleicht könnte er etwas übernehmen, was ihr lästig ist, etwa das Lernen mit dem Kind für Schulprüfungen. Vielleicht kann er einen Urlaubs- oder Besuchstermin finden, der ihr einen zeitlichen Freiraum schenkt. Er könnte ihr entgegenkommen, um die Vergangenheit aufzuwiegen.

Silvia macht sich Sorgen darüber, was er mit dem Kind am Besuchstag unternehmen wird. Arno ist pikiert, er sieht darin eine Beleidigung und eine Schmälerung seiner Rechte. Statt dessen könnte er die gutwillige Interpretation wählen, daß sie sich aufrichtig sorgt. Er könnte ihr ferner freundlich zugestehen, daß sie das Kind, das sie so lange allein versorgen mußte, besser kennt als er. Es würde ihn nicht umbringen, seine Samstagspläne mit ihr vorzubesprechen.

Eventuell könnte sein Ego es sogar ertragen, wenn Silvia einen Vorschlag machen und er diesen tatsächlich annehmen würde. Vielleicht könnte er mit der Tochter zunächst einmal bloß ins Kino gehen und sie danach wieder heimbringen. Das wäre zwar nicht die ihm gesetzlich zustehende Stundenzahl, aber die hat er ja jetzt auch nicht – ebenso wie Silvia nie die ihr gesetzlich zustehenden Unterhaltszahlungen bekam.

Sich jetzt plötzlich hinter dem Gesetz zu verschanzen, ist nicht ehrlich – und schon gar nicht erfolgversprechend.

Zum Zeitpunkt unseres Interviews mit Arno haben wir bereits viele Gespräche mit besuchsrechtsgeplagten Vätern hinter uns. Wir haben mittlerweile eine ganz gute Vorstellung vom Kummer dieser Väter und viel Bereitschaft, uns mitfühlend in ihre Situation hineinzudenken.

Einige dieser Väter haben uns, sehr mitreißend und plastisch, ihre Einsamkeit und ihre Verletztheit nähergebracht. Wir können durchaus auch verstehen, daß ein andauernder Scheidungskonflikt die Menschen zermürbt, Frauen und Männer. Nachdem sie sich gegenseitig – ermuntert vom Rechtssystem – jahrelang Absurditäten zugemutet haben, können sie mitunter paranoid oder hysterisch wirken.

Besonders Männer neigen, wenn sie sich bedroht und schlecht behandelt fühlen, zu aggressiven archaischen Reaktionen. Es fällt ihnen leichter, zu drohen, als zu verhandeln; sie berufen sich lieber auf ihre formalen Rechte als auf ihre Gefühle. Ihr Verhalten ist oftmals kontraproduktiv, aber im Kern ist es nachvollziehbar. Es ist furchtbar, ein geliebtes Kind und eine vertraute Privatsituation zu verlieren. Es ist schrecklich, Frau und Kinder weiterhin in der Wohnung zu wissen, und selber keinen Zutritt mehr zu haben.

Aber was Arno macht, ist ebenfalls schrecklich und führt, wie wir sahen, nicht zum angestrebten Ziel. Er will seine Tochter haben. Das ist erreichbar, indem er sich entweder mit der Mutter dieser Tochter versöhnt oder zumindest arrangiert, was aber bedeutet, daß er ihre gemeinsame persönliche Vorgeschichte reflektiert. Er kann natürlich auch versuchen, mit staatlicher Gewalt sein Recht an der Tochter einzufordern. Dann entscheidet das Gericht, wer das Sorgerecht bekommt. Wird es der Mutter zuerkannt, dann bekommt der Vater das Umgangsrecht garantiert. Darauf kann er pochen, indem er sie dauernd vorladen läßt. Weil sie ihm Schmerzen und Ärger bereitet hat, freut sich Arno über den Ärger, den er nun *ihr* bereiten kann. Für das Kind erscheint er damit aber als gewalttätiger Feind, der seine Mutter quält. Um sich zu rechtfertigen, muß er der Tochter fürchterliche Dinge über die Mutter erzählen. Damit verletzt er ihr Bedürfnis, diese Mutter zu lieben. Das Kind fühlt sich gleichzeitig schuldig, der Mutter und dem Stiefvater solche Probleme zu verursachen. Die Mutter weigert sich, das Kind zu den Ausflügen mit dem Vater zu zwingen – das ist nicht ihr Erziehungsprinzip, sagt sie mit Recht. Der Vater steht da als einer, der seine Tochter am liebsten in Handschellen abführen würde. Das vergrößert noch die emotionale Distanz, die es zwischen ihnen ohnehin schon gibt. Die ständigen Störungen belasten Silvias neue Ehe. Die Tochter muß sich vorwerfen, daß ihre neue harmonische Familie – sie hat neuerdings sogar einen kleinen Bruder – ihretwegen ständig in Aufruhr ist. In dieser Situation kann keiner gewinnen.

Mit jedem Tag, den wir mit der Recherche für dieses Projekt verbrachten, erkannten wir deutlicher die Wahrheit des trockenen Ausspruchs eines uns bekannten Richters: Sorgerechtsstreitigkeiten sind in Wahrheit nicht judizierbar.

Der wichtigste Schritt aus verkorksten Situationen wie dieser ist das Eingeständnis vergangener Fehler, wenigstens sich selbst, am besten aber auch dem ehemaligen Partner gegenüber. Um richtig präzise zu sein, müssen wir es sogar ein bißchen altmodischer formulieren und von vergangener Schuld sprechen.

Diese Schuld kann man abstreiten. Man kann vom anderen verlangen, sie zu vergessen, doch das wird der andere höchstwahrscheinlich nicht tun, schon gar nicht, wenn die Beziehung mittlerweile zerbrochen ist. Oder man kann die Schuld eliminieren und das verlorene Gleichgewicht wiederherstellen. Wie das geht, wissen wir alle dank unserer christlichen Tradition: durch Reue und Wiedergutmachung. Das Ziel jedenfalls muß es sein, einen tragbaren Abschluß zu erreichen. Das verlangt Vergessen, aber Vergessen ohne Vergeben ist unrealistisch, und Vergeben ohne Einsicht seitens dessen, der zu vergeben hätte, ist zuviel verlangt.

Wenn eine Sorge- und Besuchsrechtsituation ganz besonders verhärtet ist, läßt sich das fast immer auf grobe vergangene Verletzungen des einen oder anderen Elternteils zurückführen. Diese persönliche Vorgeschichte wirkt nach, auch wenn das

Gericht nichts davon hören will, auch wenn Freunde raten, jetzt nur noch an die Zukunft zu denken. Es muß ein Schlußstrich gezogen werden, aber das wird nie gelingen, solange es noch offene Gefühlsrechnungen gibt.

Wir wollen in diesem Buch gangbare Wege finden, um das Leben nach der Scheidung positiver zu gestalten. Unsere Stimmungslage dabei ist teilweise trüb, teilweise heiter. Trüb, weil wir einfach nicht an das neuerdings weitverbreitete, romantisch verklärte Trugbild von der sogenannten »idealen Scheidung« glauben können. Anleitungen für das Leben nach der Scheidung sind allenfalls Versuche der Schadensbegrenzung, mehr nicht. Wenn wir trotzdem zuversichtlich sind, dann deshalb, weil sich die meisten Probleme in einem Bereich bewegen, der durch die Betroffenen weitgehend steuerbar ist. Es geht um Ihr Verhalten und um Ihre Gefühle: Und das sind Dinge, die zu Ihnen gehören und Ihrer Kontrolle unterliegen.

Zur Illustration ein kleiner Gedankensprung. Eines nachmittags kam ich ahnungslos nach Hause – ich wohne in Wien – und mußte erschrocken feststellen, daß von der Decke in meiner Küche Wasser heruntertropfte, ziemlich viel Wasser und ziemlich schnell. Es schien relativ klar, wo das Problem liegen mußte. Wahrscheinlich war in der Wohnung über mir eine Waschmaschine oder ein Wasseranschluß defekt. Auch der Ort des Problems schien klar, schließlich tropfte das Wasser sichtbar und immer heftiger von einer bestimmten Stelle in der linken Ecke der Küche.

Wie sich dann aber herausstellte, lag das Problem ganz woanders. Eine unter Putz verlegte Leitung war an einer ganz anderen Stelle undicht geworden. Aber infolge der Neigung des Rohrs lief das Wasser zuerst ein geraumes Stück die Leitung entlang, um dann an der schwächsten Stelle durchzudringen.

Das Problem hatte außerdem eine Geschichte. Die Nachbarin von oben hatte schon lange gewußt, daß diese Leitung, die ihr Bad versorgte, alt und rostig war und ersetzt werden mußte. Das hatte sie hinausgezögert, weil sie dann ihr Bad hätte ganz neu kacheln müssen. Dem Installateur gegenüber trat sie zunächst, weil sie sich schuldig fühlte und Vorhaltungen vermeiden wollte, ziemlich unfreundlich auf.

Es gab auch eine historische Dimension. Die Leitungen waren deshalb so schlecht, weil das Haus in der unmittelbaren Nachkriegszeit von alliierten Truppen besetzt und nur notdürftig instandgesetzt worden war. Mein recht einfaches Problem hatte also eine technische, eine soziale, eine finanzielle und eine historische Komponente. Doch worauf ich hinausmöchte, ist die Tatsache, daß sich das Problem an einer Stelle zeigte, an der es gar nicht entstanden war. Ich hätte an dieser Stelle herumbohren und pflastern und mauern können, soviel ich wollte, das Wasser wäre immer weiter durchgesickert. Irgendwann wäre dann die Decke eingestürzt.

Der Streit um das Sorgerecht ist ein solches Problem. Seine Entstehung und daher auch seine Lösung liegt anderswo. War schon mein einfaches Leitungsproblem durch seine Vielschichtigkeit kompliziert, gilt das um so mehr für das Sorgerecht. Hier spielt ein schier unentwirrbares Konglomerat aus emotionalen, sozialen, finanziellen, historischen und politischen Dimensionen seine fatale Rolle. Wir können die einzelnen Ebenen bearbeiten, wir müssen es sogar: wie ich einen Eimer unter das Loch stellen, den Fleck trockenlegen, mit Folie bedecken und anschließend übermalen mußte. Doch das darf uns nicht davon ablenken, daß wir an einer ganz anderen Stelle ansetzen müssen, wenn das Problem wirklich behoben werden soll.

Wir möchten Ihnen helfen, diese andere Stelle zu finden. Und wir möchten Ihnen sagen, was Sie tun können, um Ihre eigene Decke über dem Kopf so zu reparieren, daß Sie und Ihre Lieben diese komplizierten Zeiten so unbeschadet wie möglich überstehen.

Da es sich hier um ein ideologisch schwer befrachtetes Thema handelt, sollten wir vielleicht auch unseren persönlichen Standpunkt beschreiben. Wir glauben an die Familie. Wenn Familien und Beziehungen kaputtgehen, kann das mitunter genauso schmerzhaft sein wie eine schwere Krankheit oder der Tod eines nahestehenden Menschen. Die Sicherheit und Bestätigung, die man in Liebesbeziehungen finden kann, wird einem jäh entrissen.

Für viele Menschen ist die Scheidung – im nachhinein – ein Akt der Selbsterkenntnis. Wer sich sehr zurücknehmen und verstellen mußte, um den Partner zu beschwichtigen und zu behalten, bekommt mit der Trennung ein Stück von sich selbst zurück. Wenn die Familie ein System mit sehr rigiden Regeln und sehr starren Zuschreibungen war, gewinnen die Mitglieder durch ihre Auflösung sehr viel Bewegungsfreiheit. Simone de Beauvoir erzählte von ihrer Mutter, wie diese erst in ihrer fünften Lebensdekade, als sie verwitwet war, so richtig aufblühte. Sie lernte zwei Fremdsprachen, außerdem das Radfahren, machte eine Ausbildung, nahm eine Arbeit an und entwickelte sich zu einer gänzlich anderen, vielseitigen Persönlichkeit.

Das alles aber beschreibt nicht »die Ehe« oder »die Familie«, sondern die schlechte Ehe und die unglückliche Familie. Und selbst dabei ist der Verlust der Bindungen so zerstörerisch und so schmerzhaft, daß die Freiheit teuer erkauft ist und bleibende Wunden hinterläßt.

Der Kampf um das Sorgerecht ist ein Nebenschauplatz. An diesem Nebenschauplatz wird so blutig und erbarmungslos gekämpft, daß wir ihn leicht für das eigentliche Zentrum des Konfliktes halten könnten, doch das wäre falsch. Wir werden Wege beschreiben, um auch auf diesem Nebenschauplatz besser durchzukommen. Aber die Wurzeln des Problems liegen ganz woanders.

Im Kampf um das Sorgerecht erkennen wir auch eine Chance. Bei dieser Problematik gestehen sich Männer wie in sonst keiner anderen privaten Angelegenheit ihre Betroffenheit ein. In so einem Fall ist es schwerer, alles hinzuwerfen und sich einfach abzuwenden. Die meisten betroffenen Männer empfinden dabei, vielleicht erstmals, einen großen Verlust.

Sie können ihn immer noch tarnen und behaupten, es ginge

ihnen nur darum, daß das Kind sie brauche. Es ginge ihnen nur um das Prinzip, daß sie schließlich immer noch die Väter seien und ihre Rechte hätten, verdammtnochmal. Aber das ist Fassade. Dahinter liegt ein Nerv bloß, vielleicht der letzte – oder der erste – echte, lebende Nerv.

Da kämpfen Frauen und Männer um ihre Kinder. Dabei stellen diese Kinder einen unlösbaren Teil ihrer Gemeinsamkeit dar. Darin könnte ein neuer Anfang liegen.

Ganz gleich, aus welchen Gründen: Wir Menschen suchen uns Partner. Meist vom anderen Geschlecht, verbunden mit der Option, gemeinsame Kinder zu zeugen. Und noch immer gilt die Monogamie, die möglichst lange Dauer einer möglichst exklusiven Liebesbeziehung als anzustrebendes Ideal.

So weit die Theorie. In der Praxis ist jede Regel schon längst gebrochen, bezweifeln wir längst die Kausalzusammenhänge, die früher wie Naturgesetze unser soziales Zusammenleben beherrschten, eisern und solide. Heiraten, um Kinder zu bekommen? Nicht notwendig. Zwei Elternteile? Muß nicht sein. Verbindungen, die ein Leben lang halten? Damit rechnet fast niemand mehr, nicht einmal am Hochzeitstag.

Manche unserer neuen Bekenntnisse schweben in einem seltsamen Raum zwischen Trost und Freiheit, Wahrheit und Trotz. Unsere Kinder wachsen mit Stiefeltern auf? Ist doch egal; gute Elternschaft hat mit Blutsverwandtschaft nichts zu tun. Männer sind als finanzielle und emotionale Stütze in der Familie nicht mehr zuverlässig? Wer braucht sie schon, man kommt auch ohne sie zurecht. Scheidungen nehmen zu? Besser als früher, als man einfach unglücklich verheiratet bleiben mußte.

Wir wissen, daß die früheren, stabileren Verhältnisse oftmals auf Zwang und Verlogenheit basierten. Und wir wissen heute, daß die alten, autoritären Machtstrukturen mehr Schaden anrichten, als sie uns nützen. Entscheidend für das Wohl eines Kindes ist nicht die Tatsache, *daß* die Eltern zusammenbleiben, sondern *wie* die Eltern zusammen leben. Einen Vater, der die Familie ernährt und jeden Abend um fünf heimkommt, aber bloß, um sich aufzuspielen und Nervosität zu verbreiten, den brauchen wir nicht, den wollen wir nicht.

Wäre es in den fünfziger Jahren wirklich so toll und so schön gewesen, dann hätte die nachfolgende Generation davon ein Zeichen geben müssen, etwa in Form einer beeindruckenden psychischen Stabilität und dem dringenden Wunsch, ein genauso schönes und harmonisches Familienleben zu führen wie die Eltern. Nein, das war Fassade. Und vorher, vor der Fassade der lächelnden Kleinfamilie, herrschte das Patriarchat. Jahrhunderte, in denen verheiratete Frauen keine Rechte hatten, mit der Hochzeit ihr Eigentum und ihre Mündigkeit verloren, es außerhalb der Ehe aber für eine Frau kaum ein Auskommen gab. Dorthin wollen wir auch nicht mehr zurück, selbst wenn das ginge.

Und wo sind wir heute? Beim Sorgerecht. Männer und Frauen, die sich nicht mehr lieben, die nicht mehr zusammenleben können, suchen einen Weg, den lebenden Rest ihrer Beziehung – das Kind, die Kinder – zu teilen.

Teilen ist übrigens ein interessantes Wort. In der deutschen Sprache wird es ganz wertneutral verwendet, wenn es um die Lösung eines Eigentumskonfliktes geht. Die englische Sprache ist hier differenzierter. Da gibt es zum einen das Wort »to share«. Wenn zwei Kinder streiten, weil sie beide gleichzeitig dasselbe Spielzeug benützen wollen, dann werden sie von umstehenden Erwachsenen aufgefordert, es zu »teilen«: to share. Wenn aber zwei Leute, die zusammengelebt haben, sich trennen und ihren Hausrat auseinanderdividieren müssen, dann ist ein ganz anderes Wort gefordert: »to divide«.

Das Problem mit »to share« ist, daß es fast nie praktikabel ist. Mit den wenigsten Dingen kann man das wirklich machen, es sei denn, sie erfordern explizit mehr als einen Benutzer, wie zum Beispiel manche Brettspiele. Doch dann spricht man komischerweise niemals von »teilen« und auch nicht von »to share«. Die meisten Dinge, die man sich teilt, werden dadurch kleiner. Man halbiert sie. Oder man halbiert die Zeit, in der man sie benützen kann, wenn man sich zum Beispiel eine Schreibmaschine teilt. Ob dieses Teilen dann zu einem freundlichen »share« oder zu einem eiskalten »divide« wird, hängt im Grunde lediglich davon ab, wie die Bedürfnislage ist. Und natürlich das Gefühl.

Wenn Menschen aufeinander böse sind, überlassen sie sich nicht einmal Dinge, die sie selbst gar nicht wollen oder brauchen. Das optimale »share« kommt dann zustande, wenn die Bedürfnisse sich ergänzen. Jemand, der nur vormittags eine Schreibmaschine braucht, kann sie sich wunderbar mit jemandem teilen, der sie nur am Nachmittag benötigt. Dann müssen sich beide nur noch an ein paar Regeln (wer wechselt wann das Farbband) und Ausnahmebestimmungen (was ist, wenn einer nicht fertig wird und die Schreibmaschine länger braucht) halten. Und wenn die beiden eine gute Beziehung zueinander haben, kann sie es auch verkraften, daß die Maschine irgendwann kaputtgeht, und zwar ohne irgendwelche Schuldzuweisungen.

»To share« – das ist sehr kompliziert. Richter wissen, daß Menschen – zum Beispiel Nachbarn, die ein paar Laufmeter angrenzenden Rasen miteinander teilen müssen – über die wahnwitzigsten Dinge streiten können. Über ein paar Blätter zum Beispiel, die vom Baum fallen und unrechtmäßig auf der falschen Seite des Zaunes landen.

Wir sind – wer könnte es angesichts unserer Geschichte bezweifeln – eine streitbare Spezies. Und nun wollen wir eine alle Seiten zufriedenstellende Methode finden, um Kinder zu teilen. Diesen Punkt haben wir erreicht. Es wäre vielleicht ratsam, grundsätzlich darüber nachzudenken, ob uns wirklich gefällt, wo wir stehen.

Soziale Zustände, die ungerecht sind, können sich lange halten, aber nicht ewig. In unserem Jahrhundert hat das Scheitern von Ehen und Familien zu Formen des Scheidungs-, Sorge- und Besuchsrechts geführt, die sich als sehr problematisch erweisen.

Vorausgeschickt muß werden, daß es noch nirgendwo auf

unserem Planeten gelungen ist, eine gerechte Formel für die Betreuung der Kinder nach dem Scheitern der elterlichen Beziehung zu finden. Manche Gesellschaften haben die Scheidung einfach rigoros verboten. Die Versuchung, das Problem so zu regeln, ist angesichts der Folgekosten von Trennungen fast verständlich. Aber mittlerweile wissen wir, daß eine erzwungene Gemeinsamkeit für alle Beteiligten ebensoviele Probleme erzeugen kann wie eine Trennung.

In den meisten islamischen Ländern sind Kinder das Eigentum des Mannes. Wird eine Frau von ihrem Mann verstoßen oder geschieden, hat sie keinen Anspruch darauf, ihre Kinder auch nur zu sehen. Da dieser Weg untragbar war für die Mütter und deren Kinder und in der Praxis auch für die Väter, hat sich in den meisten Ländern de facto ein »Sorgerecht« der Mutter herauskristallisiert, zuerst für die jüngeren Jahre der Söhne und für Töchter bis zur Heirat, dann für Söhne bis zur Pubertät. Selbst dort, wo das männliche Sorgerecht formal praktiziert wird, bedeutet es de facto ein Sorgerecht für die weiblichen Verwandten des Mannes. Eine Stiefmutter gilt im herrschenden islamischen Denken als denkbar schlechteste Betreuungsperson, die Kinder gelten in solchen Fällen als sehr bedauernswert.

In der christlichen Welt blieben Kinder nach einer Trennung der Eltern in der Obhut der Mutter, die als fürsorglicher und zärtlicher galt. Gleichzeitig galt sie als naiver und weltunerfahrener, weshalb die grundsätzlichen Entscheidungen weiterhin vom Vater getroffen werden durften. In Österreich war das ebenfalls lange so, und Sozialarbeiter mit langjähriger Berufserfahrung erinnern sich mit Grausen an die Konflikte und Probleme, die sich daraus ergaben. Die Frau hatte das Recht, ihre Kinder leiblich zu versorgen; der Vater hatte das Recht, sie in jeder Frage zu bevormunden und zu kontrollieren. Das war äußerst ungerecht und konnte sich daher nicht halten.

Heutzutage ist zunächst einmal grundsätzlich offen, welcher Elternteil das Sorgerecht bekommt. In der Regel enden die Fälle jedoch nach folgendem Muster: Nach einer Scheidung hat die Mutter sowohl die Aufgabe, das Kind aufzuziehen, wie auch das Recht, Art und Inhalt und Ort dieser Erziehung zu bestimmen. Der Vater hat die Pflicht, zu zahlen, und das Recht, sein Kind zu sehen; aber er hat kein verbrieftes Recht der Mitsprache. Das ist ebenfalls ungerecht und wird sich ebenfalls nicht halten können.

Es gibt Männer, die in ihrer Ehe zufrieden waren, die sich nichts zuschulden kommen ließen und die eines Tages von ihrer Frau darüber informiert wurden, daß sie einen neuen, tolleren Partner gefunden habe.

Diese Männer sehen dann oft keinen anderen Ausweg, als ihr Heim zu verlassen, in dem sie sich zu Hause fühlten, und in das sie viel Geld und Arbeit investiert haben. Sie sehen sich gezwungen, dabei ihre Kinder zurückzulassen, die sie lieben, und sie müssen sich unter kränkenden Umständen aus einer Beziehung lösen, die sie lieber fortgeführt hätten. Und möglicherweise tragen sie auch noch zum Unterhalt von Kindern bei, deren Leben sie nicht mehr mitgestalten können, und die sie nur noch unregelmäßig und unter bedrückenden, unnatürlichen Bedingungen sehen.

Auch wenn der Fall ganz anders gelagert ist und der Mann keinesfalls als trauriges Opfer dasteht, ist es einfach unrealistisch, finanzielle Verpflichtungen völlig ohne Gegenwert festzulegen.

Nun können wir natürlich sagen, daß der »Gegenwert« von Unterhaltszahlungen darin besteht, daß man sein Fleisch und Blut gut ernährt, gut gekleidet und gut gebildet weiß und auch das befriedigende Gefühl hat, daß Kinder erfolgreich zu Erwachsenen heranreifen. Doch das ist ein bißchen arg abstrakt.

Wir können auch sagen, daß eine alleinerziehende Mutter in fast jeder Hinsicht den kürzeren zieht; daß man ihre Belastung und die Einschränkungen ihrer Lebens-, Beziehungs- und Berufschancen mit Geld gar nicht aufwiegen kann. Das ist ein weiterer Grund, warum dieses Arrangement ungerecht ist.

Überlastete Mütter, des Mitsprache- und Mitwirkungsrechts

beraubte Väter, erbitterte Nachscheidungskonflikte und Kinder, die im permanenten Streit und Loyalitätskonflikt aufwachsen – so geht es nicht weiter.

Manche sehen die Lösung im gemeinsamen Sorgerecht. Theoretisch könnte das gut sein. Statt zu streiten, würden die Eltern alle wichtigen Entscheidungen, das Kind betreffend, gemeinsam und kooperativ diskutieren und beschließen. Die Kinder würden ihren Vater ganz oft sehen. Er wäre weiterhin in seiner Elternschaft engagiert. Das wäre der schöne und der faire Ausgang. Im Moment ist er undurchführbar. Menschen, die sich getrennt haben, weil sie nicht miteinander kooperieren und kommunizieren können, sind zu einem gemeinsamen Sorgerecht selten fähig.

Menschen, die noch nach der Trennung streiten und kämpfen und leiden, weil sie sich innerlich nicht mit dem Geschehenen abfinden und voneinander friedlich verabschieden können, zu ständigem Kontakt über tausendfache Detailfragen zu verurteilen, grenzt beinahe an Folter und wird nicht gut ausgehen.

Die Zerrissenheit und die Loyalitätskonflikte verschärfen sich für Kinder nur, wenn man versucht, ihr Leben zu halbieren. Wenn man noch dazu das von fast allen Psychologen und Pädagogen heftigst abgelehnte Experiment mit ihnen macht, sie auf zwei angeblich gleichgewichtige »Zuhause« zu verteilen, mit zwei Kinderzimmern, zwei Kleiderschränken und dergleichen mehr, legt man den Grundstein für eine seelische Schizophrenie.

Außerdem führt dieses Konzept zu zahlreichen weiteren Kämpfen und neurotischen Verstrickungen. Es ist nicht praktikabel. Geschiedene können nicht, was Berufsausübung und Partnerwahl anbelangt, jahrzehntelang die Gefangenen ihrer ehemaligen Partner sein, unfähig, in eine andere Stadt zu übersiedeln, ohne entweder die Genehmigung des jeweils anderen einzuholen oder ihre Rechte gegenüber dem Kind zu verlieren.

Das gemeinsame Sorgerecht kann nur funktionieren, wenn die Beteiligten sich vertragen und verstehen, einen grundlegenden Konsens in allen wichtigen Punkten haben, sich freundlich oder zumindest neutral begegnen können und wissen, wie man Konflikte konstruktiv austrägt. Diese Beschreibung trifft allerdings nur auf einen Bruchteil der Geschiedenen zu.

Die schlichte Wahrheit ist, und fast alle Anwälte und Richter wissen das und sagen es auch, daß eine wirkliche Lösung in Familienrechtsangelegenheiten nicht judizierbar ist. Gerichte und Anwaltskanzleien sind die denkbar schlechtesten Orte, um sie herbeizuführen.

Die jetzige Situation für Kinder nach einer Scheidung ist schlecht. Das Problem liegt aber nicht beim Gesetzgeber. Das Problem sind nicht einmal die Geschiedenen. Die sind »normal« im statistischen, im sozialen Sinn, und ihr Schicksal muß als eine normale Reaktion auf ein stukturelles Problem angesehen werden, das sie nicht persönlich verursacht haben.

Zwischen 30 und 60 Prozent aller Ehen enden mit einer Scheidung. Das zeigt, daß nicht nur manche Männer und manche Frauen, sondern sehr viele Männer und sehr viele Frauen nicht mehr miteinander auskommen können. Wenn wir Scheidungen, Nachscheidungskonflikte und das Sorgerechtsproblem lösen wollen, müssen wir herausfinden, warum das so ist. Und weil wir es hier und heute in unserem ganz persönlichen Leben besser haben wollen, und nicht erst in zweitausend Jahren, nachdem sich mit der geduldigen Allmählichkeit geschichtlicher Großumschichtungen ein neues Gleichgewicht eingependelt hat, müssen wir herausfinden, was wir persönlich hier und heute tun können, um entgegen der Statistik ein friedliches Auskommen mit dem Ko-Elternteil unserer Kinder und eine gute Beziehung zu diesen Kindern haben zu können.

Vielleicht ist Ihnen anhand des Titels aufgefallen, daß dieses Buch vor allem der männlichen Seite des Nachscheidungslebens gewidmet ist. Das ist deshalb so, weil die männliche Perspektive viel weniger bekannt ist. Aber es hat noch einen anderen Grund.

Es sind die Männer, die entscheidend darüber bestimmen

werden, ob es einen neuen Vertrag zwischen ihnen und den Frauen geben wird oder ob sich die gegenwärtige Entfremdungs- und Entfernungsbewegung fortsetzt.

Und da prognostizieren wir den positiven Ausgang. Wir haben sogar ein Patentrezept für den neuen, verbesserten, renovierten, modernen Mann entdeckt: in Form eines ganz einfachen kleinen Aufklebebildes, das Sie, lieber Leser, sich an den Kühlschrank oder den Badezimmerspiegel heften können.

2
Traumscheidung statt Traumhochzeit –
Die neue Romantik der Scheidung

Die Zeremonie ist beendet. Der Richter lächelt wohlwollend und wünscht dem Paar alles Gute. Richard wendet sich Joan zu und küßt sie zärtlich.

Eine Hochzeit? Richard und Joan – ein frischgebackenes Ehepaar? Aber nein. Diese rührende Schlußszene aus John Updikes Roman *Too Far To Go* beschreibt eine Scheidung. Und der Zeitgeist-Autor Updike hat darin mit feinem Gespür die neue Romantik unseres Zeitalters erahnt.

Eigentlich müßte Linda de Mol, um wirklich am Puls der Zeit zu bleiben, eine ganz andere Fernsehsendung moderieren: »Traumscheidung«.

Die Spannung zwischen Nähe und Distanz, zwischen dem Wunsch nach Verschmelzung und dem Bedürfnis nach Selbstverwirklichung, das zeitlose Drama zwischen Männern und Frauen also, kulminiert heutzutage ironischerweise in der Scheidung.

Wenn wir die vielen Probleme meistern wollen, die uns das Massenphänomen der Scheidung beschert, müssen wir ihnen rückhaltlos auf den Grund gehen. Vor allem aber müssen wir uns von allzu trivialen Denkmustern, Platitüden und pietätsvollen Floskeln verabschieden.

Als Antwort auf das Problem der zerrissenen Familien, der Loyalitätskonflikte ihrer Kinder und der massiven ungelösten Probleme zwischen Männern und Frauen hat sich die Gesellschaft eine simple Formel zurechtgelegt. Mit dieser Formel berieselt sie uns von allen möglichen Seiten.

Und wir lassen uns das gefallen, weil die Formel zunächst einmal ganz plausibel klingt, weil sie uns tröstet.

Die gute Geschiedene – Version für Frauen

Frauen sind besonders empfänglich für die neue Devise der Scheidung, einfach weil sie zugänglicher sind. Sie lesen Beziehungsbücher und entsprechende Artikel in Frauen- und Psychozeitschriften. Sie gehen in Beratungsstellen. Sie besuchen entsprechende Vorträge. Außerdem bringen sie, mit ihrer Bereitschaft zur chronischen Selbstkritik und ihrem Hang zum schlechten Gewissen, die ideale Denkhaltung mit.

Hier sind die wesentlichen Elemente der Botschaft, die sie erhalten:

1. Eine Scheidung ist für die Kinder sehr schmerzhaft und kann ihnen nachhaltig schaden.
2. Daher müssen sie aus den Querelen der Erwachsenen herausgehalten werden.
3. Wenn sich die Erwachsenen daher auch als Ehepaar trennen, müssen sie dennoch gemeinsam Eltern bleiben.
4. Zu diesem Zweck müssen sie die Paarebene von der Elternebene trennen und
5. ihre persönlichen Gefühle und Ärgernisse strikt aus der Beziehung, die das Kind zum anderen Elternteil hat, herauslösen.

So weit, so gut – und, für sehr viele Menschen, so unmöglich. Doch nirgendwo in der ganzen großen Scheidungsliteratur populärer Art finden wir Fußnoten, die der Realität Rechnung tragen. Ohne eine solche Vermittlung zwischen löblichem Anspruch und tatsächlichen Fakten wird sich der Erfolg aber nicht einstellen. Die Devise, ohne Umsetzungshilfen, führt allenfalls zu Heuchelei, knirschenden Zähnen, schlechtem Gewissen und unbeglichenen Rechnungen – alles in allem keine feine pädagogische Grundlage für die Kinder, die da in Harmonie heranwachsen sollen.

Sehen wir uns das Gebot der Stunde näher an. Hier ein paar

aktuelle Textbeispiele. Die Deutsche Arbeitsgemeinschaft für Jugend und Eheberatung unterrichtet uns wie folgt:

> »Sie gehen als Paar auseinander – aber Sie werden Ihr Leben lang Eltern bleiben ... Es wird für Sie oft schwer sein, trotz der Kränkungen, die Sie durch den Partner erfahren haben, gerade diesen Partner weiterhin als den anderen Elternteil Ihres Kindes anzuerkennen und mit ihm zusammenzuarbeiten. Fest steht aber, daß Kinder dann am ehesten eine Trennung verkraften können, wenn diese Zusammenarbeit gelingt und beide Eltern weiterhin an der Betreuung und Erziehung beteiligt sind.«[*]

Ein vergleichbarer Text aus Österreich erklärt, daß

> »selbst im Falle schwerster Verfehlungen eines Ehepartners die Mutter-Kind- bzw. die Vater-Kind-Beziehung Vorrang behalten sollte. Die Unterdrückung niedriger Rachegefühle sollte jede seelisch noch so verletzte Mutter davon abhalten, dem Kind den Vater zu entfremden und ihn als Unmenschen hinzustellen ... Vielfach reagiert einer der in Scheidung lebenden Elternteile genau umgekehrt: indem er das Kind verstärkt an sich zu binden versucht, um mit seiner Hilfe den eigenen seelischen Frust besser bewältigen zu können. Das ist Mißbrauch am Kind ...«[**]

Nicht nur die Publikationen irgendwelcher offizieller Stellen, sondern auch die populären Medien stimmen diesen Refrain an. Erstaunlich ist dabei der hohe Grad an Konsens. Zu verwandten Fragen gibt es ein oft sehr breites Spektrum an Meinungen, doch in dieser Frage herrscht eine fast schon doktrinäre Einheitlichkeit.

---

[*] O. Lederle, R. Niesel, J. Salzgeber, U. Schönfeld, *Eltern bleiben Eltern*, München 1989
[**] W. Weiss, *Hilfe, mein Kind leidet unter der Scheidung*, Wien 1992

Dazu folgendes typisches Beispiel aus einer Frauenzeitschrift. Der Artikel verspricht »viele Tips und Psychohilfen, damit das Leid der Scheidungskinder wenigstens gemildert werden kann.« Und hier sind sie:

>>Erklären Sie Ihren Kindern, warum Sie sich trennen, ohne den Partner abzuwerten.
Machen Sie deutlich, daß Sie beide weiterhin Eltern bleiben.
Lernen Sie, Ihre Paarkonflikte von der Elternschaft zu trennen.
Besuchen Sie Elternabende gemeinsam mit Ihrem geschiedenen Partner.«*

Neben diesen wenig aufschlußreichen Standardratschlägen bringt der Artikel dann noch, angeblich zur »Illustration« des Gesagten, Statements von zwei Scheidungskindern. Die erste Betroffene ist neunzehn Jahre alt. Sie erzählt, daß ihr Vater extrem gewalttätig war und seine Frau und seine Kinder häufig geschlagen hat.

Die zweite Erzählung stammt von einem jungen Mann, ebenfalls neunzehn Jahre alt. Sein Vater zahlte, wie der Sohn berichtet, nach der Scheidung fast nie Unterhalt. Sein Kontakt zum Sohn bestand darin, daß er diesem stets erklärte, er sei ein absolut unerwünschtes Kind gewesen.

In welchem Zusammenhang stehen diese beiden Erzählungen zu den netten Empfehlungen? Haben die beiden Redakteurinnen, die diese Beiträge offensichtlich getrennt voneinander vorbereiteten, den Teil der jeweiligen Kollegin nicht wenigstens kursorisch überflogen, um die Texte aufeinander abzustimmen? Dennoch ist ihnen damit ganz unwillkürlich eine wichtige Aussage gelungen: Der Artikel zeigt die enorme Kluft zwischen Anspruch und Realität. Wird sich der Vater, der infolge uns unbekannter tiefer innerer Aufwühlung im Sohn

* *Journal für die Frau*, Heft 2, 1992

auch neunzehn Jahre nach dem Verhütungsunfall nur die ungewollte Schwangerschaft sieht, beim Elternabend engagieren?
Wird die Frau, die samt ihren Kindern vom Ex-Partner jahrelang geschlagen wurde, »ihre Paarkonflikte von der Elternschaft trennen« können?

Im Artikel jedenfalls wird der krasse Widerspruch zwischen
Anspruch und Wirklichkeit nicht einmal kommentiert. Was
soll man dazu auch sagen?

Die Zeitschrift *Brigitte* widmet dem Thema ein Dossier, in
dem die Kinderpsychologin Annegret von Osterroth Aufklärung anbietet. Nach einer Trennung, schreibt sie, müßten
Eltern »ein hohes Maß an Verständnis und Loyalität« aufbringen. Sie müßten »Opferbereitschaft und eine große Portion
uneigennütziger Liebe für das Kind« aufbringen, um einen Ex-
Partner, den sie womöglich als »unerträglich« erlebt haben,
weiterhin in der Mit-Elternrolle akzeptieren zu können:

> »Die geschiedenen Paare müssen die Partnerebene strikt
> von der Elternebene trennen. Sonst können sie nicht vor-
> behaltlos miteinander umgehen. Angenommen, der Vater
> bringt das Kind eine Stunde zu spät zurück, und in der Ehe
> war eben diese Unpünktlichkeit schon immer ein Pro-
> blem: dann muß die Mutter in der Lage sein, diese beiden
> Unpünktlichkeiten nicht zu vermischen. Das ist sicher
> sehr schwierig, aber man kann es lernen.«[*]

Diese »Tips« beeindrucken erstens durch ihre Fülle, zweitens
durch ihre Eintönigkeit. Eigentlich steht in jedem Artikel dasselbe. Gibt es noch irgendwo irgend jemanden, der nicht gehört
hätte, wie man sich nach einer Scheidung zu verhalten hat? Gibt
es irgendwo irgend jemanden, der die ganzen Ratschläge nicht
prinzipiell gutheißen würde? Wozu also diese ständige Berieselung mit der immergleichen, seichten Botschaft?

---

[*] *Brigitte*, Dossier: Wenn die Eltern sich trennen – Scheidungskinder, Heft 5, 1992

Noch etwas anderes fällt uns auf: die Gewichtung. Angeblich richten sich die Appelle an »die Eltern«, doch wenn wir etwas genauer hinsehen, ist nur die Mutter gemeint. Das Ratschlags-Gebäude wird dadurch schief; ihm wird durch die einseitige Betrachtungsweise genau das entzogen, was es vermitteln soll, nämlich Stabilität.

Nehmen wir uns nun beide Beobachtungen zusammen vor, dann erkennen wir den wahren Grund der faden Berieselung: Durch die Monotonie der oberflächlichen, wohlmeinenden Ratschläge werden wir davon abgelenkt, daß das Problem sehr einseitig betrachtet wird. Außerdem werden wir abgelenkt von den Problemen, die tatsächlich hinter den hohen Scheidungs-zahlen und den Nachscheidungskrisen stecken.

Sehen wir uns einige der zitierten Texte genauer an. Dabei geht es nun nicht um eine kleinliche Wortklauberei, sondern darum, die verschlüsselte Botschaft und die subtile Unaufrich-tigkeit dieser Texte aufzudecken. Und auch das wiederum tun wir nicht mit der Absicht, andere Autoren zu kritisieren, son-dern weil wir von einem überzeugt sind: Man kann Probleme nicht lösen, wenn man nicht mit der größtmöglichen Ehrlich-keit herauszufinden versucht, worin ganz genau sie bestehen.

Nehmen wir das Handbuch *Eltern bleiben Eltern*. Es wird schwerfallen, heißt es dort, »weiterhin« mit dem anderen Elternteil »zusammenzuarbeiten.« Dennoch aber sollen »beide Eltern weiterhin an der Betreuung und Erziehung beteiligt« sein.

Daß zweimal hintereinander der Ausdruck »weiterhin« fällt, lenkt unser Augenmerk bereits auf Verdächtiges. Tatsächlich lassen sich Leute oft scheiden, weil sie eben nicht zusammenar-beiten konnten. Es ist nicht so, daß sie es bisher konnten, und es nun nach der Scheidung »weiterhin« genauso machen sollen wie bisher. Nein, von ihnen wird viel mehr, wird oft zu viel erwartet. Es wird von ihnen erwartet, daß sie nach der Schei-dung zuwegebringen, was sie vorher unter wesentlich günsti-geren Voraussetzungen nicht konnten: nämlich sich zu vertragen, zu kooperieren und in konstruktiver Eintracht die Klippen der Kindererziehung zu nehmen.

Hinzuzufügen ist ferner, daß gerade die Nicht-Mitarbeit vieler Männer bei der Erziehung und Kinderversorgung oftmals einer der Scheidungsgründe ist. Wäre es nicht so rechtschaffen und fromm anmutend verpackt, müßte es wie Hohn in den Ohren der geschiedenen Frauen klingen, daß sie es dem Vater nun »gestatten« sollen, »weiterhin« an der Betreuung und Erziehung beteiligt zu sein.

Der Vorschlag, Elternabende »gemeinsam mit Ihrem geschiedenen Partner« zu besuchen, ist gewagt. Lehrer sind bereits hocherfreut, wenn sie überhaupt ein verheiratetes Elternpaar beim Elternabend, der eigentlich »Mütterabend« heißen sollte, begrüßen können.

Kommen wir zum nächsten Text. Mütter sollen, und seien sie »seelisch noch so verletzt« und Opfer »schwerster Verfehlungen«, ihre »niedrigen Rachegelüste unterdrücken« und es unterlassen, den Vater vor dem Kind schlechtzumachen.

Das ist nicht falsch, aber es ist unvollständig. Wir vermissen in der Literatur den Hinweis an den Vater, daß es nicht klug ist, die Mutter seiner Kinder seelisch zu verletzen, sich schwerster Verfehlungen schuldig zu machen oder ihr Dinge anzutun, die förmlich nach Rache schreien.

Wir vermissen den Hinweis, daß er auch seinen Kindern schadet, wenn er deren Mutter in einen Zustand der emotionalen Aufwühlung und des Unglücks versetzt.

Oder der Text aus der Zeitschrift *Brigitte*. Warum soll die Mutter »lernen«, mit dem verdrießlichen Verhalten ihres Ex-Mannes, das sie schon während der Ehe rasend gemacht hat, Freundschaft zu schließen? Wo bleibt die Männerzeitschrift mit dem entsprechenden Aufruf an ihn, das Kind pünktlich zurückzubringen und auch sonst Dinge zu vermeiden, die er sehr leicht ändern kann und die seine Erziehungspartnerin besonders irritieren? Warum richtet sich jeder Text, jede Ermahnung bloß an die Frau?

Tatsächlich findet sich in der gesamten Literatur nirgends eine Empfehlung, geschweige denn eine Belehrung, Mahnung oder Maßregelung, die sich an den Vater richtet. Er hat, wie es scheint, überhaupt nichts zu bedenken, nichts zu lernen, nichts zu vergessen, nichts zu verzeihen, nichts zu berücksichtigen. Selbst wenn er sich schlecht, sehr schlecht benommen hat, wird nicht er zu einer ausgleichenden Handlung oder zu einem versöhnlichen Schritt aufgerufen, sondern seine Frau. Auch noch nach der Scheidung hat sie ihm mit »Opferbereitschaft und uneigennütziger Liebe« zu begegnen. Wie edel. Wie christlich.

Nun könnten wir dies ungerecht finden gegenüber den Frauen, die wieder einmal im Schlaglicht der Kritik und der Verantwortung stehen. Doch das wäre eine zu einfache Sichtweise. Zwar werden Väter durch diese schiefe Pädagogik scheinbar geschont und bevorzugt, aber nicht zu ihrem Vorteil. Denn sie sitzen im selben Schlamassel wie ihre Frau oder Ex-Frau. Vielleicht läßt sich die Frau durch die Texte dazu bewegen, duldsamer und entgegenkommender zu sein, als es sonst ihrem Impuls entsprechen würde, aber das ist noch keine Lösung.

Und nun können wir erkennen, daß die ständig heruntergebetete Floskel der Scheidungsratgeber, man möge die »Paarebene vergessen« und nur noch »gemeinsam Eltern sein«, nicht nur ein Klischee, sondern falsch, grundlegend falsch ist. Wahr ist das Gegenteil.

Bevor sie Eltern sein können, müssen sie ganz im Gegenteil einen Weg finden, ihre Beziehung zueinander auf eine neue Basis zu stellen. Wenn wir nicht Zwangs-Lobotomien für Geschiedene verordnen wollen – allerdings eine mögliche Aufgabe für den Staat in seiner »Wächter-Funktion«, wie es der *Spiegel* einmal formuliert hat –, kann die Vergangenheit nicht verdrängt, sondern sie muß bewältigt werden.

Die Erwachsenen müssen ein Gleichgewicht finden und einen neuen Umgang miteinander, was in den meisten Fällen bedeuten wird, daß es Regeln, Entgegenkommen, guten Willen und ein allmählich aufgebautes Vertrauen geben muß. Von beiden Seiten.

Der gute Geschiedene – Schadensbegrenzung

Das berühmte »happy end«, das wir uns von der Liebe und der Heirat erwarteten, hat also seinen Glanz eingebüßt und ist als Legende entlarvt. Wenn wir auch immer noch mit vielen rosigen Hoffnungen in den Stand der Ehe treten, ist der Gedanke an ihr Scheitern von der Stunde Null an ebenso präsent. Die Erwartung des Glücks ist mittlerweile mit der Wenn-nicht-Klausel versehen: Wir wollen für immer zusammenbleiben, und wenn nicht, dann lassen wir uns eben scheiden. Es gilt mittlerweile als klug, schon vor der Eheschließung Vorkehrungen für ihre Auflösung zu treffen, beispielsweise durch die Vereinbarung einer Gütertrennung. Das mutet vielleicht seltsam an, ist aber angesichts der Statistik und der Dynamik von Scheidungen wohl nicht unklug. Die Bedingungen für eine mögliche Scheidung lassen sich viel freundlicher aushandeln, solange man sich noch liebt; eine gleichermaßen realistische wie zynische Einsicht. Und zum Zynismus fühlen wir uns berechtigt, weil wir so lange mit romantischen Märchen vom ewigen zweisamen Glück gespeist wurden.

Die »Scheidungsromantik« ist keine geringere Lüge. Heute werden wir unterschwellig dazu ermutigt, uns viel zu viel von der Scheidung zu erwarten. War das glückselig grinsende Fünfziger-Jahre-Paar, sie die lächelnde Hausfrau und fröhliche Mutter, er der solide und tüchtige Familienernährer, unser optischer Standard für die Ehe, so ist ein nicht minder fantasievolles Bild unsere Leitlinie für die glückliche Scheidung. Sie ist danach frei, erfüllt und erfolgreich, er wird zwar um seine Kinder betrogen, findet dafür aber seine aufregende Jugend wieder, vergnügt sich mit jüngeren Partnerinnen und wartet darauf, daß seine Kinder ihn mit zwölf oder fünfzehn Jahren entdecken und brauchen.

An die Ehe sollen wir zwar immer noch glauben und ja nicht auf die Idee kommen, daß irgend etwas an ihren Grundprämissen falsch sein könnte.

Um unser Scheitern zu erklären, müssen wir daher annehmen, daß wir dieses herrliche Unterfangen lediglich mit dem falschen Partner eingegangen sind. Ist dieser Partner weg, werden auch die Probleme weg sein.

Väter, deren Situation nach der Scheidung besonders unnatürlich ist, werden mit einer Sonderdosis der Legende beruhigt. Alles ist okay! Sie haben nichts falsch gemacht und machen auch jetzt nichts falsch. Ihr Verhalten ist ganz in Ordnung, weiter so! Wenn es sichtlich nicht klappt, macht nichts! In fünf oder zehn Jahren wird es sich ganz von alleine wieder einrenken. Wenn das Kind erst zehn oder zwölf oder siebzehn Jahre alt ist, wird es ganz von selber kommen und eine innige Beziehung zum Vater entwickeln. Es wird sich von der Mutter abwenden, sie dadurch für alle ihre Sünden dem Vater gegenüber strafen und sich in die väterlichen Arme werfen.

Die Wahrheit sieht anders aus. In Wahrheit gibt es drei Optionen:

Wir können eine schlechte Situation fortsetzen.
Wir können Schadensbegrenzung betreiben.
Oder wir können eine grundsätzliche Veränderung anstreben.

Die folgenden Beispiele beschreiben den Weg der Schadensbegrenzung. Es sind »normale«, durchaus positive Beispiele von Männern, die mit ihren ehemaligen Partnerinnen ein Auskommen gefunden haben und die ihre Scheidung möglichst verantwortungsvoll bewältigen. Diese Fälle können viele nützliche Anregungen bieten. Gleichzeitig zeigen sie, daß Schadensbegrenzung genau das ist, was der Begriff impliziert: kein Gewinn, sondern das geringere Übel.

Die romantische Verklärung der Scheidung ist ein Stolperstein auf dem Weg zu einer echten Lösung, und es ist gut, wenn
wir uns davon freimachen. Männern zu erzählen, daß sie sich
nicht hier und heute um einen Frieden mit ihrer Ex-Partnerin
und um eine Beziehung zu den Kindern bemühen müssen, sondern getrost warten können, bis die Kinder gegen ihre Mutter
rebellieren und sich an die Brust des Vaters werfen, ist eine bösartige Lüge.

Die drei Männer, die sich im folgenden vorstellen, haben drei
ganz unterschiedliche Ehe- und Scheidungskarrieren hinter
sich. Aus der Summe geschiedener Väter ragen sie im positiven
Sinne hervor – und sind doch keine Vorbilder. Sie kommen
ihren Pflichten nach, zahlen für ihre Kinder und suchen den
Kontakt zu ihnen. Aus den Fehlern, die sie ihren Partnerinnen
gegenüber gemacht haben, versuchen sie zu lernen. Und doch
hätte jeder von ihnen mehrere Möglichkeiten gehabt, einen
anderen und besseren Weg einzuschlagen. Tobias, den wir
gleich kennenlernen werden, hätte seine Partnerin wahrscheinlich gar nicht erst heiraten sollen, weil sie einfach zu verschieden waren. Oder er hätte, im Bewußtsein ihrer Gegensätzlich-
keit, von Anfang an professionelle Hilfe suchen sollen, um im
Interesse des Kindes doch noch ein Zusammenleben zu be-
werkstelligen. Oder er hätte, nachdem sich das als unmöglich
erwiesen hatte, seine Tochter zu sich nehmen sollen.

Hans, unser zweiter Vater, hätte verheiratet bleiben sollen.
Wegen eines Abenteuers hat er seine Familie zerstört, was ihm
heute sehr leid tut.

Ilan geht es insgesamt recht gut ... solange er nicht daran
denkt, was er seinem Sohn angetan hat, als er die Familie verließ. Seine Frau hat sich vom Schock erholt, er selbst hat sich ein
neues Leben aufgebaut und mit der Hilfe eines Therapeuten
viel über sich gelernt, aber das Kind ist auf der Strecke geblieben. Ilans Selbstverwirklichung bestand darin, daß er erkannte,
wie wichtig ihm sein Sohn ist; doch den Sohn, mit dem er diese
Einsicht in die Tat umsetzen könnte, gibt es nicht mehr. Statt

dessen gibt es ein verschlossenes Kind, das die mutwillige Zerstörung seines Zuhauses durch eine väterliche Laune nicht verkraftet hat.

Tobias: »Wir hätten niemals heiraten sollen«

Tobias ist Elektriker, zweiunddreißig Jahre alt und seit eineinhalb Jahren geschieden. Tochter Janette ist vier. Ex-Frau Michaela ist sechsundzwanzig Jahre alt und arbeitet unregelmäßig als Modell bei Modenschauen.

»Wir kannten uns erst kurz, als Michaela schwanger wurde. Ein paar Wochen eigentlich erst. Als »Ehrenmann« bot ich sofort an, sie zu heiraten. Michaela wollte eigentlich nicht, sie fühlte sich zu jung, aber eine Abtreibung kam aus religiösen Gründen nicht in Frage und ihre Eltern drängten auf die Ehe, weil sie in der Kleinstadt leben und ein uneheliches Kind ihnen fürchterlich peinlich gewesen wäre.

Es war dann ziemlich schnell klar, daß wir nicht gut miteinander auskamen. Alles, was mir anfangs an ihr gefallen hatte, hat mich mit der Zeit wahnsinnig gemacht: ihre Leichtlebigkeit, ihr Unernst, ihr Übermut, ihr ständiges Lachen. Es ärgerte mich, daß sie schlafen konnte, solange sie wollte, während ich um sieben im Geschäft stehen mußte. Wenn ich heimkam, war die Wohnung im Chaos, schmutzige Windeln lagen tagelang herum, im Fernsehen lief MTV und Michaela tanzte dazu oder probierte vor dem Spiegel ihre Fetzen an. Ihre Freunde sahen mich als spießbürgerliches Fossil. Ich habe dann Schluß gemacht, weil ich spürte, daß ich anfing, sie zu hassen. Ich erlebte das Verhalten dieser Frau als Provokation. Sie war ein dummes Mädchen und ist einfach in ihrer Entwicklung steckengeblieben.

Unsere Janette war damals noch sehr klein und ich muß zugeben, daß sie zu kurz kam. Nicht nur durch ihre Mutter, die rundum nachlässig ist, sondern auch durch mich, weil ich ständig angespannt war.

Ich machte also Schluß. Die neue Wohnung, von mir umfangreich renoviert und daher mit niedriger Miete, blieb ihr. Ich verließ die Wohnung mit zwei Koffern.

Beim Anwalt hörte ich zum ersten Mal, daß ich mich um das Sorgerecht bewerben könne. Michaela wäre sofort einverstanden gewesen, sie war einem Kind sowieso nicht gewachsen. Aber ich dachte mir: Wie soll das gehen, ein Kleinkind? Ich hätte Janette um halb sieben im Kindergarten abgeben und sie am Nachmittag abholen und versorgen müssen. Der Michaela habe ich gesagt: So leicht entkommst du nicht. Du bist jetzt Mutter und kannst die Kleine nicht wie ein Findelkind weglegen.

Unsere Vereinbarung läuft so: Ich hole Janette jeden Freitag direkt aus dem Kindergarten ab und bringe sie Sonntag abends zurück. Die Abholung ist immer sehr lustig, Janette freut sich dann immer schon und erwartet mich mit ihrer gepackten Tasche im Vorzimmer.

Weiter als bis zum Türrahmen setze ich keinen Schritt mehr in diese Wohnung. Wenn ich denke, daß jeder Pfennig, den meine Mutter sich erspart hatte, in dieser Wohnung steckt, könnte ich durchdrehen. Aber es hat keinen Sinn, darüber nachzudenken. Ich habe eine Einzimmer-Wohnung gefunden, sie mir hergerichtet, später mal suche ich mir was Besseres. Janette kann auch nicht ewig mit mir in einem Bett schlafen, und später soll sie Freundinnen einladen können.

Der Abschied ist immer furchtbar. Wir haben eine so lustige Zeit miteinander. Ich versuche zwar, heiter zu sein, damit es Janette leichter fällt. Aber sie weint fast immer und bettelt, Papa, noch einen Tag! Vor ein paar Wochen habe ich mich weichklopfen lassen und habe sie wieder eingepackt und mit heimgenommen und mich in der Firma am Montag krankgemeldet. Das war ein Fehler, denn jetzt versucht sie es jedesmal, und der Abschied ist schwieriger denn je.

Ich merke, daß Janette sehr gern bei mir ist. Wir kochen zusammen, sie liebt es, umzurühren usw. Wir decken uns den Tisch, wir gehen viel auf den Spielplatz, sie geht auch gern mit mir ins Museum. Letztes Mal haben wir einen Zeichenblock mitgenommen und wir haben gemeinsam ein Bild nachgezeichnet.

Daheim sieht sie dauernd fern.

Michaela macht nie Schwierigkeiten mit dem Besuchsrecht, was auch schlecht ist. Ich frage mich, ob sich Janette von ihr überhaupt geliebt fühlt.

Unter der Woche vermisse ich Janette wahnsinnig, um so mehr, als ich jetzt oft mit Henni und ihrem kleinen Tobias zusammen bin. Wir haben uns am Spielplatz kennengelernt. Henni erzieht ihr Kind allein. Wir verbringen oft den Abend zusammen, dann lese ich ihrem Kleinen vor. Er ist total anhänglich; sein Vater kommt nur fallweise und ich spüre, daß er ihn vermißt. Er ist sechs. Dann denke ich mir immer, wer liest meiner kleinen Janette vor? Michaela bestimmt nicht, die blättert höchstens ihre Modehefte durch. Wenn ich der Janette am Wochenende ein Buch schenke und sage, Mami liest es dir bestimmt vor, bringt sie es am nächsten Wochenende wieder mit und hat es noch nicht vorgelesen bekommen. Ich muß mich dann sehr beherrschen, damit Janette meine Wut auf ihre Mutter nicht bemerkt. Das wäre nicht gut für sie. Schließlich muß sie unter der Woche mit der Mutter sein, und es ist bestimmt für ein so kleines Mädchen schlimm, wenn sie merkt, daß jemand schlecht von ihrer Mutter denkt.

Ich habe ab und zu versucht, abends vorbeizuschauen, aber irgendwie ist mir das psychisch unmöglich. Das ist mir alles zu nah dran an der Michaela.

Ich bin sicher, daß Janette einmal bei mir leben wird, so mit zehn oder zwölf nehme ich sie ganz zu mir. Das ist noch eine Weile. Michaela hat dann bestimmt nichts dagegen, dann ist sie wenigstens frei.«

Der Beginn dieser Ehe ist denkbar ungünstig. Tobias und Michaela zeugen zusammen ein Kind, ohne eine auch nur halbwegs gefestigte Beziehung zueinander zu haben. Sie sind lediglich in einen beginnenden Flirt verwickelt.

Daraus könnte sich etwas Gemeinsames ergeben, aber das geschieht nicht. Was statt dessen passiert, haben wir soeben von Tobias gehört.

Nehmen wir uns jetzt noch ein paar Minuten Zeit, um zwischen den Zeilen von Tobias' Erzählung zu lesen.

Tobias läßt sich mit einem Mädchen ein, das sechs Jahre jünger ist als er und das Eigenschaften besitzt, die ihm einerseits gefallen, andererseits aber auch sehr fremd sind. Michaela bringt alles mit, was zu einer vorübergehenden Affäre gehört. Sie ist lustig, hübsch, modisch. Sie ist leichtlebig, was Tobias gut ins Konzept paßt, da sie sonst nach so kurzer Bekanntschaft sicherlich nicht mit ihm schlafen würde. Gleichzeitig ist sie ein Mädchen aus »guter«, konservativer Familie. Deswegen, und weil er selber ein eher konservativer Typ ist, macht er ihr nach Bekanntwerden der Schwangerschaft ein Heiratsangebot.

Michaela will kein Kind und sie will auch nicht heiraten. Aber die Ereignisse holen sie ein. Wir dürfen vermuten, daß Tobias nicht ganz frei ist von der alten Doppelmoral: daß er Michaela ein bißchen als »gefallenes Mädchen« betrachtet, sich selbst aber als »Ehrenmann«, obwohl sie beide gleichermaßen am Zustandekommen dieser ungeplanten Schwangerschaft beteiligt waren. Er beschreibt sie tendenziell als Schlampe – sie ist unordentlich, tanzt, bleibt morgens gerne im Bett liegen usw. In einigen Formulierungen klingt die Mutterschaft wie eine Strafe, die das ausgeflippte Mädchen zur Räson bringen oder ihr zumindest den Spaß verderben soll.

Dieselbe Doppelmoral prägt auch seine Beschreibung ihrer jeweiligen Elternschaft. In seiner Darstellung – die durchaus richtig sein mag – ist Tobias der bessere Erzieher. Wenn er aber nicht bereit ist, seine Tochter zu sich zu nehmen, hat er jedes Recht verwirkt, damit zu prahlen. Wenn ihm das Wohl des Kindes so wichtig ist, wenn die Mutter sich von Anfang an damit überfordert fühlte, wenn er es sich zutraut, dann soll er die Tochter nehmen.

Hans: »Am liebsten hätte ich meine Familie zurück«

Hans ist vierzig Jahre alt. Er ist Bauleiter. Seine Scheidung von Astrid, einer Heilgymnastin, fand vor fünf Jahren statt. Es gibt zwei Kinder, die achtjährige Susi und den zwölfjährigen Emil.

»Unsere Scheidung war einvernehmlich. Ich sehe die Kinder alle vierzehn Tage am Wochenende, unter der Woche so oft ich will, in den Sommerferien mindestens drei Wochen und im Winter oder zu Ostern noch einmal eine Woche.

Wir ließen uns scheiden, weil ich sehr unzufrieden war in dieser Ehe. Anfangs war es Liebe, doch mit der Zeit wurde alles zur Gewohnheit, es war nur noch eine Interessengemeinschaft. Nach außen wirkten wir wie das ideale Paar, weil es nie Streit gab und wir uns sehr gut verstanden. Sexuell war es recht langweilig. Das wurde mir erst klar, als ich Elfi kennenlernte.

Als meine Frau dahinterkam, daß ich sie betrog, war sie so gekränkt und schockiert. Sie ist sehr stolz und hat von sich aus gleich die Scheidung eingereicht. Wir waren es gewohnt, sachlich miteinander umzugehen, und so blieb es auch während der Scheidung. Was die Kinder betraf, haben wir uns gleich gut verständigt. Sie sollten auf keinen Fall leiden, das war uns beiden klar. Astrid war total vernünftig, auch die Vermögensaufteilung verlief fair. Sie blieb in der Wohnung, dafür bekam ich die Ersparnisse und das Auto. Für die Kinder zahle ich mehr als den gerichtlich vorgeschriebenen Satz. Ich würde mich schämen, wenn ich bei ihnen knickerig wäre. Außerdem weiß ich, Astrid verwendet jeden Pfennig, den sie von mir bekommt, auch wirklich für die Kinder – und noch einiges mehr.

Die Basis ist wunderbar geregelt, alles ist vernünftig. Und trotzdem ist es die Hölle, wenn ich an der Tür stehe, an meiner ehemaligen Wohnungstür, wenn ich klingle und schön brav warte, bis ich eingelassen werde.

Anfangs empfand ich das als nicht so schlimm. Ich zog zu Elfi und wir hatten eine aufregende Zeit miteinander. Sie ist so sinnlich. Das war neu für mich. Ich muß sogar zugeben, obwohl ich mich heute dafür schäme, daß im ersten Trennungsjahr die Astrid öfter anrufen mußte, um mich daran zu erinnern, daß die Kinder auf mich warteten. Das alles war irgendwie zurückgetreten, die Beziehung zu Elfi stand total im Vordergrund. Sie selbst hatte an meinen Kindern kein sehr großes Interesse, was ich ihr auch nicht verübeln kann. Die waren nämlich ganz schön pestig zu ihr.

Aber die Astrid hat schon auch blöde Sachen gemacht. Wenn ich verschlief oder vergaß, in diesem ersten Trennungsjahr also, hat sie die Kinder einfach mit ihrem Wochenendgepäck losgeschickt, per U-Bahn. Plötzlich klingelte es dann, und sie standen vor der Tür. Ich war manchmal noch nicht aus den Federn, Elfi lief im Schlafrock herum und die Kleinen schauten anklagend und mißbilligend herum. Das war ärgerlich, aber die Astrid hat eben auch ihre Gefühle, das verstehe ich. Ich habe sie durch meine anfängliche Unzuverlässigkeit ganz schön strapaziert.

Seit einem Jahr ist es mit Elfi aus und ich habe erkannt, daß Sex nicht alles ist. Seither bin ich wieder mehr mit den Kindern. Ich gehe mit Emil Eishockey spielen und die Kleine hole ich jetzt immer schon am Freitag ab, weil wir gemeinsam in einen Schachklub gehen. Ich möchte gerne zurück in meine Familie. Ich habe die Kinder auch schon vorsichtig ausgehorcht, ob die Astrid einen neuen Freund hat. Sie sagen nein. Aber irgendwie habe ich das Gefühl, daß ich nicht mehr wirklich dazugehöre.«

Die Tonlage von Hans klingt deswegen so versöhnlich und so selbstkritisch, weil er von der Hoffnung beflügelt ist, seine Fehler rückgängig machen und wieder in seine Familie aufgenommen werden zu können. Was Scheidungen anbelangt, hat er das optimale Arrangement: eine kooperative Ex-Partnerin und so viel Kontakt zu den Kindern, wie er möchte. Aber es ist nicht dasselbe wie eine Familie. In der Hoffnung auf eine Versöhnung beschönigt Hans sein eigenes Verhalten. Er ließ aus einer Laune heraus seine Familie sitzen und vernachlässigte ein Jahr lang seine Kinder, um sich einer heißen neuen Affäre hinzugeben.

Sein Geschlechtsgenosse Ilan handelte ähnlich, allerdings hatte seine Geschichte einen etwas anderen Ausgang.

Ilan: »Mein Sohn hat kein Vertrauen in mich«

Ilan ist fünfundfünfzig Jahre alt. Er ist nun schon seit zehn Jahren geschieden. Sohn Ralf ist vierzehn und besucht die Mittelschule, Ex-Partnerin Petra ist fünfundvierzig Jahre alt.

»Wir haben uns scheiden lassen, weil ich noch etwas erleben wollte. Petra hat mit dieser Entwicklung nicht schrittgehalten. Sie war zufrieden damit, wie es war. Ich zog aus und lebte mit wechselnden Freundinnen.
Ralf sah ich anfangs nicht sehr oft, eigentlich nur zu den Feiertagen, weil Petra meinte, er sei noch ein Kindergar-

tenkind, und der ständige Wechsel am Wochenende würde ihn nervös machen. Ich war damit zufrieden, weil es für mich so auch ganz bequem war. Zu seinen Geburtstagen war ich aber immer eingeladen und ich brachte dann die tollsten Geschenke mit, zum Beispiel eine elektrische Hochbahn. Da waren Ralfs Freunde immer ganz sprachlos und er war sehr stolz auf mich.

Ich kam dann aber in eine Art Midlife-Krise, das Leben freute mich irgendwie nicht mehr und ich war so depressiv, daß ich schon daran dachte, weit wegzuziehen und irgendwo ganz von vorne anzufangen. Ein Freund vermittelte mir einen Therapieplatz, und der Therapeut hat mir ganz schön eingeheizt. Das war vor drei Jahren. Er lehnte es ab, sich mein Jammern anzuhören. Ich mußte über meinen Vater reden, der ein sehr kalter Mensch war und den ich für den Verursacher meiner Probleme halte. Mein Vater war immer abweisend, ich konnte ihm nie etwas recht machen. Dann zwang mich der Therapeut noch, über Ralf zu reden, wie er ist, was ich von ihm weiß, solche Sachen. Was ich glaube, daß mein Sohn über mich denkt. Ich habe diese Therapie dreimal abgebrochen und bin dann doch wieder hingegangen, weil dieser Mann mich so beunruhigt hat. Ich habe dann intensiver versucht, den Kontakt zu Ralf wieder aufzunehmen. Seine Mutter hat sich zunächst ganz schön quergelegt. Sie sagte, sie werde es nicht zulassen, daß ich Unruhe stifte, alles laufe glatt und sie brauchten mich nicht.

Das war typisch für sie. Hauptsache, alles lief glatt.

Aber mein Therapeut hat mich gebeten, sie in eine Stunde mitzubringen, um gemeinsam neue Vereinbarungen zu treffen. Da war mir etwas mulmig zumute. Es war mir peinlich, ihr zu sagen, daß ich in Therapie war.

Überraschenderweise hat sie jedoch positiv reagiert, und wir haben tatsächlich ein neues Konzept ausgearbeitet. Ich treffe Ralf seither jedes zweite Wochenende. Er ist ein begeisterter Sportler, das hat er von mir. Wir unternehmen Dinge, die er sonst mit Freunden nicht machen kann, wie Skifahren oder auf den Dachstein klettern, Sachen, zu denen man ein Auto braucht. Ich gebe ihm zwei Abende unter der Woche als Option, da bin ich erreichbar und wir können zusammen ins Kino gehen oder er schaut nur so bei mir vorbei, wenn er will.

Wir gehen noch sehr vorsichtig miteinander um. Meine Ex ist innerlich schon sehr weit weg von mir, deshalb ist es kein Problem, auch in ihrer Wohnung vorbeizukommen und sogar gemeinsam zu essen, wenn es sich so ergibt.

Aber ich merke, worauf mein Therapeut hinauswollte. Ralf ist meine Chance, er gibt meinem Leben Sinn, weil er mich wirklich braucht. Soll er sich an irgendwelchen bescheuerten Popstars orientieren? Da soll er sich doch lieber von mir was abschauen fürs Leben. Aber ich merke, daß Ralf mir auch sehr fremd ist. Wir müssen uns langsam näherkommen, er zieht sich oft sehr in sich zurück. Im Moment hat er einen Einbruch beim Lernen. Ich bin froh, daß ich ihm dabei helfen kann, und ich merke, daß er mir näherkommt dabei. Mein Therapeut ist mittlerweile weggezogen. Ich vermisse die Stunden, aber ich weiß auch, daß ich auf dem richtigen Weg bin.

Ich rechne es meiner Ex-Frau hoch an, daß sie jetzt nicht negativ reagiert. Ich kenne genug Fälle, wo die Frauen versuchen, die Kinder total an sich zu binden. Sie läßt Ralf die Freiheit, mich immer zu sehen, und beeinflußt ihn nie gegen mich, das finde ich richtig gut von ihr. Ich schätze sie sehr.

Mit Ralf habe ich das Problem, daß er sehr wortkarg ist. Seine Mutter sagt, daß er auch zu Hause nicht sehr aus sich herausgeht. Er ist nicht fröhlich oder offen. Ich glaube, daß ihn die Scheidung in Wahrheit sehr mitgenommen hat. Sein Vertrauen in mich ist erschüttert, das muß ich mir wieder schwer erarbeiten, damit es fürs Leben hält.«

3
Einstein und das Sorgerecht

Wie schön wäre es, wenn man eines Tages eine einfache und klare, wissenschaftlich fundierte Formel entdecken würde, mit der sich das Chaos und das Trauma der Sorgerechtsproblematik ein für allemal lösen ließe. Eine Formel, mit deren Verlesung der Richter – Der nächste Fall bitte! – wieder Ordnung in die zerrütteten Familien bringen könnte.

Das wäre toll.

Ein großer Hoffnungsträger unseres Zeitalters ist das gemeinsame Sorgerecht. Es klingt fair, logisch und plausibel. Beide, Vater und Mutter, sind die Eltern des Kindes. Sie sind es vor der Trennung, sie sollen es nachher bleiben.

Das ist alles stimmig. Die Frage ist nur, ob das gemeinsame Sorgerecht, von Staates wegen dekretiert, der Weg zu diesem Ziel ist.

Um die Frage besser zu beantworten, sollten wir das Ziel vielleicht noch präzisieren.

Gut wäre in erster Linie, wenn es überhaupt weniger oft zu einer Scheidung käme. Daß jede dritte, mancherorts jede zweite Ehe scheitert, ist ein Alarmsignal. Wir sollten alle einmal darauf hören.

Gut wäre außerdem, wenn Leute ihre Trennung und Scheidung so erleben und gestalten könnten, daß sie möglichst unbeschadet daraus hervorgehen. Wo es Kinder gibt, wäre es gut, wenn die Erwachsenen sich im Interesse der Kinder – und aus einem verbleibenden grundsätzlichen Wohlwollen gegenüber der Person, mit der man diese Kinder in die Welt gesetzt hat und die man einst liebte – in Erziehungs- und Familienfragen gegenseitig unterstützen könnten.

Es wäre gut, wenn beide Erwachsenen eine Beziehung zum Kind als positives, erfreuliches »Vermächtnis« aus der gescheiterten Beziehung behalten könnten; wenn beide dem Kind und dem anderen Elternteil zur Verfügung stünden, als Quelle finanzieller, sozialer und emotionaler Unterstützung.

Falls das durch eine definitive Unverträglichkeit oder aufgrund unverzeihlicher Vorfälle nicht möglich ist, besteht die weitere Skala des Wünschenswerten aus abgestuften Präferenzen.

Es ist in jedem Falle gut, wenn die Eltern ein beidseitig akzeptables Arrangement finden und sich regelmäßig über Entwicklung und Probleme des Kindes austauschen.

Wenn das nicht geht, weil sie einfach immer streiten und kämpfen, dann ist es besser, wenn sie ihren Kontakt auf ein Minimum reduzieren und den Kontakt des Kindes mit dem jeweils anderen so organisieren, daß sie sich dabei nicht begegnen müssen.

Auf der untersten Stufe der Skala, am wenigsten wünschenswert, aber immer noch besser als Selbstmord und Totschlag – was bekanntlich auch vorkommt –, ist der totale Kontaktabbruch eines Elternteils mit dem Kind, für immer oder vorübergehend. Es gibt Situationen, in denen dies für alle die beste erreichbare Lösung ist.

Wie das Leben insgesamt, so besteht auch das Sorgerecht aus einer Summe von unterschiedlichen Situationen. Wie sich diese Situationen darstellen, hängt nicht nur von äußeren, objektiven Umständen ab, sondern auch von den Beteiligten.

Nehmen wir an, Ihr Kind möchte einem Sportverein beitreten. Der Verein ist aber ziemlich weit von Ihrer Wohnung entfernt. Es ist Ihnen nicht möglich, das Kind viermal in der Woche hinzubringen und wieder abzuholen. Doch nun stellt sich heraus, daß noch ein zweites Kind aus dieser Klasse denselben Verein besuchen will. Die andere Mutter wohnt in Ihrer Nähe. Sie rufen die Mutter an und beraten sich mit ihr über eine mögliche Kooperation. Es ist nicht ganz einfach. Die andere Mutter kann dienstags und donnerstags nie, weil sie in der Boutique einer Freundin aushilft. Jeden zweiten Mittwoch muß sie zum Friseur, da kann sie auch nicht. Und zu Ostern, das muß sie gleich sagen, fährt sie für drei Wochen in Urlaub.

In einer komplizierten Verhandlung, während derer Sie und die fremde Frau oft lachen müssen über Ihr chaotisches Leben, gelingt es dennoch, einen gemeinsamen Abholplan zu erstellen.

Die Kinder sind glücklich, weil sie nun doch zum Sportverein dürfen. Sie und die andere Mutter sind glücklich, weil Sie einen Plan entwickelt und sogar ein paar freie Nachmittage für sich selber herausgeschunden haben. Außerdem haben Sie noch das Gefühl, eine witzige neue Freundin gewonnen zu haben.

Nehmen wir nun aber an, daß die Stimme dieser anderen Frau am Telefon Sie restlos abschreckt. Mit jemandem, der alle zwei Wochen zum Friseur muß, haben Sie nichts gemeinsam. Außerdem klingt sie ziemlich unfreundlich. Und was die für Mätzchen macht, mein Gott – die ist einfach viel zu kompliziert. Wenn Sie zu dieser Schlußfolgerung kommen, wird nichts aus der Fahrgemeinschaft.

Ein anderes Beispiel. Ihre Kollegin möchte ein Fortbildungsseminar besuchen. Der Chef ist einverstanden, doch es gibt eine Auflage: Sie muß sich mit den anderen Mitarbeitern so einigen, daß ihr Teil der Arbeit während dieser drei Wochen abgedeckt ist. Nun kommt sie zu Ihnen mit der Bitte, eine Woche lang den Frühdienst zu übernehmen und, falls notwendig, für einige ihrer Kunden als Ansprechpartner zur Verfügung zu stehen. Werden Sie einwilligen? Das wird von vielen Dingen abhängen: wie gut Sie sich mit der Kollegin verstehen oder ob Sie glauben, umgekehrt auch einmal mit ihr rechnen zu können, wenn Sie etwas wollen.

Nun zurück zum ersten Beispiel. Sie und die fremde Mutter, die Sie bisher nur als Stimme am Telefon kennen, können sich unbeschwerter verständigen und wesentlich leichter ein gemeinsames Arrangement finden als ein Ehepaar, das zehn Jahre zusammenlebte und nun geschieden ist. Warum? Das ist leicht erklärt.

Sie empfinden ihr gegenüber nichts.

Sie empfinden auch kein Mißtrauen. Wenn die Frau sagt, daß sie dienstags und donnerstags nicht kann, dann glauben Sie es ihr. Sie nehmen nicht an, daß sie absichtlich lügt, um Ihnen das Leben schwer zu machen.

Das Ziel Ihres Telefongesprächs ist klar: Sie wollen einen Plan erstellen, der Ihnen beiden angenehm ist. Wenn es nicht klappt, hat das keine größeren Auswirkungen.

Ganz anders die Interaktion zwischen Geschiedenen. Hier kann jede Geste, jeder Nebensatz emotional belastet sein. Mißtrauisch werden die Behauptungen des anderen geprüft und bewertet. Keiner will einen Millimeter mehr nachgeben als der andere. Jede Abmachung hat ihren ganz bestimmten Hintergrund und mindestens fünf Zusatzbedeutungen. Aber nicht in allen Fällen ist das so.

Damit wären wir beim zweiten Beispiel. Ob Menschen einander entgegenkommend begegnen, hängt von ihrem ganz persönlichen Kontext ab.

Und genauso ist es nach einer Scheidung.

Überall wird nach einer Formel gesucht, die die Kämpfe nach einer Scheidung und die Zerrissenheit der Kinder reduzieren könnte. Manche Leute denken, daß alles besser und fairer wäre, wenn wir nur die richtige *Form* der Scheidung und des Sorgerechts finden könnten. Doch leider gibt es eine solche Zauberformel nicht.

Das können wir bereits dann erkennen, wenn wir die Aussagen von geschiedenen Eltern ein bißchen genauer ansehen. Die Paare, die ständig streiten, unterscheiden sich von denen, die sich arrangiert haben, vor allem darin, wie sie ihre Situation beurteilen und wie sie ihren Ex-Partner wahrnehmen.

»Er mußte auf eine Geschäftsreise und hat den Felix daher letztes Wochenende nicht abgeholt.«

Dieser Satz und dieser Sachverhalt gewinnen erst eine Bedeutung, wenn wir den Kontext betrachten.

Frau X wurde von ihrem geschiedenen Mann angerufen. Er

erzählte ihr von seiner Geschäftsreise und erkundigte sich, ob sie dieses besagte Wochenende gegen das nächste tauschen könnten. Sie erklärte ihm, daß sie am Samstagabend aber etwas vorhabe. Er organisierte daraufhin seine Mutter als Babysitterin für den Abend. »Letztes Jahr mußte ich ganz kurzfristig meinen Urlaub um eine Woche verschieben, und er ist eingesprungen«, erinnert sich Frau X milde.

Bei Frau Y läuft es ganz anders. Ihr geschiedener Mann teilt ihr mit, daß er an diesem Wochenende nicht kommen wird. Da es ihn schon während der Ehe ärgerte, wenn sie seine beruflichen Reisen hinterfragte und ihm »ständig auf der Pelle saß«, gibt er ihr keine genauere Erklärung. Die ist er ihr jetzt ja nun wirklich nicht mehr schuldig. Da er bereits weiß, daß sie verärgert reagieren wird, ist seine Stimme abweisend und hart – sie soll gar nicht erst versuchen, ihn zur Rede zu stellen.

Frau Y fühlt sich durch seine Art beleidigt. Außerdem hat sie eine feste Verabredung für Samstagabend, auf die sie sich gefreut hat. Wie kann er es wagen, ihre Pläne ganz einfach zu durchkreuzen? Das hat er früher auch immer gemacht; nie respektierte er ihre Zeit, ihre Wünsche, ihre Vorhaben.

Frau Y knallt den Hörer auf die Gabel. »Dein Herr Vater hat wieder einmal etwas anderes vor. Er holt dich am Samstag nicht. Aber wir brauchen ihn nicht, wir brauchen ihn überhaupt nicht«, entfährt es ihr, als die zehnjährige Tochter wissen möchte, was vorgefallen ist. Am darauffolgenden Wochenende hat eine Klassenkameradin der Tochter Geburtstag. Die Tochter zögert, ob sie hingehen soll, aber Frau Y redet ihr zu. Es wird bestimmt nett! Rechnet sie schon damit, daß Herr Y nach seiner Rückkehr anfragen wird, ob er die Tochter an diesem nächsten Samstag sehen kann? Jedenfalls hat Frau Y dann die Genugtuung, seinen Wunsch ablehnen zu können. »Sie hat etwas vor. Sie ist es leid, darauf zu warten, daß du endlich mal eine Lücke in deinem Terminkalender findest.«

Gerichte diskutieren die Streitanlässe und verfehlen damit genau das, worum es eigentlich geht. Sie befassen sich mit der

Frage, ob der Mann, wenn er sein Besuchswochenende ausläßt, dafür einen Ersatztermin beanspruchen kann. Ob die Frau aus Bosheit den Besuch verhindert hat, was eine Verfehlung wäre und Konsequenzen hätte, oder ob es einen guten Grund dafür gab. Das sind nicht nur banale Äußerlichkeiten, sondern völlig irrelevante Ebenen, auf denen etwas ganz anderes ausgetragen wird.

Worum es geht, ist die Beziehung, in der die beiden Betroffenen zueinander stehen. Die Behörden möchten davon absehen. Sie möchten eine formale Lösung finden, die von diesem verworrenen Restbereich absieht, aber dennoch greift. Sie möchten die Leute dazu bringen, ihre Gefühle und ihre Geschichte vom Hier und Heute zu trennen. Sie versuchen es mit juristischen Reformen, mit Beratung, mit Indoktrinierung, mit Strafen und Drohungen. Aber das wird nicht funktionieren.

Sie können ansatzweise das Verhalten der Betroffenen kontrollieren, nicht aber deren Gefühle. Sie können eine Mutter nicht zwingen, glücklich und gesund zu sein. Das alles aber spielt bei der Scheidung eine mindestens ebenso große Rolle wie der formale Verlauf. Das Ziel muß sein: den inneren Frieden der beteiligten Frauen, Männer und Kinder weitestgehend wiederherzustellen. Vergessen, vernünftig sein, sich zusammenreißen: Das können Menschen nicht, wenn es um den wichtigsten und verletzbarsten Teil ihres Lebens geht.

In den Interviews, die wir führten, wurde das deutlich, manchmal nur latent, manchmal auf sehr drastische Weise. Latent kam es dann zur Sprache, wenn Leute sich um eine sachliche Darstellung der Situation bemühten, dies aber nicht zustandebrachten. »Sie gab ihre Ausbildung dann auf, wie sie immer alles aufgibt, wenn es ein bißchen schwierig wird.« »Sie hat den Job verloren, wahrscheinlich hat sie sich dort mit ihrem Mundwerk zu viele Feinde gemacht.« Die Betroffenen konnten es sich einfach nicht verkneifen, in bissigen Nebensätzen ihren Gefühlen ein Ventil zu verschaffen. Es schien ihnen nicht aufzufallen, daß sie das taten; das kam ganz automatisch, verriet die eigene Kränkung und den Wunsch, zurückzuschlagen.

Es kann auch deutlicher, viel deutlicher werden.

Herr E. holt seinen Sohn jeden Donnerstag und alle vierzehn Tage für das Wochenende ab. Kürzlich wurden, da Herr E. sein Studium abgeschlossen und einen Beruf ergriffen hat, die Unterhaltszahlungen erhöht. Er betrachtet dies als Akt der Bosheit und grüßt seine Ex-Frau nicht mehr, wenn er das Kind abholt. Das fällt sogar dem Kind auf. Der Sohn fragt: »Papa, warum redest du mit der Mama nicht?« »Das erklär' ich dir später, wenn wir alleine sind«, antwortet der Vater.

Nun kann sich die Mutter wütend fragen, was er dem Kind hinter ihrem Rücken erzählen wird. In ihrer Wut läßt sie ihn am nächsten Donnerstag zehn Minuten vor der Tür stehen, ehe sie öffnet. Das ärgert ihn so sehr, daß er beginnt, mit Fäusten und schließlich mit den Füßen gegen die Tür zu poltern.

Eine alte Dame, die im Stockwerk darunter wohnt und ihn entweder nicht kennt oder ihm Probleme machen will, weil sie ihn sowieso nicht mag, ruft die Polizei.

Das Kind erlebt eine wütende Mutter, einen Vater, der mit den Füßen gegen die Tür donnert, und das Eintreffen der Polizei. Es bricht in Tränen aus.

In der darauffolgenden Woche beantragen beide Elternteile unabhängig voneinander eine Änderung des Besuchsrechtes. Der Vater will nun das alleinige Sorgerecht und argumentiert, daß die Mutter sein Besuchsrecht sabotiere. Die Mutter will das Besuchsrecht eingestellt sehen, da der Vater das Kind verschrecke und aufwühle. Nun darf ein Gericht sich mit Details befassen, um die es gar nicht geht, und Maßnahmen ergreifen, die nichts verbessern werden. Die Dinge, um die es hier wirklich geht, sind nicht beweisbar, nicht befehlbar, nicht strafbar, nicht judizierbar. Es geht um das fehlende grundlegende Vertrauen und Wohlwollen, das die Beteiligten einander entgegenbringen müßten.

Das gemeinsame Sorgerecht kann solche Probleme leider nicht ausräumen. Jeder Elternteil kann jederzeit behaupten, es funktioniere nicht – und schon sind wir wieder bei Gericht.

Eltern können moralisch oder gesetzlich unter Druck gesetzt werden, dieses Arrangement zu akzeptieren, aber sie können nicht dazu gezwungen werden, damit zufrieden zu sein. Wenn die Eltern aber nicht zufrieden und miteinander in Frieden sind, geht das Drama weiter – unter veränderten Vorzeichen, aber nicht minder bitter. Die Notwendigkeit, alle prinzipiellen Dinge gemeinsam zu entscheiden, vervielfältigt dann bloß die möglichen Streitanlässe.

Es gibt eine großangelegte amerikanische Studie sowie zahlreiche kleinere deutsche Analysen, die diesbezüglich zu einem deutlichen Ergebnis kommen: Nicht die äußere Form des Sorgerechts entscheidet über das Wohlbefinden und die Zufriedenheit von Eltern und Kindern, sondern die Art und Weise, wie die nunmehr getrennten Familienmitglieder miteinander umgehen. Die Beziehung der getrennten Eltern zueinander bestimmt die Atmosphäre, in der die Kinder aufwachsen. Das ist wesentlicher als jede formaljuristische Entscheidung. Wenn die Eltern sich hassen, bekämpfen und sabotieren, stehen sie unter einem äußerst großen psychischen Druck. Sie sind dann nervös, zornig, unkonzentriert und ungeduldig. Wenn die Mutter den Vater oder der Vater die Mutter haßt oder fürchtet, vermitteln sie das – gewollt oder ungewollt – dem Kind, das dann nicht mehr unbeschwert mit dem jeweiligen Elternteil umgehen kann. Die Phrasen, die Verfechter des erzwungenen gemeinsamen Sorgerechts dreschen, verraten einen völligen Mangel an pädagogischer Einsicht. Ein Kind kann sich kein »eigenes Urteil bilden«, unbeeinflußt von den starken Gefühlen des anderen Elternteils. Ein Sohn kann von seinem Vater nichts Gutes über seine eigene Männlichkeit lernen, wenn dieser seiner Mutter gegenüber eine aggressive und haßerfüllte Haltung einnimmt. Eine solche Situation kann nicht das Ziel sein, das wir bewußt anstreben sollten. Bewußt anzustreben ist eine Art »Reparatur« der Mann-Frau-Beziehung, die wieder zu einem zivilisierten und friedlichen Umgang zwischen den Getrennten führt.

Im Rahmen der großangelegten amerikanischen Untersuchung, des Stanford-Sorgerechtsprojekts, wurden Familien untersucht, die alle gängigen Sorgerechtsmodalitäten verkörperten und das ganze Spektrum der möglichen Beziehungen nach einer Scheidung – von häufigem freundlichem Kontakt bis zu gänzlichem Kontaktabbruch – abdeckten. Es wurde dann über mehrere Jahre hinweg untersucht, wie es den Müttern, Vätern und Kindern damit erging.

Dabei zeigte sich, daß sich die Beziehungen nach der Scheidung in vier unterschiedliche Kategorien unterteilen ließen: in Auflösung, in Kooperation, in einen fortwährenden Konflikt und in eine Mischform.

Im Muster der *Auflösung* bestand nur noch geringer Kontakt zwischen den Eltern. Sie unterhielten sich selten oder gar nicht über die gemeinsamen Kinder und suchten keine Abstimmung in Erziehungsfragen. Bei der Übergabe legten sie Wert darauf, dem anderen Elternteil möglichst gar nicht begegnen zu müssen.

Im Muster der *Kooperation* waren die Eltern bestrebt, von ihren persönlichen Konflikten Abstand zu nehmen und die Erziehung gemeinsam zu praktizieren. Sie sprachen regelmäßig über schulische und andere Belange, die das Kind betrafen, trafen wichtige Entscheidungen gemeinsam und stimmten die Regeln aufeinander ab.

Im Muster des *fortwährenden Konflikts* setzte sich der eheliche Streit auch nach der Trennung fort und bezog die Kinder ein. Es gab laufend Probleme bei der Übergabe, Streit über Erziehungspraktiken und Regeln, Drohungen mit Entzug des Kindes usw.

Bei der *Mischform* versuchten die Eltern, einander in Erziehungsfragen kooperativ zu begegnen, was ihnen zeitweise auch gelang. Es gab aber immer wieder Zeiten des mitunter heftigen Konflikts.

Das wirklich verblüffende Ergebnis dieser Studie bestand darin, daß weder die äußere Form des Sorgerechts noch die

Häufigkeit der Kontakte zwischen dem Kind und dem nichtsorgeberechtigten Elternteil maßgeblich dafür waren, ob die Eltern und Kinder zufrieden lebten und sich gut entwickelten. Es gab Paare, die das gemeinsame Sorgerecht hatten und die Sorge für das Kind penibel halbierten, die aber gleichzeitig entweder ständig stritten oder keinen Kontakt und keine Kooperation pflegten. Es gab Paare, bei denen ein Elternteil aus beruflichen Gründen auf einem anderen Kontinent lebte und das Kind nur äußerst selten sah, bei denen der abwesende Elternteil aber durch eine besonders freundliche Beziehung zum Ex-Partner bestens über den Alltag seines Kindes informiert war, dem Kind stets wärmstens in Erinnerung gehalten und bei wesentlichen Entscheidungen stets konsultiert wurde. Es gab Kinder, die ihre Mutter und ihren Vater jeweils an dreieinhalb Wochentagen sahen oder die selbst entscheiden durften, bei welchem Elternteil sie die kommende Nacht verbringen wollten, die aber völlig aufgewühlt und unglücklich waren, und es gab Kinder, die sich unter denselben Umständen ausgeglichen fühlten. Die Forscher suchten nach Korrelationen im Hinblick auf Familieneinkommen, Alter der Kinder zum Zeitpunkt der Scheidung, Geschlecht der Kinder, Vorhandensein und Anzahl von Geschwistern und alle nur erdenklichen sonstigen Variablen.

Der einzig maßgebliche Faktor, der das Wohlbefinden der geschiedenen Eltern und die gute Entwicklung der Kinder bestimmte, war die Atmosphäre zwischen den geschiedenen Erwachsenen. Das galt für alle Beteiligten. Der geschiedene Vater war nicht dann am glücklichsten, wenn er sein Kind so oft wie gewünscht sehen und völlig autonom seine Hälfte der Erziehung gestalten konnte. Er war dann am zufriedensten, wenn seine Beziehung zur Mutter dieses Kindes möglichst konfliktfrei verlief. Die Mutter war weder dann zufrieden, wenn ihr geschiedener Mann völlig aus ihrem Sichtfeld verschwunden war, noch dann, wenn er das halbe Leben der Kinder übernahm, sondern dann, wenn sie sich auf ein Arrangement geeinigt hatten, das sie fair fand. Den Kindern ging es gesundheitlich, in der Schule und psychisch gut, wenn sie in einem friedlichen Klima leben konnten, weil ihre Eltern sich entweder gut vertrugen oder sich wenigstens niemals streitend begegneten.

Die Untersuchung läßt daran keinen Zweifel: Der Schlüssel für eine erträgliche Nachscheidungszeit liegt bei den betroffenen Erwachsenen. Wenn sie ein Auskommen finden – wobei dieses Auskommen in Extremfällen auch darin bestehen kann, daß einer von ihnen sich ganz zurückzieht –, geht es ihnen und den Kindern gut.

Diese Studie zeigt uns, daß wir all unsere Aufmerksamkeit darauf lenken müssen, den Betroffenen bei der Verarbeitung ihrer Geschichte und beim Erreichen eines friedlichen Ausganges zu helfen. Wir sind auf der falschen Fährte und machen alles nur noch schlimmer, wenn wir Leuten ein Format aufzwingen, das sie nicht umsetzen können und das ihnen nur noch größere Konfliktanlässe bietet.

Andere Studien deuten darauf hin, daß die Sorgerechtsvariante nicht affektneutral ist, sondern daß das gemeinsame Sorgerecht besonders hohe Risiken mit sich bringt.

Kanadische Studien fanden heraus, daß die Unzufriedenheit beider Elternteile bei einem gemeinsamen Sorgerecht wesentlich höher war als bei anderen Sorgerechtsformen. Für die Kinder wiederum scheint die psychische Belastung bei dieser Form besonders hoch, da es ihnen dann schwerer fällt als sonst, klare neue Lebensverhältnisse zu begründen und die Trennung ihrer Eltern innerlich zu akzeptieren.[*]

---

[*] G. Austin, P. Jaffe, »Follow-up study of parents in custody and access disputes«, *Canadian Psychology*, 31, April 1990; J. Johnston, M. Kline, J. Tschann, »Ongoing postdivorce conflict: effects on children of joint custody and frequent access«, *American Journal of Orthopsychiatry*, 59, Okt. 1989; S. L. Braver, S. Wolchik, I. Sandler, V. Sheets, »A longitudinal study of noncustodial parents«, *Journal of Family Psychology*, 7, Juni 1993; F. Furstenberg, A. J. Cherlin, *Divided Families, what happens to Children when Parents part*, Cambridge 1991.

Kindern geht es nach einer Scheidung gut, wenn

- sie Fixpunkte behalten, ihr eigenes zukünftiges Leben betreffend (stabiler Freundeskreis, kein Schulwechsel, unveränderte Bezugspersonen wie Großeltern),
- sie eine räumliche Orientierung haben, ein festes Zuhause,
- sie sich damit abfinden, daß die Eltern wirklich getrennt sind und sie selbst weder daran schuld sind noch etwas daran ändern können,
- sie das Gefühl haben, daß es ihren Eltern gut geht,
- sie das Gefühl haben, daß sie für ihre Sorgen einen festen Ansprechpartner haben und daß diese Person psychisch und materiell in der Lage ist, sie zu schützen und zu versorgen.

Die Studien zeigen uns auch deutlich, unter welchen Umständen es den Erwachsenen gut geht. Vätern ging es unter anderem dann gut, wenn

- sie das Gefühl hatten, in wichtigen Dingen nach wie vor einen Einfluß auf das Leben ihres Kindes zu besitzen,
- sie sich vom Kind geliebt und akzeptiert fühlten,
- sie eine nicht-feindselige Beziehung zur Mutter des Kindes hatten,
- die Ehe von längerer Dauer gewesen war,
- sie eine befriedigende eigene Privatsituation hatten (Wohnverhältnisse, Beruf, soziales Umfeld),
- die Mutter des Kindes mit dem Arrangement zufrieden war.

Der Mutter ging es gut, wenn

- sie keine unmittelbare Existenzangst hatte,
- sie sich vom Vater des Kindes fair behandelt fühlte,
- sie eine Zukunftsperspektive für sich sah (beruflich, privat),
- es den Kindern entweder gut ging oder sie bei Problemen einen Rückhalt hatte.

Wie wir sehen können, hängen all diese Punkte zusammen. *Wenn* der Vater eine friedliche Beziehung zur Ex-Frau hat, wird er sie eher unterstützen (finanziell und moralisch). *Dann* wird sie seine Beziehung zu den Kindern eher fördern. *Dann* wird er sich von diesen Kindern geliebt fühlen und eine Rolle für sich in ihrem Leben sehen. Und so weiter und so fort. Das alles setzt jedoch eine bestimmte, wohlwollende gegenseitige Gesinnung voraus.

Es liegt auf der Hand, daß der Normalfall sehr weit von diesem anzustrebenden Idealzustand entfernt ist. Die meisten Elternpaare leben in einer resignativen Haltung, belastet mit vielen noch unbeglichenen Rechnungen gegenüber dem ehemaligen Partner, die alles überschatten.

Nun noch ein Wort zu Einstein. Wir verwendeten seinen Namen im Titel dieses Abschnitts ursprünglich ohne tiefere Absicht, einfach als Synonym für »Formeln«. Daß Einstein tatsächlich etwas mit dem Sorgerecht zu tun hatte, ahnten wir nicht. Dann stießen wir rein zufällig auf ein neu erschienenes Buch, *Einstein's Wife**, blätterten darin und entdeckten, daß unsere zufällige Wahl seines Namens für diese Kapitelüberschrift eine schaurige Berechtigung hatte. Wir bedauerten unser neues Wissen, denn wir hätten Einstein lieber so in Erinnerung behalten, wie er im kitschig-lustigen Hollywood-Film *I. Q.* präsentiert wird: als liebenswürdigen, geistesabwesenden, brillanten Exzentriker.

Einstein war zweimal verheiratet. Seine erste Frau war Mileva Marić, eine hochbegabte junge Frau aus Zagreb. In einer Zeit, in der Frauen an der Universität und erst recht in den Naturwissenschaften nicht gerade willkommen waren, bestach sie dermaßen durch ihre mathematische Brillanz, daß sie sogar ein Stipendium für die Schweiz erhielt. Dort lernte sie, zu ihrem

---

* A. Gabor, *Einsteins's Wife – Work and Marriage in the Lives of five great Twentieth Century Women*, New York 1995

Unglück, Albert Einstein kennen und lieben. Einstein war schon als junger Mann unkonventionell genug, um mit Mileva zusammenzuziehen, aber doch noch so konventionell, sie seiner Familie nicht vorzustellen. Mileva war keine Jüdin, und er rechnete damit, daß seine Familie sie deshalb ablehnen würde. Als Mileva schwanger wurde, ließ er sie in ihrer zunehmenden Verzweiflung alleine, hielt sie aber mit dem Versprechen hin, seine Familie zu einem geeigneten Zeitpunkt einzuweihen und für eine Heirat zu gewinnen. Das Schicksal dieses ersten Kindes ist bis heute ungeklärt. Es wird angenommen, daß Mileva es nach der Geburt entweder zur Adoption freigab oder daß es starb.

Etwas später heiratete das Paar dann doch und bekam zwei weitere Kinder, von denen eines behindert war. Anfangs setzte auch Mileva ihre Arbeit in der Physik fort und die beiden veröffentlichten, wie das Ehepaar Curie, gemeinsame Schriften. Doch mit der Geburt der Kinder entfernte sich Albert zunehmend von den häuslichen Verpflichtungen. Ein Student namens Svetovar Varicek, der bei den Einsteins Untermieter war, erinnerte sich an die Szenerie. »Mileva verbrachte ihre Tage mit Wohnungsputz, Kochen und Versorgen der Kinder. Wenn die Kinder dann im Bett waren, führte sie für Einstein mathematische Berechnungen durch, oft bis spät in die Nacht hinein.« Diese Arbeit leistete sie nur noch aus Liebe zur Physik und um nicht gänzlich aus der Wissenschaft verdrängt zu werden. Einstein jedoch war mit zunehmendem Ruhm nicht mehr bereit, sie in seinen Veröffentlichungen als Mitarbeiterin anzuführen. Der Student Varicek bedauerte die intelligente, unglückliche junge Frau, die ohne jegliche Unterstützung ein behindertes Kind versorgte und sich von all ihren Ambitionen verabschieden mußte. Einstein hingegen empfand kein Mitleid, sondern äußerte sich zunehmend abfällig über seine Frau. Ihr Unglück empfand er als Nörgeln und warf ihr vor, nicht mehr so klug und interessant zu sein wie früher. Er fühle sich wie ihr Arbeitgeber, beschwerte er sich bei seiner Cousine Elsa, die er als Ehefrau Nummer Zwei ausgespäht hatte.

Nachdem er sich zur Trennung entschlossen hatte, reichte Albert die Scheidung ein und beantragte gleichzeitig das Sorgerecht für die beiden Söhne. Mileva war verzweifelt. Für diese Ehe und diese Kinder hatte sie alles aufgegeben.

»Obwohl Einstein sich in späteren Jahren anerkennend über die mütterlichen Qualitäten Milevas äußern sollte und ihr dankbar dafür war, daß sie seine Beziehung zu den Söhnen stets förderte, hat er sie während der Scheidungsjahre erbarmungslos gequält ... An Eduard (dem behinderten Kind) zeigte er wenig Interesse, er fand ihn sogar abstoßend, aber er wollte den älteren Sohn, Hans Albert, für sich haben.«

Die Kinder wurden Mileva zugesprochen. Im Interesse der Kinder versöhnte sich Mileva nach der Scheidung mit Einstein und ermutigte ihre Söhne, auf den Vater stolz zu sein. Als sie starb, steckte Einstein seinen Sohn Eduard umgehend in ein Heim, wo er ihn kein einziges Mal besuchte; seine restlichen dreißig Lebensjahre sah er ihn nie mehr. Der ältere Sohn fand das Verhalten des Vaters unverzeihlich und lehnte den Kontakt zu ihm ab. Er selbst orientierte sich bei seiner Partnerwahl am Vorbild seiner intelligenten Mutter. Seine erste Frau war Ingenieurin, und einige Jahre nach ihrem frühen Tod heiratete er eine Neurochemikerin.

4
Die glückliche Scheidung:
Beamte als Märchenonkel

DU SOLLST zivilisierten Umgang mit Deinem ehemaligen Partner/Deiner ehemaligen Partnerin pflegen.

DU SOLLST, falls Frau, keine Mühe scheuen, um Deinen Kindern den Vater zu erhalten.

DU SOLLST Dich, falls Frau, nach der Scheidung frei, verwirklicht und froh fühlen und Dich mit Elan und Kraft in Beruf und Alleinerziehung engagieren.

DU SOLLST, falls Mann, unbesorgt sein: Frauen gibt es wie Sand am Meer, Du findest umgehend eine neue, und die Kinder kommen schon irgendwann wieder, spätestens in der Pubertät.

Das Märchen über die Zeit nach der Scheidung besteht aus mehreren Elementen: einer Bagatellisierung der Scheidung, einer Beschönigung der Situation danach, einem unrealistischen Diktat für das Verhalten der zerstrittenen Eltern zueinander. Das hat gravierende Konsequenzen.

Menschen verhalten sich in ihrer ursprünglichen Partnerwahl leichtsinnig und unüberlegt, weil sie davon ausgehen, daß ein Fehler ganz leicht behoben werden kann: Wenn es nicht klappt, läßt man sich eben scheiden, na und?

Geschiedene können ihre teils sehr extremen Gefühle nicht einordnen; sie fühlen sich ganz anders, als sie sich fühlen »sollten« und sind daher desorientiert.

Frauen sollen nach der Scheidung keine Probleme machen; sie sollen dem Kindesvater gegenüber kooperativ sein, wenig bis keine finanzielle Unterstützung erwarten und sich nicht über ihre Situation als Alleinerziehende beschweren.

Männer sollen sich nach der Scheidung unbeschwert und frei vorkommen, auch wenn sie in Wirklichkeit vor den Ruinen ihres bisherigen Lebens stehen.

Die grundsätzliche Unaufrichtigkeit dieses Zugangs bringt Leute in Situationen, die sie nicht bewältigen können, und verhindert Lösungen.

Das gilt für die durchschnittlichen Komplikationen einer »normalen« Scheidung ebenso wie für die Extremfälle.

Wir hatten während der Arbeit an diesem Buch Zugang zu Hunderten von Gerichtsakten, teils an einem österreichischen Bezirksgericht und teils durch unsere Interviewpartner und Angehörige von Scheidungsgruppen, die ihre eigenen Unterlagen zur Verfügung stellten. Wir konnten so genau verfolgen, welch verzerrende Wirkung das moderne Märchen von der glücklichen Scheidung auf die offiziellen Handlungen von Ämtern und Richtern hat.

Auch Gutachter gehen mitunter davon aus, wie gute Geschiedene sich verhalten *sollten*, und übersehen dabei die konkrete Situation. Im folgenden Teil illustrieren wir diese Dynamik anhand einiger Problemfälle.

Herr B. nimmt nach seiner Scheidung eine neue Arbeit an und zieht in eine fünfhundert Kilometer entfernte Stadt. Mit seiner Ex-Frau vereinbart er, daß er das Kind jedes zweite Wochenende besuchen wird und bei diesen Gelegenheiten in ihrem Gästezimmer – seinem ehemaligen Büro – übernachten soll, um nicht in ein Hotel gehen zu müssen und um mit seiner kleinen Tochter einen entspannten, »normalen« Abend zu verbringen. Beim dritten Besuch wird er seiner Ex-Frau gegenüber zudringlich. Er drängt sie in das Schlafzimmer; als sie ihn zurückweist, will er sich mit Gewalt durchsetzen. Obwohl Herr B. den Vorfall nicht leugnet, gibt es einen wesentlichen Meinungsunterschied. Frau B. behauptet, daß das Kind während dieser unerquicklichen Szene aufwachte und dazukam. Herr B. behauptet, die Tochter habe die ganze Zeit über fest geschlafen. Das Gericht verbeißt sich in dieses unlösbare Detail: Wenn das Kind die versuchte Vergewaltigung seiner Mutter mitbekommen hat, soll es dem Vater nicht mehr alleine ausgehändigt werden. Wenn nicht, kann er weiterhin mit der Tochter alleingelassen werden.

Die dreijährige Tochter des Herrn C. wiederum stiftet Verwirrung mit ihrer Behauptung, der Vater habe ihr beigebracht, wie man Zungenküsse gibt. Diese seien »Teufelsbussis«, berichtet sie fröhlich. Frau C. ist hochalarmiert, zumal die fragwürdigen sexuellen Gepflogenheiten ihres Mannes zum Scheitern ihrer Ehe beitrugen. Für das Amt ist nichts beweisbar.

Im Zweifelsfall stützen sich die zuständigen Stellen häufig auf eine Mischung aus tradierten, teils auch frauen- und kinderdiskriminierenden Wertvorstellungen und neuen, pseudo-pädagogischen Leitsätzen. Im Fall eines sechsjährigen Mädchens, das einige fragwürdige Vorfälle mit dem Vater im Zusammenhang mit Besuchswochenenden gemeldet hat, befindet das Gericht wie folgt:

> »Aufgrund ihrer Persönlichkeitsstruktur wäre (das Mädchen) sicherlich in der Lage, Besuche des Vaters zu verkraften.
> Inwieweit der Kindesvater durch sein angeblich sexuell abnormes Verhalten tatsächlich eine Bedrohung für das Kind darstellt, kann aus kinderpsychologischer Sicht nicht festgestellt werden …
> Ein Besuchstag pro Monat zwischen Kind und Vater, ohne Übernachtung, würde einen Kompromiß darstellen und könnte die mütterlichen Ängste etwas reduzieren. Das Kind hätte so die Gelegenheit, sich ein eigenes Bild von ihrem Vater zu machen.«

Das Dilemma der zuständigen Stellen ist enorm. Eine Vater-Kind-Beziehung kann nicht leichtfertig abgebrochen werden, und die Beweislage ist in vielen Fällen äußerst unklar. Andererseits will niemand ein Kind gefährden. Doch der Kompromiß ist mehr als unbefriedigend. Die Vorstellung, ein Kind sei tagsüber vor sexuellem Mißbrauch sicher, ist bestenfalls naiv; die Formulierung, es könne sich ein eigenes Bild von seinem Vater machen, wirkt in diesem Zusammenhang bedenklich.

Ein noch beunruhigenderes Beispiel betrifft ein fünfjähriges Kind aus einer nicht-ehelichen Lebensgemeinschaft. Die Frau verließ den Mann, weil er sie schlug. Neben der Verurteilung wegen Körperverletzung an seiner Lebensgefährtin hat Herr D. auch eine Reihe von Vorstrafen für Gewaltanwendung gegenüber anderen Personen. Daß diese Mutter Bedenken hat, einem nachweislich gewalttätigen Mann ein kleines Kind anzuvertrauen, ist nachvollziehbar. Doch der Gutachter ist in erster Linie daran interessiert, seine Vorstellung vom optimalen Nachscheidungsverhalten zu realisieren. Die gute Geschiedene, wir erinnern uns, muß ihrem Kind den Vater erhalten. Er bemängelt daher ihre

>fehlende Kooperationsbereitschaft, die fehlende positive Vorbereitung der Minderjährigen auf die Besuche des Vaters. Das sind Verletzungen ihrer mütterlichen Pflicht.<

Ein weiterer Fall betrifft ebenfalls einen gewalttätigen Vater. Das Kind ist eineinhalb Jahre alt und außerehelich. Die Mutter will Kontakte zwischen Vater und Kind verhindern, weil er nicht nur sie, sondern auch das Kind geschlagen hat und wegen schwerer Körperverletzung ebenfalls mehrfach vorbestraft ist. Das Jugendamt antwortet doktrinär im Sinne der Traumscheidungsideologie:

>Der Vater ist ein ausgesprochen impulsiver Mensch, der sicherlich gelegentlich die Beherrschung verlieren kann ... Eine Gefährdung des Kindes ist nicht ganz auszuschließen, doch dürften die Züchtigungen des Kindes überwiegend als Folge der häuslichen Auseinandersetzun-

gen aufgetreten sein. Diese Streitigkeiten wiederum können aber nicht alleine dem Vater angelastet werden, da ihm
die Mutter wohl an Körperkraft, nicht aber an verbaler
Aggressivität und Eigensinn nachsteht.
Das erst eineinhalbjährige Kind ist noch nicht explorier-
bar, doch wird sich das gänzliche Fehlen des Vaters später
sicherlich negativ auswirken ...«

Hier wird im Namen einer modischen Devise einem eineinhalb-
jährigen Kind gegenüber absolut verantwortungslos gehandelt.
Die Gewaltbereitschaft dieses Vaters wird bagatellisiert und
entschuldigt; es wird suggeriert, daß die Frau seine Gewalt provoziert habe. Es ist eine gewagte These, daß dieser Mann ein so
kleines Kind nur geschlagen haben soll, weil die Dynamik des
Ehestreits ihn dazu hingerissen hat; in welchen anderen nervli-
chen Belastungssituationen wird das Kind sonst noch durch ihn
gefährdet sein? »Dem Kind muß der Vater erhalten werden«,
egal welch ein Vater, egal wie, sonst wird sich das »sicherlich
negativ auswirken.« (Im übrigen erscheint uns die Verwendung
des Begriffes »Eigensinn«, von Amts wegen, als Kritikpunkt
gegenüber einer erwachsenen Frau mehr als abenteuerlich.)
    Viele Mütter haben uns von Situationen berichtet, die ihrer
Meinung nach eine frauenfeindliche Haltung im für sie zuständigen Amt bewiesen. Anhand der Akten ließen sich diese Vorwürfe nicht vollständig ausräumen.
    Bei manchen Beamten steckt vermutlich nur Idealismus
dahinter. Sie handeln missionarisch. Sie wollen harmonische
Nachscheidungsfamilien sehen, und wer das blockiert – egal,
mit welcher Berechtigung – weckt ihren Gram. Bei anderen ist
eine latente Feindseligkeit gegenüber den geschiedenen Frauen
nicht zu leugnen. Das sehen wir am nächsten Beispiel. War die
Mutter im letzten Beispiel zu »eigensinnig« und verbal aggressiv, so gewinnt die nächste Mutter durch ihre Zurückhaltung
auch keine Punkte. Hingegen wird männliches Fehlverhalten
freundlich umschrieben als »Unbeherrschtheit«, und es werden

Entschuldigungen dafür gesucht. Es geht in diesem Fall um ein sechsjähriges Mädchen, dessen Vater im Verdacht steht, sich während der Besuchszeit sexuell fragwürdig benommen zu haben. Die Tochter erzählt der Mutter davon. Diese ist alarmiert und will weitere Besuche unterbinden. Es ist klar und auch richtig, daß diffuse Anschuldigungen dazu nicht ausreichen. Es ist gleichzeitig verständlich, daß eine Mutter unter solchen Umständen sehr besorgt ist. Hier das Fazit des Gutachters nach seinem Gespräch mit der Mutter:

> »Sie wirkt intelligent, psychisch gut differenziert, etwas unsicher, rasch gewinnt man den Eindruck, daß sie viele Wenn und Aber kennt, durch Selbsthinterfragung zu keinen klaren Entscheidungen kommt und dadurch die Situationen viel komplizierter macht, als sie es an und für sich sind … So gibt sie an, daß sie zwar dem Kindesvater das Besuchsrecht nicht prinzipiell absprechen, aber doch erst viel später gewähren wolle … vorübergehend wird sie dann durch die Stellungnahme des Sachverständigen beeinflußt, macht Ansätze zum Einlenken, um sich dann schließlich doch wieder auf ihre ›grundsätzlichen Bedenken‹ zurückzuziehen. Offenbar wünscht sie letzte Sicherheit und Garantien, die Quadratur des Kreises.«

Das ist eine seltsame Stellungnahme. Wir haben hier eine Frau vor uns, die erfahren hat, daß ihr Kind möglicherweise in eine Inzest-Situation verwickelt ist. Aber eben nur möglicherweise. Obwohl sie vom Vater des Kindes getrennt ist, will sie ihm nicht unrecht tun und fühlt sehr zwiespältig. Sie macht keine dezidierten Anschuldigungen und steigert sich in keine Wut hinein; sie will nicht ungerecht sein, will aber ihr Kind auch nicht gefährden. Welche Mutter würde in einer solchen schrecklichen Situation nicht nach »letzten Sicherheiten und Garantien« streben? Sie geht für ihre Tochter ein enormes Risiko ein, wenn sie den Behauptungen des Kindes keinen

Glauben schenkt. Macht sie die Situation wirklich »komplizierter, als sie es an und für sich schon ist«? Was soll das heißen? Eine kompliziertere Situation ist kaum vorstellbar. Daß der Gutachter hier direkten Einfluß ausübt, ist recht unprofessionell; hingegen spricht ihre Zwiespältigkeit eigentlich sehr für ihren Verantwortungssinn.

Statt zu überlegen, wie man das Kind absichern kann, ohne dem möglicherweise unschuldigen Vater Unrecht zu tun, statt sich um Wahrheitsfindung zu bemühen, wird nun die Mutter analysiert. Der Gutachter schreibt, in Anbetracht ihrer Arbeit als Künstlerin:

> »ihr Verhalten wird durch Projektionen ebenso bestimmt wie durch Regression und Verdrängung bzw. durch Sublimierung im Künstlerischen.« (Was immer das heißen soll.)

Im zuletzt zitierten Gutachten war eine aggressive und »eigenwillige« Frau kritisiert worden. Hier haben wir eine zurückhaltende Frau, doch auch das ist dem Gutachter nicht recht:

> »Auffällig ist, daß sie Aggressionen weitgehend zu unterdrücken sucht bzw. introjiziert, so daß ihr Persönlichkeitsbild durch Zweifel an sich selbst ... bestimmt ist.«

Eine Frau ist demnach entweder aggressiv, oder sie unterdrückt ihre Aggressivität; sie ist entweder eigenwillig, oder geplagt von Selbstzweifeln. Alles ist falsch.

Auch der Vater wird vom Gutachter gehört. In diesem Gespräch erweist er sich zumindest als sehr ehrlich. Freiwillig schildert er dem Gutachter erstaunliche Szenen aus den letzten Monaten. So gibt er zu, seine Ex-Frau im Zusammenhang mit einer Kindesabholung sexuell belästigt zu haben. Er rechtfertigt sich damit, daß er eben sehr ausgeprägte sexuelle Bedürfnisse habe. Ihr Anblick habe ihn eben erregt. Als sie es ablehnte, mit ihm zu schlafen, habe er gedroht, er müsse sich dann eben an

Ort und Stelle durch Selbstbefriedigung Erleichterung verschaffen. Er gibt ferner zu, daß er seine Frau bei ihren Zusammenkünften stets »begrapsche«. Dies tue er, weil er sie damit sehr verärgern könne; seine Motivation beschreibt er als »Trotz«. Er streitet ab, dem Kind etwas Sexuelles angetan zu haben, gibt aber zu, in ihrer Anwesenheit gewöhnlich nackt herumzulaufen oder auf dem Balkon zu liegen. Dies sei lediglich Ausdruck seines freien und gesunden Körpergefühls; seine Ex-Frau hingegen sei verklemmt und nehme deshalb daran Anstoß.

In der Akte finden wir folgende Zusammenfassung des Gesprächs durch den Gutachter:

> »Der Kindesvater imponiert in der Erstbegegnung zunächst als durchschnittlich intelligente, relativ differenzierte Persönlichkeit, um eine sachliche Darlegung der familiären Probleme bemüht, auch wenn er die Schuldfrage primär bei der Kindesmutter und weniger bei sich selbst zu sehen scheint. Beim Eintritt in heiklere Gesprächsphasen schlagen aber rasch Emotionen und Affekte durch, er beginnt die Kontrolle zu verlieren, wird laut und muß vom Sachverständigen zurechtgewiesen werden.
> Wie er rasch aus der Fasson gerät und aggressiv werden kann, zeigt sich in der Konfrontation mit der Kindesmutter. Ihr diffuses Reagieren auf die Frage des Sachverständigen, ob sie sich eine gemeinsame Psychotherapie vorstellen könne, löst seinerseits so heftige Reaktionen aus, daß er zunächst nicht einmal auf die Interventionen des Sachverständigen reagiert, was dieser auch zum Anlaß nimmt, die Konfrontation des Kindesvaters mit der Minderjährigen ausfallen zu lassen.
> Im Abschlußgespräch unter vier Augen vermag er sich wieder zu beruhigen ... doch hat man den Eindruck, daß es sich dabei um eine primär intellektuelle Einsicht handelt, die nicht unbedingt bedeuten muß, daß er sein Verhalten auch danach auszurichten vermag.«

Dieser Text ist bemerkenswert. Die Zwiespältigkeit der Frau erscheint, angesichts dieser Beschreibung des Mannes durch einen gewiß neutralen Außenstehenden, als übertriebene Großzügigkeit. Der Mann ist vollkommen unbeherrscht. In Anwesenheit des Gutachters – einer Person, die für ihn sehr wichtig ist, auf die er vermutlich einen guten Eindruck machen möchte und in deren Abwesenheit er sich sicherlich zu beherrschen sucht – rastet er ohne echten Grund völlig aus. Der Gutachter hält es nicht für vertretbar, daß dieser Mann in seiner Anwesenheit, auf neutralem Boden, mit der Tochter zusammengebracht wird. Gleichzeitig spricht er sich aber dafür aus, ihm das Kind bei nächster Besuchsgelegenheit alleine auszuhändigen!

Fassen wir zusammen: Dieser Mann lanciert sexuelle Übergriffe auf seine Ex-Frau, in Anwesenheit des Kindes. Er wendet sexuelle Berührungen als Mittel an, um Frauen zu ärgern und sich an ihnen zu rächen. Er onaniert demonstrativ in Anwesenheit seiner ehemaligen Partnerin. Falls der Sachverständige mit uns der Meinung ist, daß ein solches Verhalten bei einem fünfundvierzigjährigen Mann, der als väterliches Vorbild für ein sechsjähriges Mädchen dienen soll, irgendwie fragwürdig ist, so geht es aus dem Gutachten nicht hervor. Im Gegenteil: Der Experte konzentriert sich auf die Diagnostizierung der Frau und kommt zum Urteil, daß

>»die sexuelle Gefährdung der Minderjährigen überwiegend als Projektion der Kindesmutter und damit ihrer eigenen Problematik anzusehen ist.«

Fazit? Der Staat und seine Beamten konnten die Institution der Ehe nicht retten, und sie werden auch das Sorgerecht und die Nachscheidungssituation nicht retten können. Sie arbeiten mit einem groben Raster, einem stumpfen Messer und einer fragwürdigen Ideologie.

5
Der unsichtbare Mann

Scheidungen sind traumatisch.

Für Kinder sind die Folgen oft äußerst belastend; sie machen sich in Form von Verhaltensstörungen, Lernproblemen und körperlichen Reaktionen wie Bettnässen oder Schlaf- und Eßstörungen bemerkbar. Für ihre späteren Lebensjahre sind Beziehungs- und Bindungsprobleme zu befürchten.

Die Situation alleinerziehender Mütter ist sehr schwierig. Oft gibt es finanzielle Probleme, von der Überlastung ganz zu schweigen.

Bestimmt nicken Sie, während Sie dies lesen. Auch wenn Ihnen selbst solche Erfahrungen erspart geblieben sind, kommt Ihnen das alles sicher bekannt vor. Sie wissen Bescheid, weil Sie schon in Dutzenden von Zeitschriften und Illustrierten etwas darüber gelesen haben.

Vermutlich haben Sie durch die Lektüre auch erfahren, wie den betroffenen Kindern und Müttern zu helfen ist, wie sie ihr Problem handhaben sollen, wo es Rat und Hilfe gibt.

So viele Artikel. So viele Experten, die sich dazu äußern. So viele Betroffene, die porträtiert werden. So viel Information. Und trotzdem: Fällt Ihnen etwas auf? Eine thematische Lücke?

Uns jedenfalls fehlt hier der Mann. Macht er auch irgendwelche Erfahrungen für seinen weiteren Lebensweg, oder verschwindet er nach einer Scheidung in einem schwarzen Loch? Geht er am nächsten Tag einfach ins Büro und lebt weiter wie bisher? Gibt es über seine Situation wirklich nichts zu berichten? Fühlt er nicht irgend etwas? Die Perspektive des Mannes ist eine fast unbekannte Größe. Doch wie kann das sein? Gehört er nicht dazu? Ist seine Situation nicht sogar recht dramatisch? Man sollte annehmen, daß es darüber eine ganze Menge zu sagen und zu schreiben gibt.

Aber in der Literatur, übrigens auch im Film, wird das Thema, wenn es überhaupt einmal zur Sprache kommt, auf einen einzigen Aspekt reduziert: auf den Sorgerechtskampf. Dustin Hoffman und Robin Williams kämpfen auf der Filmleinwand, der eine gerichtlich, der andere mit List, um ihre Kinder.

Diese Darstellung ist unrealistisch und auch wiederum nicht. »Kampf«, vor allem der Kampf um ein prinzipielles Recht, ist tatsächlich der typischste männliche Zugang zu sehr vielen Problemen. Während Frauen durch ihre Geschichte gelernt haben, sich auch in Situationen der Rechtlosigkeit mittels Umwegen und Arrangements ein erträgliches Leben einzurichten, sind Männer es gewohnt, sich in kodifizierten Bahnen zu bewegen. Zu kämpfen, wenn ihnen etwas nicht gefällt.

Der unglückliche Scheidungsvater tritt in der Regel nicht über die Medien an die Öffentlichkeit, um uns allen seinen Kummer nahezubringen und an unsere Empathie und unseren Gerechtigkeitssinn zu appellieren, sondern tut sich allenfalls mit kämpferischen Genossen zusammen und gründet eine militante Vätergruppe, um sein Schicksal publik zu machen.

Da eine solche Gruppe kämpft, tut sie alles, was eben zum Kämpfen dazugehört: den »Gegner« – in diesem Fall leider die Mutter des gemeinsamen Kindes – attackieren, schlecht machen und fordernd auftreten, übertreiben, Druck und Zwang ausüben. In einem späteren Kapitel werden wir uns näher mit der Frage befassen, ob das der optimale Weg zu einer harmonischen Elternschaft nach der Scheidung ist.

Bleiben wir noch bei der Frage, warum der geschiedene Mann, der geschiedene Vater, der Mann als fühlender Mensch eigentlich, ein solches Stiefkind der Öffentlichkeit ist.

Fast überall, wo es etwas zu verteilen gibt, bekommt er das größte Stück, doch an dem Schalter, wo die Selbstreflexion ausgegeben wird, stellt er sich gar nicht erst an. Sein Vorbild sind die Zyklopen aus der griechischen Mythologie: groß, gewaltig, im Besitz vieler Schätze, doch um den Preis, nur ein Auge zu haben und in einer Höhle zu leben.

Unsere öffentliche soziale Diskussion findet auf der Basis einer rigiden Trennung statt. Die großen Themen, die wichtigen Dinge, das sind die Belange der Weltgeschichte, der Politik, der Ökonomie, der Technik. Das sind die zentralen, die ernsten Fragen, auch wenn sie oft schrecklich langweilig sind. Und: Es sind die Bereiche der Männer.

Daneben gibt es dann noch die sozialen Themen: ein breites Feld, ein immenser, kunterbunter Restbereich. Mitunter gerät ein solches Thema kurzfristig in den gehobenen Rang der Ernsthaftigkeit und schafft es sogar bis in die Schlagzeilen – tiefstimmig kommentiert von irgendwelchen ernsthaften männlichen Menschen, die sich sonst eigentlich eher über Ruanda oder die Nahostpolitik auslassen. Doch plötzlich sprechen sie, natürlich nur kurz, über: Drogen, Scheidung, Kinderprostitution, Alte in der Gesellschaft, Sorgerecht. Ein paar Minuten im Rampenlicht, aber dann nichts wie zurück damit in den Gesellschaftsteil.

Die Rubriken ›Modernes Leben‹ oder ›Gesellschaft‹ sind die eigentliche Heimat solcher Themen. Je nach Medium und Plazierung im Blatt werden sie dort mit der ihnen angemessenen Seriosität behandelt, in allen Schattierungen des Boulevardjournalismus. Doch in jedem Fall haftet diesen Themen atmosphärisch der Ruch des Trivialen, des Tratsches an. Und sie sind tendenziell weiblich. Familie, Kinder, Gefühle, Beziehungen – das ist de facto Frauensache, Frauenkram.

Sexualität geht die Männer gerade noch etwas an, aber auch nur in Form eines Konsumartikels oder ästhetisch verbrämt als Foto von Helmut Newton etwa. Die Ratkolumne über Impotenz dagegen, die finden wir eher in der Frauenzeitschrift, wo der diskret mitblätternde Mann sich klammheimlich mitinformieren darf.

Zeitschriften, die sich primär an den männlichen Leser richten, vermitteln in der Regel folgende Botschaft: Männer haben keine persönlichen Probleme. Allenfalls macht sich der *Bunte*-Leser Gedanken über seinen Haarverlust, sein Übergewicht, seine Einsamkeit. Die anderen Männer haben keine solchen Sorgen. Das einzige, was sie bewegt: die Lage in Nahost, die Ergebnisse der Bundesliga und der Dow-Jones-Index. Gesundheitliche Probleme erkennen sie gerade noch an, aber auch die sind nur interessant, wenn Politiker wie Jelzin oder andere Persönlichkeiten des öffentlichen Lebens sie haben.

Wer als Außenstehender die westlichen Medien studiert, könnte leicht daraus schließen, daß die Männer hier alle schrecklich gebildet und hochpolitisch sind, die Frauen dagegen sorgenvoll, aber bastelfreudig.

Das mag auf den ersten Blick ganz schmeichelhaft sein für die Männer, doch es bringt ihnen im richtigen Leben keinen Vorteil. Am Thema Scheidung und Sorgerecht können wir das glasklar erkennen.

Für das Unglück und die Erschütterung eines Mannes, der seine Familie verliert, haben wir kaum Worte übrig. Auch er selbst hat offensichtlich Schwierigkeiten, zu erkennen und auszudrücken, wie es ihm damit eigentlich geht, wie er sich fühlt und fühlen könnte. Ihm wird suggeriert, daß er seine Scheidung – die unter die Rubrik ›Modernes Leben‹ fällt und somit nicht zu den ernsthaften Fragen der Menschheit zählt – mit Elan wegzustecken hat.

Für sein Leiden an dieser dramatischen Wende in seinem Privatleben wird ihm emotional eigentlich nur ein einziges Ventil geboten: Zorn. In seinem Sozialverhalten gilt nur eine Maßnahme als richtig männlich: Kampf. Auch daher ist es absolut logisch, daß sich das Leiden von Vätern nach einer Scheidung lediglich in einer zornigen Männerbewegung äußert, die um ihr Recht auf das Kind kämpft. Welche Mittel bleiben ihm sonst noch, innerhalb seines männlichen Repertoires?

Der Psychologe und Gerichtsgutachter Donald Dutton beobachtet folgendes über Zorn und Wut:

»Zorn schenkt ein Gefühl der Kontrolle ... Er löst phy-
sisch angenehme Gefühle aus, gibt ein Gefühl von Energie
und entlädt Spannungen. Oft wird er belohnt, indem
andere nachgeben. Zorn signalisiert Entschlossenheit und
Kraft. Und außerdem paßt Zorn zum Bild von Männlichkeit: Ein Mann, der zornig ist, fühlt sich konform mit seinem erlernten Selbstbild als Mann. Zorn schaltet Gefühle
der Verletzbarkeit aus. Aufgrund seiner Erziehung fühlt
ein Mann lieber Zorn als Angst.
Ein Mann, der sich sehr gründlich sozialisieren ließ, kann
seine Angstgefühle überhaupt nicht mehr registrieren,
besonders nicht im Kontext von intimen Beziehungen, in
Gestalt von Verlustangst oder Trennungsangst. Statt dessen empfindet er in diesen Situationen Zorn und Irritie-
rung. Das ist eine kulturelle Steuerung. Unsere Kultur verlangt von einem Mann, daß er auch dann handelt, wenn er
Angst hat – etwa im Krieg.«*

Seine Angst soll er in Aggression umwandeln. Im Kriegsfall
eine Überlebensstrategie – bei Konfrontationen mit Intimpartnern, Familie und Freunden eher fatal, aber häufig anzutreffen.
Frauen zeigen dann Angst und reagieren in Beziehungen oft
scheinbar kooperativ auf Zorn, was dem Mann leider latent signalisiert, daß sein Verhalten richtig ist. In Wirklichkeit reagieren die meisten Frauen nicht auf den Zorn des Partners (mit
Ausnahme von geschlagenen Frauen, die zum Teil wirklich versuchen, einen gewalttätigen Mann durch Kooperation zu
beschwichtigen), sondern auf seine seelische Unausgeglichen-
heit. Wenn ihr Partner zornig ist, wissen die Frauen, daß er
gleichzeitig unglücklich und aufgewühlt ist. *Darauf* reagieren
sie. Vielleicht reagieren sie gleichzeitig, einem archaischen
Reflex folgend, auf den Zorn, aber das ist keine sehr effektive
Interaktion. In der Regel ist es für Männer nicht sehr effizient,

---

* D. Dutton, *The Batterer*, New York 1991

sich zu Hause durch Einschüchterung durchsetzen zu wollen. Dazu kommt, daß Spielchen, die während einer Beziehung und Ehe funktionieren, nach einer Scheidung nicht mehr so gut laufen. Eine Frau, die ihrem Ex-Partner viel vorzuwerfen hat, wird auf seinen Zorn nicht mehr beschwichtigend reagieren, auch dann nicht, wenn sie dahinter vage sein Unglück spürt.

Wie wir aus unseren Gesprächen mit Betroffenen wissen, stecken Väter ihre Scheidungen keinesfalls lässig weg. Ganz im Gegenteil. Sie erschüttern ihr Leben auf allen Ebenen: Finanziell, emotional und sozial bezahlen sie einen hohen Preis.

Der Alltag: Oft ist er eintönig, doch er ist auch vertraut. Er ist selbstverständlich, und das schenkt ein großes Gefühl von Sicherheit. Mit der Scheidung ist der gemeinsame Alltag zerstört; wenn man Kinder hatte, für immer. Für Männer ist die Veränderung meist größer, weil die Kinder ihren Hauptwohnsitz danach meist bei der Mutter haben. Für den Mann bedeutet dies, daß er nie mehr ganz selbstverständlich in sein Wohnzimmer treten und dort seine Kinder antreffen wird, die gerade etwas ganz Unspektakuläres, völlig Alltägliches machen. Ein Comic-Heft lesen. Lustlos an ihren Hausaufgaben kauen. Er wird nie mehr spontan vorschlagen können, daß man doch noch mit dem Rad eine Runde drehen könne, ehe es dunkel wird. Was vorher einfach selbstverständlich war, wird durch den Verlust absolut kostbar. Verständlich, daß Väter das wiederhaben wollen.

Leider geht das nicht. Der normale, entspannte, fade Familienalltag ist mit der Scheidung zu Ende gegangen, für immer. Auch hier ist das gemeinsame Sorgerecht trügerisch. Den Alltag kann man nicht verdoppeln. Man kann ihn allenfalls halbieren. Doch damit erreicht man in Wahrheit nur, daß die Kinder auch keinen Alltag mehr haben.

Die unmittelbarste Belastung nach einer Scheidung ist materieller Natur. »Wenn wir zusammengeblieben wären, würde es uns finanziell jetzt richtig gutgehen. So aber ist alles sehr knapp.« Diese Feststellung machen viele.

Nach seinem Auszug lebt der Mann oft wieder wie ein Junggeselle. In seinem Übergangsquartier oder in seiner neuen Wohnung sind die Verhältnisse oft beengt.

Frank erzählt von seinem Familienleben im Einzimmerappartement:

>»Wenn die Mädchen bei mir sind, müssen wir Schlafsäcke ausbreiten. Anfangs fanden sie das witzig, es war ein Abenteuer, wie Camping. Aber mittlerweile sind sie zwölf und vierzehn und finden es nicht mehr so gut.«

Für Walter gibt es noch ein zusätzliches Problem:

>»Ich wohne seit der Scheidung bei meiner Mutter. Wenn Robert bei mir ist, bricht die ganze mütterliche Familie über uns herein. Das sind Leute mit ganz anderen Erziehungsvorstellungen. Wenn Robert ein bißchen herumläuft, heißt es schon, ›Er tobt‹. Zu Abend ißt man um halb sieben, keine Minute später. Es ist einfach keine sehr angenehme Atmosphäre. Wir versuchen, so viel wie möglich weg zu sein, um davor zu flüchten, aber man kann nicht pausenlos etwas unternehmen.«

Die räumliche Teilung der Elternschaft ist eine Situation voller Zündstoff. Menschen, die sich gerade getrennt, vielleicht sogar bekriegt haben, müssen das gemeinsame Kind hin- und herreichen. Für Männer besteht die typische Situation in der Regel darin, ihr Kind abzuholen. Fast in jeder erdenklichen Variante ist das eine seltsame, eine schwierige Angelegenheit. Wenn die Trennung freundschaftlich war, »dürfen« sie bei der Abholung hereinkommen. Vielleicht bekommen sie einen Kaffee, man unterhält sich über das Kind. Wenn die Trennung feindselig war, warten sie meistens vor der Tür. Stressig ist es in jedem Fall, wie Andreas schildert:

»Die ersten drei Monate ging ich nicht hinauf, wenn ich die Kinder abholte. Ich wollte meine Ex nicht sehen. Das ganze erste Jahr war sehr deprimierend, meine Frau war ausgezogen, ich blieb in der leeren Wohnung zurück. Die ausgeräumten Kinderzimmer, das war fast nicht auszuhalten. Ich war fast nie zu Hause. Man muß echt aufpassen, daß man in der Zeit nicht zum Trinker wird.«

Auch Emils Frau überließ ihm nach der Scheidung die Wohnung. Sie zog zu ihrem neuen Freund, einem etwas älteren Geschäftsmann. So entging Emil zwar der komischen Situation, plötzlich als Fremder vor der eigenen Haustür zu stehen, doch dafür plagte ihn eine andere Empfindung:

»Die erste Veränderung in meiner Vaterschaftssituation war, daß ich plötzlich in einer Konkurrenzsituation war. Der neue Freund war ein Mann mit drei schon erwachsenen Kindern, und beruflich erfolgreich im Vergleich zu mir. Ich versuche, das als Bereicherung für Thomas zu sehen. Der Mann hat ein Wochenendhaus, dort gibt es Tiere. Für ein Stadtkind ist es toll, das könnte ich ihm nicht bieten. Der Mann ist auch nett, er ist freundlich zu mir und scheint Thomas zu mögen. Das alles freut mich, und gleichzeitig macht es mich fertig.«

Schrecklicher als das Abholen ist das Zurückbringen. Das Abholen ist unbequem, mitunter peinlich. Das Zurückbringen tut weh. Viele Männer schildern ihre anschließende Erregung als Unruhe, der nur noch motorisch beizukommen ist: Sie haben danach das Bedürfnis, ziellos durch die Straßen zu fahren oder zu laufen oder, wie Karl, einen langen Spaziergang zu machen:

»Der Abschied ist jedesmal ziemlich schwer. Es kann schon passieren, daß eines der Kinder dann dasteht und weint, ›Papa geh nicht!‹ Ich muß sie so früh zurückbringen, daß mir noch Zeit bleibt für einen Waldspaziergang, weil, so aufgewühlt kann man nicht ins Bett, und am nächsten Tag beginnt wieder eine Arbeitswoche.«

Das Gefühl des Verlusts, das sich im Abschied ausdrückt, tritt aber auch in anderen Momenten hervor. Helmut erzählt:

»Christian (4) hat die Scheidung relativ gut verkraftet, aber man merkt seine Belastung. Er klammert sehr viel mehr als früher. Wenn er bei mir ist, läuft er manchmal nachts durch die Wohnung und sucht seine Mama. Wenn er dann endlich wieder eingeschlafen ist, steh' ich da und kann nicht schlafen. Das kostet Kraft, ein Kind zu beruhigen, wenn man selbst so unglücklich ist.«

Viele Gefühle, die von den Männern beschrieben werden, sind allgemeiner Natur. Auch die groben Entwicklungslinien nach einer Scheidung sind generalisierbar. Der eine oder andere Partner, oder beide, bewegen sich tiefer in ein neues Leben – mit all den Konsequenzen, die das für die Beteiligten hat. Stiefeltern, Umzüge, neue Halbgeschwister, neue Situationen, die vom einen oder anderen Betroffenen als Distanzierung, Entfremdung, Verlust erlebt werden. Die Entwicklungen sind kaum vorhersehbar. Abkommen und Stimmungen ändern sich, neue Personen kommen hinzu, die Lage wendet sich zum Besseren oder zum Schlechteren oder wird einfach anders …

Daneben gibt es große individuelle Unterschiede. Sie betreffen vor allem den Grad an Nähe und Einbeziehung, den ein Mann sucht. Manche Väter, die vorher in eine tradierte Rollenteilung hineingeschlittert waren und wenig direkten Kontakt zu ihren Kindern hatten, mutieren zu engagierten Vätern, sobald der mütterliche Puffer wegfällt. Bei anderen Vätern stellt sich heraus, daß ihr Hineinrutschen in die klassische Rollenteilung kein Zufall war. Die Reduzierung des väterlichen Anteils in ihrem Leben finden sie letztlich entspannend.

So ist es zum Beispiel bei Erwin, Vater einer siebenjährigen Tochter:

»Das Schlimmste an der Scheidung war der Psychostreß mit dem Kind. Für mich und meine Ex war alles gelaufen. Wir wollten beide die Scheidung und fanden uns schnell damit zurecht. Unsere Tochter war ein Unfall gewesen, aber das war zu Beginn unserer Beziehung, die Liebe war noch frisch und wir stürzten uns in den Hafen der Ehe. Ich war bestimmt noch nicht reif für Babygeschrei und Masern. Ab und an zog ich abends alleine los, danach gab es Zoff mit der Alten. Aber wir fanden dann beide eine neue Beziehung, und so konnten wir sehr zivilisiert voneinander Abschied nehmen. Doch da haben wir die Rechnung ohne Bienchen gemacht. Sie bekam Probleme im Kindergarten, hat viel geweint. Damit sie mich nicht so vermißt, bin ich nach der Arbeit jeden Tag vorbeigekommen und hab' ihr eine Gutenachtgeschichte vorgelesen. Dann wollte sie, daß ich mich neben sie lege, während sie einschläft, ›nur für eine Minute.‹ Aus der Minute wurde eine halbe Stunde und selbst dann wachte sie sofort wieder auf, wenn ich aufstehen wollte, und weinte und klammerte sich an mich. Schließlich habe ich beschlossen, auf Distanz zu gehen, und heute bin ich der klassische Besuchspapi im Vierzehn-Tage-Rhythmus.

Mir geht es seit der Scheidung eigentlich viel besser. Die Familie ist ja auch ganz schön anstrengend, allein die Wochenendaktivitäten, Kindertheater, Geburtstage … Jetzt läuft das alles bloß noch vierzehntägig. Meine Tochter baut sich allmählich ein eigenes Leben auf, ohne mich, und je weniger ich eingreife, desto besser ist es für uns alle.«

Manche Männer vermissen den Familienalltag bitterlich, aber andere seufzen erleichtert auf, wenn sie ihn hinter sich lassen können. Für Egon ist

> »seit der Scheidung einfach der Druck weg. Da gab es täglich diese Standarddebatte, ›Du hast gesagt, du kommst spätestens um sieben, jetzt ist es schon wieder viertel neun!‹ Man entschuldigt sich einmal, zehnmal, hundertmal, aber im Endeffekt denkt man sich dann, ›Scheiße, mir reicht's.‹ Heute aber, und das rechne ich meiner Ex-Frau hoch an, übt sie sehr wenig Druck auf mich aus. Sie sagt zum Beispiel nie, daß ich die Kinder doch noch einmal unter der Woche nehmen soll.«

Wir sind übrigens davon überzeugt, daß die Freude an der Familie mit dem Geschlecht wenig zu tun hat. Bestimmt gibt es auch viele Frauen, die mit ihrer Ehe auch gerne die Hauptverantwortung für ihre Kinder abschütteln würden, wenn sie ihre Kinder einigermaßen gut und liebevoll versorgt wüßten, und wenn ihre Umgebung diesen Entschluß respektieren würde. Diese zwei Bedingungen sind für die meisten Männer gegeben, für die meisten Frauen aber nicht. Eine Frau, die auf ihre Kinder verzichtet, gilt als unnatürliches Monster. Der Vater, der bereit wäre, sein Leben auf den Kopf zu stellen, um die volle Verantwortung für seine Kinder zu übernehmen, ist eine Rarität. Manche Männer erkennen diesen Unterschied an. »Ich kritisiere meine Ex-Frau, ich finde, sie macht vieles ganz falsch«, sagt Dieter. »Aber wenn ich ehrlich bin: Solange ich nicht bereit bin, die Kinder selber zu übernehmen, hab ich auch kein Recht, zu kritisieren.« Die Einsicht tröstet ihn nicht.

Gleichzeitig glauben wir, daß der Rückzug mancher Väter nicht wirklich auf Desinteresse oder Familienuntauglichkeit, sondern auf Unsicherheit zurückzuführen ist. Hier wäre es notwendig, Aufklärung und andere stützende Maßnahmen zu bieten. Der Familientherapeut Krabbe kennt aus seiner Praxis nicht wenige Väter, die nach einer Scheidung völlig hilflos sind, wenn sie sich plötzlich ganz allein um die Kinder kümmern sollen. Sie haben wenig Ahnung vom Alltag eines kleinen Kindes und können daher leicht der Versuchung verfallen, sich lieber aus der unbequemen Situation zurückzuziehen.

Bei manchen Vätern, sagt Krabbe, »muß man buchstäblich bei Null anfangen. Man muß ihnen sagen, ›Wenn Dein Kind bei Dir übernachtet, braucht es eine Zahnbürste‹ ...«

Manche Väter wollen und werden den Sprung in die engagierte Elternschaft nicht machen, aber eine größere Gruppe braucht lediglich Information und Anleitung.

Männer wollen nach einer Scheidung die Beziehung zu ihren Kindern behalten und diesen Kindern Väter sein. Das ist sehr gut. Zwei Dinge sind Voraussetzung: Sie müssen mit der Mutter dieser Kinder einen friedlichen Abschluß und irgendein neues Einvernehmen finden, und sie müssen lernen, ohne Vermittlung einer Frau in Beziehung zum Kind zu treten. Beide Voraussetzungen machen es erforderlich, daß Männer sich in ihren privaten Beziehungen souveräner bewegen als bisher.

Männer nach der Scheidung: drei Einblicke

Die folgenden drei Männer – Marco, Mirko und Herbert – haben ihre Scheidungen und ihre anschließende Beziehung zu den Kindern sehr unterschiedlich erlebt. Trotzdem illustrieren sie wichtige Gemeinsamkeiten im Schicksal geschiedener Väter.

Marco ist zweiundfünfzig Jahre alt. Er ist Journalist; ein stämmiger Mann, Kettenraucher. Sein Sohn Erik ist mittlerweile achtzehn Jahre alt. Mit dessen Mutter Henri lebte Marco nie zusammen. Sie wurde nach kurzer Bekanntschaft schwanger und wollte ursprünglich eigentlich abtreiben. Damals war sie erst neunzehn und Volontärin in derselben Redaktion, in der Marco die Auslandsredaktion unter sich hatte.

»Wir hatten nicht einmal entfernt einen Lebensplan. Ich wollte bestimmt keine Familie mit ihr gründen, weil ich am liebsten allein lebe. Sie war einfach ein hübsches Mädel, eine von vielen in meinem Leben. Aber eine Abtreibung – das kam mir furchtbar vor, da bin ich vielleicht zu katholisch erzogen. Ich habe ihr angeboten, für das Kind zu sorgen, finanziell. Aber sie sollte sich keine Illusionen machen über unsere Beziehung. Da war nichts drin, das machte ich ihr deutlich. Sie scheint es aber trotzdem nicht geglaubt zu haben. Sie hat das Kind gekriegt und dann mehr oder weniger direkt gefordert, daß ich sie heiraten sollte.

Als ich ablehnte, hat sie dann aus Wut bei der Geburt »Vater unbekannt« eingetragen.

Danach war es so: Ich habe natürlich gezahlt, und sie hat genommen. Das Kind bekam ich trotzdem kaum zu Gesicht, was mich aber nicht sonderlich störte; Männer haben diese Baby-Kiste ohnehin nicht so drauf. Aber als er auf die Welt kam, hab' ich mich sehr gefreut. Warum? Weil ich plötzlich das Gefühl hatte, etwas Bleibendes weiterzugeben, auch wenn es nur meine Gene sind. Toll fand ich auch, daß es ein Bub war. Das ist reaktionär, ich weiß schon, aber trotzdem ist es so. Ein Bub ist was Tolles, es war wie ein zweites Leben für mich.

Bis er drei, vier Jahre alt war, war ich der sporadische Hausgast und Zahlvater. Das Kind war viel bei den Eltern von Henni. Sie war noch sehr jung und instabil, da haben wir uns, glaube ich, beide nicht viel vorzuwerfen.

Als er in die Schule kam, begannen die ersten Konflikte. Ich war recht erfolgreich im Auslandsressort und viel unterwegs. Henni dagegen hatte nicht richtig Fuß gefaßt im Arbeitsleben. Sie hat nicht den nötigen drive, aus der wird nie eine working lady, sie hat keinen Mumm. Aber das wäre okay, wenn sie in der Folge nicht so mies agieren würde.

Das Drama spitzte sich zu, als der Kleine sich zunehmend an mich gewöhnte. Ich war so im Durchschnitt drei

Wochen weg, dann eine volle Woche mit viel Freizeit wieder da, und ich habe viel mit ihm unternommen, und er war ganz wild auf die Zeit mit mir. Henni – aber das erkannte ich viel zu spät – wurde rasend eifersüchtig. Sie lebte im Grunde von ihren Eltern und war »ganz für den Jungen da«, wie sie immer zu sagen pflegte. Und nun war der Junge auf seinen Vater scharf. Das hat sie nicht verkraftet. Sie glaubte, ihre Existenzberechtigung zu verlieren. Sie kam dann auf die Idee, mich finanziell zu erpressen. Ich könne das Kind sehen, jederzeit, sofern ich »Familienverantwortung« übernähme. Sie und der Sohn seien nur als Paket zu haben. Ich sollte wenigstens den Minimalanstand aufbringen, für sie auch Unterhalt zu zahlen.

Das ging mir zu weit. Sie war eine junge Frau, zu faul, zu untüchtig für die Arbeitswelt, das Kind war bestens versorgt, ich zahlte 700 Mark im Monat. Aber Erik tat mir leid. Sollte er vorgehalten bekommen, sein Vater sei neidisch und deshalb komme er nicht mehr? So schlitterten wir in einen komischen Handel hinein. Ich zahle für jeden »Besuchsblock« etwas, und zwar dezidiert für Henni, nicht für irgendwelche Extras von Erik. Das nämlich hätte mir ja noch eingeleuchtet, wenn er Ski gebraucht hätte oder Stiefel. Doch nein, sie kaufte Regale, ich sollte sie vom Baumarkt abholen, bezahlen und danach noch montieren.

Das ging ein paar Monate so, bis ich bemerkte, daß es ihr gar nicht so sehr um das Geld ging, sondern daß sie mich ganz gezielt wieder in ihr Leben hineinziehen wollte. Das war mir zuwider, aber ich wußte nicht, wie ich mich da herauswinden sollte, ohne meine Beziehung zu Erik zu gefährden. Ich hatte zu der Zeit eine aufregende Affäre mit einer Schauspielerin. Das war die heißeste Beziehung meines Lebens, fast wäre ich meinem Entschluß, auf jeden Fall immer allein zu leben, untreu geworden – wenn es nicht diesen verhängnisvollen Vorfall gegeben hätte.

Katrin – so hieß die Frau – erlebte Hennis Annäherungs-
versuche einerseits als sehr lästig, andererseits wohl auch
als Bedrohung. Sonst hätte sie nicht so irre reagiert. Eines
Tages meldete sie sich bei Henni, behauptete, meine neue
Ehefrau zu sein, und riet ihr, uns in Frieden zu lassen und
mich zu vergessen.

Damit hat sie Henni an ihrem wundesten Punkt getroffen.
Henni wollte nichts lieber als verheiratet zu sein. Sie hat
Erik sofort über das Ereignis informiert und ihm einge-
hämmert – diesem armen Achtjährigen –, daß sein Vater
ein Lügner sei, dem nichts an ihm liege. Die Konsequenzen von Katrins Wahnsinnstat waren für mich furchtbar. Ich bekam Erik nicht mehr zu sehen, über Monate.
Mein Haß auf Katrin war unbändig, wir haben nur mehr
gekämpft, buchstäblich. Und Henni haßte ich nicht
weniger.

Ich schlich um ihr Haus, versuchte Erik zu erspähen.
Wenn ich sein Rad an der Hausmauer angelehnt sah, ist
mir fast das Herz gebrochen. Es war wie in einer griechischen Tragödie, mit Henni in der Rolle der Rächerin.

Ich versuchte, Erik in der Schule zu sehen. Aber er schrie
mich an: Geh weg, zu der anderen Frau! Ich weiß, daß du
mich nicht magst! Die Mama magst du auch nicht! Dann
kriegte er einen Weinkrampf und schrie gellend: Ich hasse
dich, ich hasse dich!

Danach habe ich ihn nicht mehr gesehen, fast acht Jahre
lang. Ich nahm jeden Auslandsauftrag an und ließ mich für
drei Jahre nach Mittelamerika versetzen. Ich hatte den
Entschluß gefaßt, das Feld zu räumen, da ich im Leben
meines Kindes nur Kampf und Verwirrung stiften würde
mit meiner weiteren Präsenz. Ich habe aber auch meine
Zahlungen voll eingestellt und Henni geschrieben, ich
würde das Geld auf ein Konto überweisen, und Erik
könne es bei seiner Volljährigkeit abheben, für sein Studium. Sie hat mir viele unflätige Briefe geschrieben, nach

dem zweiten Brief warf ich alle weiteren ungelesen weg. Ich kannte den Inhalt.

Als ich letztes Jahr aus Mittelamerika zurückkam, fand ich wieder Post vor, der Absender trug meinen Nachnamen. Ich begriff sofort, daß dies ein Brief von Erik war. Ich war erschüttert über die Symbolik – er wollte nicht, daß ich den Brief wegwerfe, und das signalisierte er mir, indem er meinen Namen annahm.

Im Brief stand, daß er oft an mich denke, daß er alle Zeitungsausschnitte von mir gesammelt habe, und daß er jetzt erwachsen sei und mich sehen möchte.

Ich habe ihn sofort angerufen. Er war gleich dran und wir trafen uns noch am selben Abend in einer Kneipe. Es war unfaßbar: Die Begegnung war für mich umwerfend, wie ein Geburtserlebnis. So muß es sein, wenn man zum ersten Mal sein Kind in den Armen hält. Vor Erschütterung konnte ich kaum die Tränen zurückhalten.

Er hat mir erzählt, daß er in der Vorabitur-Klasse ist, die Schule liebt und Fotograf werden möchte. Wir haben gleich fantasiert, daß wir gemeinsame Reportagen machen könnten. Am Ende des Abends war ich betrunken und glücklich.

Henni war mittlerweile verheiratet, wie ich erfuhr, ›mit einem Idioten‹, meinte Erik.

Wir haben uns in der Folge fast täglich getroffen. Oft brachte Erik seine Schulsachen und einen Schlafsack mit und blieb bei mir. Die kritische Sache aber, warum ich aus seinem Leben verschwunden bin, die hat er noch nicht verkraftet, und ich kann es eigentlich selber nicht fassen, daß ich so weit gegangen bin, den Kontakt über so viele Jahre abzubrechen.

Am allermeisten scheint Erik zu stören, daß er den ersten Schritt tun mußte, um mich wiederzugewinnen. Er meint, schon mit vierzehn hätte er sich von seiner Mutter nicht davon abhalten lassen, mich regelmäßig zu sehen. Er hat recht: Es gibt eigentlich keine Rechtfertigung für mein Verhalten, und ich fühle mich jedesmal schlecht, wenn er das anspricht. Aber wir werden wieder zueinander finden, ganz. Vielleicht wird unser Verhältnis durch diese elementare Krise sogar stärker als das anderer Jugendlicher zu ihren Vätern. Während sich Eriks Freunde nämlich von daheim losmachen, arbeiten wir an unserer Beziehung und kommen uns näher.

Im Grund hat Henni nichts verhindern können, man kann nie etwas verhindern im Leben. Es war dumm und rachsüchtig von ihr, es zu versuchen. Trotzdem tut es mir weh, zu denken, daß ich so viele Jahre mit Erik versäumt habe, daß ich ihn nie erleben konnte, wie er mit zehn, mit zwölf, mit fünfzehn war. Ich habe viel versäumt, aber rechtzeitig alles wiedergewonnen. Heute lebt Erik ganz bei mir, er sieht Henni nur sporadisch. Ich denke, daß ich mich nicht schlecht fühlen muß, irgend etwas Entscheidendes scheine ich ja doch richtig gemacht zu haben, sonst hätte ich meinen Sohn nicht zurückgewonnen.«

Zunächst beeindruckt Marco durch seine Artikulierung tiefer Gefühle. Er beschreibt seine Liebe zum Kind sehr plastisch. Die Stationen seines Weges sind typisch: die Annäherungen unter den schwierigen Umständen einer konflikthaften Beziehung zur Mutter; die entstehende Bindung; dann der qualvolle Entschluß, diese Beziehung abzubrechen und sich aus dem Leben des Kindes zu entfernen. Das Wiedersehen mit dem inzwischen achtzehn Jahre alten Sohn enthält traurige Aussagen über das Los von Männern in einer nach Geschlecht zweigeteilten Gefühlswelt: Sein »Geburtserlebnis« findet in einer verrauchten Kneipe statt, und es bedarf einer großen Alkoholmenge, ehe er seinem Glücksgefühl freien Lauf lassen kann.

Wenn man sich solche Geschichten anhört, könnte man fast ein bißchen altmodisch reagieren. Wäre nicht vieles einfacher, wenn Leute, die sich im Grunde nicht mögen und die entschlossen sind, unter keinen Umständen miteinander zu leben, auch keine gemeinsamen Kinder zeugen würden? Wenn ein älterer Mann nicht einer jüngeren Frau, die ihn anhimmelt, unter dem Vorwand von Ehrlichkeit (ich werde dich nie heiraten) und katholischen Skrupeln (du sollst aber nicht abtreiben) die alleinige Verantwortung für ein außereheliches Kind unterjubeln würde? Vielleicht hat Henni aus unlauteren Motiven die Affäre begonnen, weil sie sich den erfolgreichen Mann in der Auslandsredaktion angeln wollte. Vielleicht ist sie tatsächlich faul, ohne Mumm und ohne Karriereaussichten. Trotzdem können wir ihre Perspektive verstehen. Sie stand gerade am Beginn ihres Lebens, mit privaten und beruflichen Hoffnungen; sie machte ein Volontariat und sie verliebte sich. Die Schwangerschaft zu einem solchen Zeitpunkt stellte einen gravierenden Knick in ihrem Lebensweg dar. Ihre Empfindung, daß sie und das Kind eigentlich ein »Paket« sind, beinhaltet eine grundsätzliche Wahrheit. Können wir wirklich beliebig Menschen voneinander trennen? Erwirbt eine Person, die mit dir ein Kind hat, damit nicht tatsächlich irgendeinen Anspruch – und sei es nur der auf Regale vom Baumarkt?

Marco meint, Glück gehabt zu haben. Er hat seinen Sohn wiedergefunden, dessen Abwendung von der Mutter eine ausgleichende Gerechtigkeit für ihre vorangegangene Rache darstellt. In Wirklichkeit aber ist nichts in Ordnung. Ist es für ein Kind gut, wenn Rache und Gegenrache die wesentlichen Bindeglieder zwischen seinen Eltern sind? Hat Erik in einem Mann, der zu Frauen keine verbindlichen Beziehungen eingehen kann, der die Mutter seines Kindes und, als es Probleme gab, auch das Kind sitzenließ, ein nützliches männliches Rollenmodell gefunden? Er bewundert den Vater, den er so viele Jahre entbehren mußte, aber hat er in ihm nun ein Vorbild, um sein eigenes Leben als Mann danach zu gestalten? Bekennen wir uns zu dieser grundlegenden Botschaft, daß Kinder sich zwischen ihren Eltern entscheiden müssen, weil sie den einen nur lieben dürfen, wenn sie sich vom anderen abwenden?

Mirko ist vierunddreißig Jahre alt, Verkäufer für Büroelektronik. Er hat zwei Kinder, die siebenjährige Jana und die fünfjährige Ewa. Deren Mutter Greta, von der er vor einem Jahr geschieden wurde, arbeitet als Serviererin.

»Greta war meine Liebe auf den ersten Blick. Ich lernte sie in einem Lokal kennen, wo sie an der Bar arbeitete, und sie hat sich in mich genauso schnell verliebt – sofort, so daß wir in der ersten Nacht bereits miteinander geschlafen haben. Das war der Anfang unserer großen Leidenschaft und wahrscheinlich zugleich der Keim für das Ende unserer Ehe. Als Südländer bin ich emotional anders, eifersüchtiger als ein Deutscher, und mich hat nie der Gedanke losgelassen, wievielen Männern es wohl vor mir schon gelungen war, Greta genauso schnell abzuschleppen.
Wir heirateten, bekamen nach sechs Monaten unsere Jana, aber sie war nicht der Heiratsgrund. Ich wollte heiraten, ich wollte Greta ganz haben. Bald kam Ewa, und Greta war mit den Kindern beschäftigt. Alles schien ganz ideal zu laufen.
Aber dann fing Greta an, für Ewa einen Kindergartenplatz zu suchen. Ich war sehr beunruhigt, ich konnte das nicht verstehen. Sie war doch bei den Kindern, wir hatten Freunde, wir gingen aus. Zweimal in der Woche leisteten wir uns einen Babysitter und unternahmen etwas, ich habe genug verdient. Aber Greta war unruhig, sie wollte zurück in die Arbeit, sagte sie. Ich sagte, okay, du bist wendig und von schneller Auffassungsgabe, arbeite bei mir mit. Ich dachte gerade daran, einen eigenen kleinen Betrieb aufzumachen. Sie sagte nein, Büro und Kunden, das sei nicht ihre Welt, sie wolle noch ein bißchen Spaß haben im Leben und am liebsten wolle sie zurück in die Bar. Da das wegen der langen Nachtschichten nicht ginge, werde sie als Kellnerin anfangen, und im übrigen habe sie sowieso schon eine Stelle gefunden.

Von da an gab es nur mehr Krieg. Sie hat ihren Plan aber durchgezogen, und nach kürzester Zeit eröffnete sie mir, sie habe die »Liebe ihres Lebens« getroffen. Was soll ich noch sagen. Sie wollte weg, ist von einem Tag auf den anderen zu dem Kerl gezogen. Allerdings ohne die Kinder, die habe ich nicht herausgegeben. Das war noch eine ungute Szene, sie hat nämlich versucht, mich unter einem Vorwand aus dem Haus zu schicken, aber ich habe in der Vorratskammer die gepackten Taschen der Kinder gefunden und ihren Plan durchschaut und bin dageblieben. Tatsächlich, nach kurzer Zeit fuhr ein Auto vor, es war ihr Neuer, der sie abholen kam. Also ging sie ohne Kinder, die Schlampe.

Allerdings wußte ich nicht weiter. Meine Familie lebt in Jugoslawien, und Kinder in dem Alter gehören prinzipiell zu ihrer Mutter, so viel stand für mich trotz allem fest. Ich hätte ja meinen Beruf aufgeben müssen, denn zum Erfolg gehören Außendienste und Überstunden. Auf unserem Reihenhaus lag noch ein großer Kredit. Es war ein Alptraum.

Unsere Anwälte handelten einen Deal aus: Sie bekam die Kinder, trotz Verlassens der Ehewohnung, trotz liederlichem Lebenswandel usw. Da hätte ich leichtes Spiel gehabt, ihr die Kinder zu entziehen. Ich konnte dafür im Haus bleiben, und die Kinder konnte ich alle zwei Wochen fürs Wochenende haben.

Die Praxis war dann eine andere. Ich konnte die Kinder zwar holen, aber die beiden waren völlig indoktriniert. Wenn ich ihnen nicht tolle Geschenke machte, ins Kino oder zu McDonalds mit ihnen ging, und das zum Frühstück, mittags und abends, brüllten sie, daß sie heim wollten zu Onkel Max und Mama. Ich kam auch bald dahinter, was da lief. Der Onkel Max, dem die Kinder ja egal waren, hatte sie durch Bestechung ruhiggestellt. Sie durften viele Stunden fernsehen, ständig Pommes von McDonalds essen und alles haben. Geld spielte keine Rolle für ihn, nach dem dicken Auto zu schließen, das er fuhr. Damit hatte er sie auf seiner Seite und gleichzeitig gegen mich aufgebracht, der ich ja noch irgendwie erzieherische Vorstellungen hatte. Ich wollte nicht an diesen Besuchstagen den Goldregen auf sie niederprasseln lassen. Das kam mir entwürdigend vor, und absolut schlecht für die Kinder.

Ich war total verzweifelt und habe versucht, die Kinder mit allen Mitteln wiederzugewinnen, aber irgend etwas war durchschnitten, die Leitung war sozusagen tot.

Dann kam ich auf die Idee, sie in den Ferien nach Eurodisney einzuladen. Sie waren ganz aus dem Häuschen, sie sprangen auf mir herum, es war wie früher. Wir schmusten und machten eine Kissenschlacht. Ich hatte das Richtige getroffen, sie waren wieder stolz auf ihren Papa, keiner ihrer Freunde war schon in Disneyland gewesen. Bei der nächsten Gelegenheit besprach ich mit Greta die Ferienpläne. Sie gab mir die Kinder für die zweite Osterwoche, in der ersten Woche wollte sie selber mit ihnen Urlaub machen. Ich buchte die Flüge und Hotels, und Herr Max setzte die beiden am Tag des Reiseantritts vor meiner Tür ab. Die Kinder stürmten herein, in den Armen hatten sie riesige Stofftiere, die sie in Disneyland in Paris bekommen hatten. Dort waren sie in ihrer Ferienwoche mit Mama und mit Onkel Max, schrien sie ganz aufgeregt. Und jetzt gehe es sofort nochmal dorthin.

Ich war so fassungslos, daß ich mich hinsetzen und zur Beruhigung einen Whiskey trinken mußte, was sonst nicht meine Art ist in den Vormittagsstunden. Ich flog mit ihnen los, was sollte ich sonst machen? Wir haben uns Paris angeschaut, sind auf den Eiffelturm, in den Zoo, auf der Seine sind wir Boot gefahren und mit größter Überwindung bin ich mit ihnen auch noch für einen Tag nach Disneyland, wo sie alles nochmal sehen wollten, was sie aus der Vorwoche kannten. ›Schau, in dem Märchenhotel haben wir gewohnt, mit Mama und Onkel Max!‹ Die Kinder konnten nichts dafür, aber es ging trotzdem über meine Kraft. Ich war mürrisch und faßte innerlich den Entschluß, mir das nicht gefallen zu lassen.

Nach der Rückkehr ging ich sofort aufs Jugendamt, um diesen Vorfall und die Situation insgesamt zu besprechen. Dort erfuhr ich, daß die Kinder das Glück hätten, wieder in einer richtigen Familie zu leben, daß es ein Glück sei, daß sie den Lebensgefährten ihrer Mutter wie einen zweiten Vater liebten. Ich schrie, daß ich der Vater sei, daß es reiche, wenn sie mich liebten. Die haben mich nur mitleidig angeschaut.

Jetzt ist es so, daß ich mich zurückgezogen habe. Ich packe es nicht mehr. Ich sehe die Kinder sehr selten, führe sie dann ins Kino oder kaufe mit ihnen ein. Es ist ihnen ganz recht so, glaube ich. Sie sagen zwar, ›Schön war's, Papa, wann sehen wir dich wieder?‹ Aber es scheint ihnen nicht viel auszumachen, wenn ich sage, in einem Monat. Sie haben jetzt ein anderes Leben.

Die Mutter ist in der Familie immer die Chefin. Das akzeptiere ich. Ich bin ja eher konservativ, sie ist die Wichtigere für die Kinder, das finde ich okay. Aber warum nimmt sie ihnen den Vater? Ich denke, sie ist von diesem Max abhängig.

Mir tut es weh, wenn ich Kinder im Alter von Jana und Ewa mit ihren Eltern sehe. Durch Parks gehe ich schon lange nicht mehr, weil ich Spielplätze nicht ertrage. Ich muß mich innerlich von den Kindern lösen, ich halte es nicht aus, an sie zu denken, ich habe Sehnsucht nach ihnen. Aber ich denke, mit der Zeit wird es besser werden. Wir waren viele Jahre zusammen, und jetzt wurden wir abrupt auseinandergerissen, und das erst vor einem Jahr. Die Zeit heilt viele Wunden, das gilt sicher auch für mich.

Ich werde für die Kinder da sein, wenn sie mich später brauchen. Irgendwann wird es ihnen wichtig sein, einen echten Vater zu haben; die Zeit arbeitet für mich. Jetzt muß ich mein Leben unabhängig leben. Ich bin frei, das hat auch seine schönen Seiten. Ich muß mir nichts vorwerfen, ich sehe nicht, daß ich hätte anders handeln können. Ich habe einen langen Brief mit einer Sachverhaltsdarstellung verfaßt, der den Kindern zu ihrem sechzehnten Lebensjahr ausgehändigt werden soll. Er ist bei meinem Anwalt hinterlegt. Ich möchte genau festhalten, wie die Abläufe waren, damit sie sich selbst ein Urteil bilden können. Sie sollen nie denken, daß ich freiwillig gegangen bin. Sie sollen sehen, daß ich mutwillig aus ihrem Leben entfernt wurde.«

Mirkos Entscheidung, sich von seinen Kindern zurückzuziehen, obwohl er sie liebt und sehr an ihnen hängt, treffen wir bei Männern häufig an. Wie schwer und schmerzhaft diese Entscheidung ist, machen seine Worte deutlich. Dieser Entschluß, sich zurückzuziehen, kann in manchen Fällen ein sehr mutiger sein. Es kann tatsächlich ein Liebesdienst sein, den Kindern eine konfliktfreie Zeit zu schenken, ihnen innere Turbulenzen und Zerrissenheit zu ersparen. Es ist auch durchaus möglich, in späteren Jahren wieder in ihr Leben zu treten und auch dann noch einen wertvollen Erziehungs- oder sonstigen Beitrag zu leisten. Mit siebzehn, achtzehn oder auch mit einundzwanzig Jahren ist die Entwicklung eines jungen Menschen noch nicht abgeschlossen. Selbst ein guter Lehrer oder Freund kann das Leben dann noch entscheidend beeinflussen – um so mehr kann das ein wiedergefundener Elternteil.

Bei Mirko aber halten wir diesen Ausgang nicht für notwendig. In seinem Fall bekommt man eher den Eindruck, daß er kontinuierlich am Aufwachsen seiner Kinder hätte beteiligt sein können.

Mirkos Hauptfehler lag in seiner Partnerwahl. Obwohl ihm bewußt war, daß es sich bei Greta um ein leichtlebiges Mädchen handelte, wollte er mit ihr seinen Traum von einer konservativen Familienidylle verwirklichen. Das ging nur vorübergehend gut. Da Mirko der eigentliche »Familienmensch« war, während Greta am liebsten in das Nachtleben der Bar zurückgekehrt wäre, hätten die Kinder logischerweise beim Vater bleiben sollen. Zunächst war es auch so, und Greta zog widerspruchslos – vielleicht sogar erleichtert – ohne ihre Kinder mit dem neuen Geliebten ab. Doch dann traute Mirko sich diese Situation nicht zu. Das war sein zweiter gravierender Fehler. Er war nicht bereit, sein Leben auf den Kopf zu stellen, um vorrangig ein erziehender Vater zu werden. Wenn wir uns diese Phase genau ansehen, erkennen wir außerdem, daß er sich fortgesetzt, also mehr als einmal, für die materielle Seite entschied. Er entschied sich für sein ungehindertes berufliches Fortkommen. Er tauschte seine Kinder, die er unter den gegebenen Umständen hätte bekommen können, gegen das Haus. Es ist kein Zufall, daß die späteren dramatischen Situationen seiner Vaterschaft eine materielle Komponente haben. Daß er später in eine direkte materielle Rivalitätssituation mit seinem Nachfolger geriet, wirkt wie eine Verhöhnung seiner selbst. Das ist nämlich eine Ebene, auf die Mirko sich gar nicht erst begeben sollte – auch wenn es verständlich ist, daß Mirko in diese Gegnerschaft hineinschlittert. Onkel Max, der mit dem schwarzen Mercedes und den riesigen Stofftieren, ist dennoch kein echter Konkurrent: Kinder sind bestechlich, aber in letzter Instanz nicht wirklich käuflich. Mirko räumt das Feld zu schnell.

Herbert ist vierzig Jahre alt, Tochter Milli ist elf. Vor zwei Jahren hat er sich von ihrer Mutter Lisa, die wie er an einem Gymnasium unterrichtet, getrennt.

>»Unsere Ehe ist an Langeweile erstickt. Wir führten ein sicheres, angenehmes Leben. Wir waren politisch engagiert. Wir hatten das Kind und einen gleichgesinnten Freundeskreis. Aber irgend etwas fehlte. Was fehlte, zumindest aus Lisas Perspektive, kam dann eines Tages in

Gestalt eines englischen Austauschlehrers an unsere Schule. Lisa begann mit ihm sofort ein Verhältnis. Für mich war das demütigend. Ich zog vorläufig aus, und zwar zu einer ehemaligen Schülerin, die mittlerweile in Berlin studierte. Eigentlich war das nur als Revanche und als Warnschuß gedacht. Aber dann hat es mich erwischt, ich verliebte mich in Sandi. Plötzlich war ich wieder jung, wir tanzten nächtelang, ich erlebte, welche Dimensionen ein Liebesleben annehmen kann.

Eigentlich hatte ich nur geplant, über die Ferien in Berlin bei Sandi zu bleiben. Ich konnte es selbst kaum glauben, daß ich mich vom Dienst befreien ließ, um bei ihr zu bleiben. In Berlin bekam ich keine Stelle, es war unmöglich, bei dem Lehrerüberschuß. Ich fahre Taxi und es tut mir nicht leid. Ich bereue mein neues Leben nicht, im Gegensatz zu meiner Frau.

Ihr Austauschengländer ist schon wieder auf und davon und über den Ärmelkanal. Und sie sitzt alleine da, im langweiligen Hildesheim. Das einzig Schreckliche ist, daß ich auf die Distanz nicht so viel Kontakt zu Milli habe. Das hat mehrere Gründe. Lisa ist in dem Punkt sehr fair: Beim Kind waren wir uns in den wüstesten Krisenmomenten immer einig – es sollte nie ein Kampf auf Millis Kosten werden. Ich kann sie jederzeit besuchen und sie darf jederzeit ungehindert zu mir nach Berlin, keine Frage.

Aber zwischen ihr und Sandi klappt nichts. Sandi ist zwanzig und zwischen den beiden herrscht eine fast abnorme Konkurrenzsituation. Wenn Milli über die Sommerferien zwei Wochen bei mir ist, erlebe ich die Hölle. Es fängt schon damit an, daß Sandi in infantiler Weise alles im Haushalt verweigert. Sie rührt dann keinen Finger, »weil sie schließlich nicht Ersatzmammi spielen will«. Sie redet beim Essen und abends stundenlang über die langweiligsten Seminare und Bücher, ohne auf Milli Rücksicht zu nehmen oder auf sie einzugehen. Sie will partout in den

Film, der für Milli unmöglich ist. Es ist immer spannungsreich. Aber ich bleibe ruhig. Ich will Sandi nicht verlieren. Eine gute alte Freundin, die zum Frühstück kam und das miterlebte, sagte mir an der Garderobe im Weggehen: »Wenn du so weitermachst, wirst du Milli verlieren. Sie braucht dich mehr als Sandi. Für Sandi bist du ein Übergangsmann, aber für die Milli bist du der wichtigste Mann in ihrem Leben.« Diese Beobachtung hat mich geschockt, und innerlich weiß ich, daß sie recht hat.

In letzter Zeit streite ich oft mit Sandi, ich bin sogar ungeduldig und ungerecht, weil ich mich schlecht fühle, daß ich Milli ihretwegen im Stich lasse. Das ist es nämlich, genaugenommen. Ich schreibe ihr oft, und Milli, die es liebt, Post zu kriegen, schreibt mir meist am selben Tag zurück. Das rührt mich und macht mich noch unglücklicher.

Mit Lisa habe ich nur sehr formellen Kontakt: Was braucht das Kind, wie teilen wir diesmal die Ferien auf usw. Sie sieht in mir einen Lustmolch, der es mit einer ehemaligen Schülerin treibt. Ihre Selbstgerechtigkeit nervt mich, dieses säuberliche Pastorendenken.

Ich bin entschlossen, den Kontakt zu Milli zu intensivieren. Die Briefe sind schon einmal ein guter Weg. Zum Geburtstag habe ich ihr ein Rad geschenkt, ein ganz tolles, und mir selbst auch gleich eines, und im Frühjahr machen wir eine Radtour durch die Toskana, ohne Sandi. Die ist unsportlich und wird sicher nicht mitwollen. Ich muß die beiden auseinanderhalten und so viel wie möglich mit Milli allein machen. Ich weiß nicht, ob ich mit Sandi eine Zukunft habe. Ich habe mich an verschiedenen amerikanischen Schulen als Deutschlehrer beworben. Wenn das in den nächsten Jahren klappt, dann gehe ich rüber und nehme Milli mit. Dann ist es mit Sandi sowieso aus, und für Milli wäre es eine fabelhafte Erfahrung.

Aber das sind alles Träumereien. Die Wahrheit ist, daß ich Milli wahnsinnig selten sehe, wenn es viel ist, dann vielleicht sechs Wochen im Jahr, alles zusammengerechnet. Sie fehlt mir, ich lebe nicht gerne ohne mein Kind, das mir immer das Wichtigste im Leben war, oft wichtiger als meine Frau. Das war sogar so, als die Ehe noch okay war. Und vielleicht war das unser Problem. Zwischen uns war zu wenig Spannung. Vielleicht kann man einfach nicht alles haben. Ich war jahrelang ein leidenschaftlicher Vater und ein lausiger Liebhaber, und jetzt ist es halt umgekehrt.«

Herbert stellt es so dar, daß seine Frau zuerst aus der Ehe ausbrach. Doch diese Version ist nicht ganz schlüssig. Kann ein Lehrer ganz einfach zu irgendeiner ehemaligen Schülerin ziehen, die jetzt in einer anderen Stadt lebt, ohne in irgendeiner Form schon eine Beziehung zu der jüngeren Frau gehabt zu haben? Warum bezichtigt er seine Frau des säuberlichen Pastorendenkens, und warum kann sie ihm vorwerfen, ein Lustmolch zu sein, wenn sie als »Ehebrecherin« diese ganze Lawine lostrat? Hier fehlt eine Schlüsselinformation, die Herbert uns nicht mitteilen möchte. Aber das spielt letztlich keine Rolle, denn zur Diskussion steht hier nicht seine Ehe, sondern seine Vaterschaft.

Während in den ersten beiden Fällen eine böswillige Frau und ein rivalisierender Stiefvater die Vater-Kind-Beziehung blockierten, könnte Herbert ungehindert den Kontakt zu seinem Kind fortsetzen. Ihn blockiert nur der selbstsüchtige Wunsch, die aufregende Liebesaffäre fortzusetzen, die ihm über seine Midlife-crisis hinweghilft. Diese Neigung, sich selber sehr viel nachzusehen, ist ein verbreiteter Mangel an Charakter. Bei Frauen wird er zumindest noch bekämpft. Ihnen wird von Kindheit an vermittelt, daß es eine Tugend ist, für andere zu sorgen und sich um deren Wohlergehen zu bemühen. Diese Erziehung prädestiniert Frauen für helfende Berufe und bereitet sie auf die Mutterschaft vor. Männer bekommen keine vergleichbare Vorbereitung. Ihnen wird vermittelt, daß sie auf sich selbst schauen sollen, daß ihr persönliches Vorankommen letztlich ja auch ihrer Familie hilft und daß sie, wenn sie hart gearbeitet haben, auch eine Belohnung verdienen.

Wird seine elfjährige Tochter es einsehen, daß er ihr schließlich jahrelang ein leidenschaftlicher Vater war und es sich jetzt verdient hat, das Leben eines leidenschaftlichen Liebhabers zu führen? »Vielleicht kann man nicht alles haben«, überlegt Herbert. Daraus folgt, daß er sich entschieden hat. Wenn er verzichten muß, dann lieber auf die Tochter als auf seine zwanzig Jahre alte Freundin. Wir wollen Ihnen nicht allzu christlich kommen, damit Sie uns nicht auch noch des säuberlichen Pastorendenkens bezichtigen.

Wenden wir uns einer anderen Epoche und einem anderen Kulturkreis zu. Der arabische Philosoph al-Ghazali, kein Pastor, sagte folgendes: Wenn man jemanden nur deshalb liebt, weil es einem Freude bereitet, dann liebt man nicht wirklich.

Dabei ist al-Ghazali unnötig streng. So schlimm ist es gar nicht; es bereitet Freude, seine eigenen Kinder zu lieben. Noch mehr Freude bereitet es offenbar jedoch, in Berliner Discos unterwegs zu sein. Was darf Milli daraus schließen, das Wesen von Männern betreffend?

Herbert »leidet« an einem Entscheidungsdilemma. Die richtige Entscheidung kennt er, aber er will sie nicht treffen.

6
Subjektiv unverzeihlich: die Extremfälle

Die normale Durchschnittsscheidung ist schon kompliziert genug. Aber in einer leider nicht geringen Zahl von Fällen setzt nach der Scheidung erst der richtige Terror ein.

Selbst konservative Menschen glauben mittlerweile, daß eine Scheidung in manchen Fällen »das geringere Übel« ist – wenn man sich einfach beim allerbesten Willen nicht mehr leiden kann, oder wenn ein Partner gewalttätig, pervers oder aus anderen Gründen einfach unzumutbar ist. Das Problem ist nur, daß die Scheidung in vielen Fällen, und zwar gerade in den besonders schrecklichen Fällen, kein Ende bedeutet und keine Erlösung bringt.

Im Frühling 1995 schlossen wir unsere Recherchen ab und fingen an, dieses Buch zu schreiben. Zwei Sorgerechtsdramen beschäftigten gerade die Medien, eines aus Deutschland, eines aus Österreich. Ein deutscher Arzt war mit seinen beiden Kindern verschwunden. Nach langer, banger Suche bewahrheitete sich die schlimme Befürchtung, daß er sie getötet hatte. In Österreich hatte sich eine Mutter nach einer Konfrontation mit dem Ex-Mann mit ihren zwei Kindern aus dem Fenster gestürzt.

Manche Sorge- und Besuchsrechtsfälle sind nur kompliziert; andere sind unversöhnlich, sind die Hölle. Dieses Kapitel beschäftigt sich mit den Extremfällen.

Roberta findet in der Post eine Mahnung vor; eine wichtige Rechnung ist unbezahlt geblieben. Wie gibt es das? Sie kann sich doch genau erinnern, daß ihr Mann Jürgen letzte Woche den Scheck ausgestellt hat. Wahrscheinlich hat er wieder einmal vergessen, die Post aufzugeben. Und nun ist er verreist und kommt erst nächste Woche wieder. Roberta geht nachsehen, ob sie das Kuvert nicht vielleicht in seiner Aktentasche findet.

Statt dessen findet sie dort Fotos. Nacktfotos, Pornofotos, die Jürgen in unglaublich expliziten Situationen mit einer ganzen Reihe von Frauen zeigen. Erschrocken legt Roberta die Fotos wieder zurück, doch sie kann sich nicht helfen; etwas später muß sie das Kuvert wieder hervorholen und die Fotos ganz genau betrachten, um auch wirklich daran glauben zu können.

Dabei stellt sie fest, daß neben einer Anzahl wechselnder Frauen eine ganz bestimmte Frau mehrfach auftaucht; sie ist brünett und etwa dreißig Jahre alt. Roberta ist fix und fertig. Sie weiß nicht, was sie tun soll. Sie nimmt sich vor, Jürgens Rückkehr abzuwarten, doch dann bringt sie die Geduld nicht auf. Sie stöbert ihn über seine Firma auf und ruft ihn an. Er streitet zunächst alles ab. Dann behauptet er, daß es alte Fotos seien, von früher, bevor er sie überhaupt kannte.

Dabei entschlüpft ihm der Name der brünetten Frau: Annette. Angeblich ist sie eine ehemalige Freundin, angeblich hat er schon jahrelang nichts mehr von ihr gehört. Roberta sucht in Jürgens Telefonverzeichnis und findet eine Annette. Sie ruft an. Die Frau ist patzig und unangenehm. Sie behauptet, erst letzte Woche mit Jürgen zusammengewesen zu sein. Sie läßt Roberta wissen, daß Jürgen nur aus finanziellen Gründen und wegen des zweijährigen Sohnes bei Roberta bleibt. Eigentlich liebt er *sie*. Und außerdem hat er ihr erzählt, daß Roberta langweilig und frigide ist.

Roberta steht unter Schock. Es stimmt, Jürgen legt viel Wert auf schöne Sachen und Bequemlichkeit, und Roberta verdient viel besser als er. Ist er wirklich nur aus Berechnung bei ihr? Es stimmt, Jürgen verspricht ihr schon seit drei Jahren die Ehe, macht aber keine Anstalten, das Versprechen auch einzulösen. Es stimmt, Jürgen ist sehr viel weg; er hinterläßt dann nur selten eine Nummer, wo er erreicht werden kann und hat ihr zu verstehen gegeben, daß er es nicht mag, wenn man ihm »nach-schnüffelt«. Gut möglich, daß er ein Doppelleben führt.

Für Roberta bricht die Welt zusammen. Vor kurzem hielt sie sich für glücklich. Jetzt ist alles zerstört.

Das Drama zieht sich noch lange hin. Jürgen verspricht dies und das, Roberta kommt immer wieder dahinter, daß er sie belügt. Sie findet weitere Fotos und Briefe. Sie erfährt, daß er dieser Geliebten eine Wohnung bezahlt. Die Geliebte belästigt sie am Telefon, verhöhnt sie mit intimen Details, die sie nur von Jürgen gehört haben kann. Schließlich wirft Roberta ihn hin-aus. Sie will ihn am liebsten nie wieder sehen, und wer kann es ihr verübeln?

Doch da gibt es noch Berti. Berti ist mittlerweile vier Jahre alt. Und Jürgen hat, wie er sagt, ein Recht auf Berti.

Roberta will das auf gar keinen Fall. Einen Vater, der Porno-fotos von sich selbst herumträgt, der routinemäßig zu Prostitu-ierten geht, der eine mehr als fragwürdige Geliebte hat: Das ist kein Umgang für Berti, auch wenn er der leibliche Vater ist. Roberta ist wütend, gekränkt, beleidigt; Gefühle, die beim Jugendamt keinen guten Eindruck machen. Man könne nicht beweisen, daß Jürgen seinem Sohn schade. Es sei daher egal, welche vielleicht fragwürdigen Gepflogenheiten er sonst noch habe. Daß er sie belogen, betrogen, beleidigt hat, ist für die Besuchsrechtsfrage irrelevant. Sie soll das vergessen. Sie soll davon abstrahieren.

Die wirklich extremen und unversöhnlichen Sorge- und Be-suchsrechtsfälle, auf die wir in Interviews und Gerichtsunter-lagen stießen, hatten meist einen ähnlichen Hintergrund. Die Frau hatte dem Mann oder der Mann hatte der Frau etwas sub-jektiv wirklich Gravierendes, etwas Unverzeihliches vorzu-werfen. Dieses subjektiv Unverzeihliche war allerdings meist nichts Widerrechtliches, daher interessierten Anwälte, Richter und Jugendämter sich nicht dafür. Es spielte für das Besuchs- und Sorgerecht entweder keine Rolle, oder es reichte nur aus, um das Besuchs- und Sorgerecht einzuschränken, nicht aber, um es völlig zu unterbinden. Die private und die öffentliche »Gesetzgebung« prallten hier unversöhnlich aufeinander. In den Augen der Gesetzgeber handelte es sich allenfalls um Geschmacklosigkeiten. Das betreffende Vorgehen war vielleicht unmoralisch, abstoßend, unzivilisiert, aber nicht widerrechtlich. In der Logik der Betroffenen aber glich dasselbe Vergehen einer Todsünde. Es war unverzeihlich. Da sie sonst keinen Ansatzpunkt hatten, versuchten die »Opfer« eines solchen Verstoßes, die Sache doch noch irgendwie zu drehen und zu wenden, um die Gesetzesvertreter dafür zu interessieren. Sie ließen sich zu Übertreibungen, manchmal zu Lügen hinreißen. In ihren Augen waren das keine Lügen, sondern bloß Übersetzungen. Verbrechen X, obwohl fürchterlich, war aus undurchsichtigen Gründen nicht strafbar, also mußte man versuchen, mittels Anklage Y doch noch Gerechtigkeit zu bekommen.

Aufgrund ihrer extremen emotionalen Aufwühlung, und weil man sie mitunter der Übertreibung oder Lüge überführt, erwecken solchermaßen belastete Menschen oft einen schlechten Eindruck. Doch gerade sie sollten ernstgenommen werden. Oft stimmt es, daß ihr ehemaliger Partner ihnen gegenüber eine emotionale oder moralische »Todsünde« begangen hat. Es ist ihnen unmöglich, unbeschwert mit ihm umzugehen. Diese Blockierung muß direkt angegangen werden. Es gibt keinen anderen Weg. Man kann das »Opfer« nicht in eine Anstalt einweisen, denn es ist nicht verrückt, nur sehr aufgewühlt. Man kann den »Täter« nicht bestrafen, denn er hat kein Gesetz gebrochen. Wenn man sie weitermachen läßt, beschäftigen sie die Ämter und Gerichte über Jahre oder Jahrzehnte hinweg – meist ohne Resultat; außerdem machen sie auch noch ihre Kinder fertig. Man muß also einen Weg finden, um das Vergehen direkt anzusprechen und irgendwie beizulegen. Den zuständigen Behörden und Beamten gehen solche Leute oft fürchterlich auf die Nerven. Auf ihrer krampfhaften Suche nach Verständnis und nach einem Bündnispartner können sie wirklich nervtötend sein. Sie erzählen dieselbe Geschichte immer und immer wieder. Die kränkenden Details wirken auf einen Außenstehenden oft kindisch und zermürbend. Wer will das hören? Nicht der Anwalt, dessen Zeit kostbar ist und der bereits weiß, daß er mit diesen Details nicht weiterkommen wird. Nicht die Sozialarbeiterin, die in ihrem Warteraum Dutzende von anderen Problemfällen sitzen hat. Die Freunde und Freundinnen wollen es nach dem zehnten Mal auch nicht mehr hören. Aber die Betroffenen können nicht aufhören. Sie sind bis ins Mark getroffen und werden sich ein Ventil schaffen. Wenn diese Klge nichts bewirkt, reichen sie eine andere ein. Wenn dieses Amt sie nicht anhört, gehen sie zu einem anderen.

In unserer Gerichtserhebung waren dies die Akten, die die Umschläge sprengten. Umfaßte die normale Akte fünf oder zehn Blätter, so hatten diese Akten hundert, zweihundert und mehr Seiten.

Das sind die Fälle, die sich typischerweise über Jahre hinziehen und die manchmal mit einer Tragödie enden. Als wir die Gerichtsakten auswerteten, konnten wir solche Fälle oft über zehn Jahre oder länger zurückverfolgen; mitunter zogen sie sich so lange hin, bis sie durch die Volljährigkeit des umstrittenen Kindes ein natürliches Ende fanden.

Petras Mann ist Geschäftsmann und hat viel in den östlichen Staaten zu tun. Nach einem Besuch in Polen kommt er ihr irgendwie verändert vor. Eines Tages findet sie einen Brief, den er von einer gewissen Tatiana erhalten hat. »Deine Frau ist fett, sie liebt dich nicht, sonst würde sie für dich schön sein«, liest sie dort. (Petra hat vor sechs Monaten ihr zweites Kind zur Welt gebracht und ihr Vorschwangerschaftsgewicht noch nicht zurückgewonnen). »Sie hat einen Beruf und braucht dich sowieso nicht. Ich aber kann ohne dich nicht mehr leben. Deine dich anbetende T.«

Ihr Mann gibt zu, daß er mit dieser Tatiana ein Verhältnis hat. Er kann sich einfach nicht entscheiden, sagt er. Er weiß nicht, was er tun soll. Petra soll ihm einfach Zeit lassen, vielleicht ist es ja nur eine kurze Episode, vielleicht verliert er wieder das Interesse an ihrer feurigen, schlanken Rivalin. Petra ist wütend, fühlt sich verraten. Sie reicht die Scheidung ein. Tatiana kommt nach Deutschland und zieht zu Jürgen. Wenn Petra dort anruft, um mit ihrem Ex-Mann zu sprechen, hebt immer Tatiana ab. Statt Jürgen zu holen, legt sie wortlos auf. Und zu dieser Frau soll Petra an den Besuchswochenenden ihre Kinder schicken? Natürlich ja, denn er ist der Vater. Er hat kein Gesetz gebrochen und die Kinder nicht gefährdet oder bedroht.

Ritas Mann läßt sie im Stich, als sich herausstellt, daß ihr vierjähriges Kind eine ernsthafte Behinderung hat. Susannes Lebensgefährte verschwindet während des letzten Schwangerschaftsmonats. Ursulas Mann ist gewalttätig; er hat sie oft geschlagen, doch die Kinder hat er nicht geschlagen, deswegen bleibt sein Besuchsrecht unangetastet. In all diesen Fällen klafft ein riesiger Abgrund zwischen dem subjektiven Rechtsempfinden der Betroffenen und dem Gesetz. Das ist manchmal nur emotional, manchmal aber auch intellektuell nachzuvollziehen. Eine Frau, die von ihrem Mann körperlich bedroht und geschlagen wurde, fürchtet ganz einfach um die Sicherheit ihrer Kinder. Natürlich erleben diese Kinder ihren Vater als bedrohlich, auch wenn er »nur« ihre Mutter geschlagen hat.

Bei der Lektüre der Akten ist man überwältigt von der enormen Disparität zwischen den Problemen und den Mitteln, die zu ihrer Lösung zur Verfügung stehen. Auf der einen Seite die nüchternen Richtlinien und die um Neutralität bemühten Beamten, die aber gleichwohl ihre eigene Weltanschauung, ihre eigene Philosophie und ihre eigene Lebenserfahrung mitbringen. Auf der anderen Seite die puren Emotionen. Auf der einen Seite die Forderung nach rigoroser Beweisführung im Angesicht enormer Mehrdeutigkeit, auf der anderen Seite Gewißheit und Wut.

Die Fälle in dieser Kategorie decken ein großes Spektrum ab. Sie reichen vom langandauernden Unglück bis zur Tragödie.

Heikes Fall ist noch vergleichsweise milde, und trotzdem betrachtet sie ihr Leben als zerstört.

Heike ist zweiunddreißig Jahre alt. Sie lebt in Düsseldorf und ist Chemikerin.

»Im Grunde haben wir zu schnell geheiratet und es wäre trotz unserer damaligen Verliebtheit nicht dazu gekommen, wenn ich nicht schwanger gewesen wäre. Ulf ist Rettungsfahrer, er arbeitet meistens nachts, und so konnte ich neben dem Baby mein Studium abschließen, das lief also ganz gut.

Ulf war aber immer der Chef daheim, darauf legte er Wert und das sagte er auch in dieser Offenheit. Er meinte, wenn ich ›draußen‹ so viel mache, muß er wenigstens daheim das Sagen haben. Diese Haltung ist mir immer unerträglicher geworden. Anfangs nahm ich das mehr als Scherz oder als Marotte auf, aber es war ihm ernst damit. Im Grunde hat er nur zwei Stunden länger pro Tag auf das Baby aufgepaßt als ich, aber seine Hilfe sollte ich mit Demut bezahlen. Das fand ich eigentlich nicht ganz normal.

Als ich in der Diplomprüfungsphase war, mußte ich eine Woche lang länger als sonst an der Uni bleiben, weil ich das Labor für meine Vorbereitungen brauchte. Ich blieb bis fünf in der Uni, um dreiviertel sechs sollte ich zu Hause sein. Er verließ um sechs das Haus und trat seinen Dienst an. Während dieser Woche brannte es, als ich heimfahren wollte, im U-Bahn Schacht, und ich kam erst um viertel sieben heim. Da hat Ulf von mir verlangt, daß ich ihn kniend vor dem fünfjährigen Kind um Verzeihung bitten sollte. Als ich mich weigerte, hat er mich geschlagen. Das war dann der lächerliche, dramatische Abschluß unserer Beziehung.

Er willigte in die Scheidung ein, das Kind wurde mir zugesprochen. Ich hatte bei Gericht diesen Vorfall angegeben und alles war klar – dachte ich.

Fünf Monate vergingen, Ulf schien sich für Peter nicht sehr zu interessieren und besuchte ihn nur sporadisch. Eines Tages wollte ich Peter wie immer mittags aus der Schule abholen, und er war nicht da. Ulf war mir zuvorgekommen, hatte ihn eine halbe Stunde früher aus dem Unterricht geholt. Die Lehrerin war ratlos; Ulf hatte irgend etwas von einem Arzttermin geredet, sie hatte gemeint, es wäre abgesprochen gewesen. Ich hatte von Ulf nicht einmal eine Adresse, er wollte mir nach seinem Auszug keine geben. Ich wußte nicht, was ich tun sollte. Ich wartete zwei Tage, dann ging ich zur Polizei.

Über die Behörden konnte Ulf ausgeforscht werden, doch er hatte mittlerweile einen Antrag eingebracht, um das Kind zu behalten. Er wollte meine ›seelische Zerrüttung‹ nachweisen. Er hat vorgebracht, daß ich nach der Geburt des Kindes in Therapie war. Das stimmte; ich war damals in einer Sinnkrise und brauchte eine neutrale Stelle, wo ich mich aussprechen konnte. Aber wenn Sie einen sehr konservativen Richter bekommen, dann versteht der das nicht. Eine junge Mutter in einer Sinnkrise? Verdächtig!

Es gab dann dramatische Szenen, wenn ich Peter bei seinem Vater besuchte. Er wollte lieber bei mir sein, aber das hat Ulf nicht gerührt. Ein Gerichtspsychologe unterhielt sich dann mit Peter und kam zu dem Schluß, daß die erzwungene Trennung von mir beim Kind langfristige Schäden anrichten würde. Also kam Peter wieder zu mir. Meine Situation war aber schlecht. Mittlerweile war ich tatsächlich so etwas wie zerrüttet, ich traute mich aber nicht mehr zum Therapeuten. Außerdem hatte ich meine Arbeit verloren, durch die ständigen Gerichts- und Ämtertermine war ich für die Firma nicht mehr tragbar gewesen. Ulf ist 450 Kilometer weit weggezogen und hat beantragt, das Fahrgeld für seine Besuchswochenenden von den Alimenten abzuziehen. Schließlich würde er an diesen zwei

Tagen das Kind betreuen und es stünde ihm daher eine Aufwandsentschädigung zu.

Seine Besuche sind schlimm: Ich traue ihm nicht. Manchmal macht er Andeutungen, daß er wieder mit Peter verschwinden könnte, aber diesmal ins Ausland. Dann habe ich Angst, die zwei alleine zu lassen. Ich hefte mich wie in einem schlechten Krimi an ihre Fersen. Bei Autofahrten versucht Ulf, mich abzuhängen, und es ist oft gefährlich, wenn ich zum Beispiel versuche, noch schnell über die Ampel rüberzukommen, um sie nicht aus den Augen zu verlieren. Peter geht es ganz schlecht. Er wird die erste Klasse nicht schaffen, das steht jetzt schon fest. Er kann nicht stillsitzen, kann sich nicht konzentrieren.

Ich finde keine neue Arbeit. In dem Zustand, in dem er jetzt ist, kann ich Peter unmöglich in einen Hort geben. Wir leben von der Fürsorge, und das bei meiner Ausbildung!

Vor kurzem sagte Peter, er wünscht sich, der Papa hätte einen Unfall. Ein anderes Mal sagt er, Mama, wenn ich größer bin, kaufe ich mir eine Pistole und erschieße den Papa. Dann sind wir wieder alleine und brauchen keine Angst zu haben, daß er mich wegholt. Soll ich das dem Gericht mitteilen? Wahrscheinlich nicht. Die würden das ansehen als die Meldung einer rachsüchtigen, psychisch abgerutschten Frau.

Ich kann ohne Tabletten nicht mehr schlafen. Mein Freundeskreis hat sich aufgelöst, als arbeitslose Alleinerzieherin ist man nicht gerade eine Bereicherung. Ich bin aber entschlossen durchzuhalten, für Peter. Ich mache jetzt eine Zusatzausbildung als Sekretärin, ich will danach für eine dieser Agenturen arbeiten, die tageweise Ersatzkräfte vermitteln. Dann bin ich flexibel. Es ist natürlich demütigend, nach meinem Studium im Büro zu sitzen und zu tippen, aber in meiner Situation kann man halt nicht nach den Sternen greifen.

Ich habe durch den Gerichtspsychologen eine Aussetzung des Besuchsrechts erwirken können, zwar nur vorübergehend, aber ich bin schon dankbar für eine kleine Atempause.«

Bei den Fällen in diesem Kapitel handelt es sich um eine besondere Kategorie. Die Entstehungsgeschichte ihrer Probleme verläuft meist nach dem folgenden Schema: Zuerst gehen die Frauen mit einer für sie absolut falschen Person eine Verbindung ein. Dann werden sie schwanger. Sie heiraten wegen des Kindes oder bleiben, wegen des Kindes, in irgendeiner Art von Verbindung. Und damit ist die Bahn frei für jede Art von Wahnsinn. Was statt dessen geschehen müßte, wird anhand der meisten Geschichten recht deutlich, ist aber leider unkonventionell. Die meisten Betroffenen entschließen sich zunächst, den konventionellen Weg zu gehen: zu heiraten oder – in der Hoffnung auf eine doch noch zustandekommende Liebe und Ehe – an der Seite des problematischen Partners auszuharren. Ironischerweise ist es gerade dieser konventionelle Schritt, der sie erst recht zu einem marginalisierten, sozial auffälligen Schicksal verdammt.

Es gibt Fälle, in denen die Frau eindeutig das Problem ist. Sie will das Kind gar nicht haben, aber ihre Umgebung und die Konventionen verlangen, daß sie sich zur Mutterrolle bekennt. Der Mann wäre hier oft der willigere und bessere Elternteil. Er aber hat Angst vor der Belastung, vor der öffentlichen Meinung, um seine Karriere ... Die mutterschaftsunwillige und -untaugliche Frau übernimmt das Kind.

Das andere häufige Szenario: Der problematische Mann will kein Kind und/oder keine feste Bindung. Die Frau hofft aber, daß er sich ändern, daß er es sich überlegen wird. Sie tut alles, um ihn zu halten und zu gewinnen. Oder sie läßt ihn gehen. Doch dann soll er wenigstens für das Kind sorgen! Er zahlt einen Bagatellbetrag, weil er wenig verdient oder noch studiert. Irgendwann geht es ihm finanziell besser, und sie stellt einen

Antrag auf Erhöhung des Unterhalts. Dieser neue Betrag ist keine Bagatelle mehr. Wenn er so viel zahlen soll, will er »etwas« dafür haben. Sehr oft melden Väter erstmals nach einer solchen Unterhaltserhöhung den Wunsch an, ihr bereits mehrere Jahre altes Kind zu sehen. In einer solchen Situation, in der der Mann vom Kind und von der Frau eigentlich nichts wissen will, ist es ratsam, ihn zu vergessen. Es ist klüger, ihn gar nicht als Vater anzugeben, sondern sich auf ein Leben als Alleinerziehende einzustellen. Viele Frauen schrecken davor zurück, weil es ihnen zu schwierig erscheint und weil sie meinen, finanziell nicht durchzukommen. Geschichten wie die obige sollten ihnen aber klarmachen, daß eine gestörte Beziehung noch erheblich schwieriger und kostspieliger sein kann.

Hier handelt es sich ganz offensichtlich um Leute, die niemals hätten zusammenkommen sollen. In den meisten Kapiteln dieses Buches können wir abschließend darüber sprechen, was die Betroffenen anders machen könnten, um ihrer Situation noch eine positive Wende zu geben. Bei den Betreffenden in diesem Kapitel ist das kaum möglich. Sie dienen eher als Warnung, jede Partnerwahl sorgfältig zu überdenken. Denn in keinem unserer Fälle war es so, daß ein zunächst netter Mensch, zu dem man eine gute Beziehung hatte, sich plötzlich als Ungeheuer entpuppte. In Wirklichkeit gab es von der ersten Stunde an hinreichend Grund für schwerste Bedenken. Die Betroffenen zogen es jedoch vor, sich über diese Bedenken hinwegzusetzen.

In solchen Fällen ist ein völliger Kontaktabbruch nach der Scheidung oft die beste Lösung für alle Beteiligten. Zu meinen, daß der Kontakt zum anderen Elternteil so wichtig wäre, daß er jegliche Art von andauerndem Drama aufwiege, kann für das Kind verheerende Konsequenzen haben.

7
Was Sie mit König Georg gemeinsam haben

Frauen, die schon lange Diät halten wollen, aber einfach zu gerne essen, wenden oft erfolgreich folgenden Trick an: Sie bringen an der Tür des Kühlschranks ein Foto an, ein Foto von sich selbst, im Badeanzug. Oh Schreck!

Männern, die in ihrem Privat- und Familienleben viel Äger haben und die weniger Konflikte und Krisen erleben wollen, empfehlen wir eine ähnliche Strategie. Auch ihnen kann ein Bild helfen, an sichtbarer Stelle angebracht. In ihrem Fall ist das magische Konterfei, das ihnen als Warnung und abschreckendes Beispiel dienen kann, ein Porträt des englischen Königs Georg III.

Ja, allen Männern, die zu den Frauen in ihrem Leben – seien es die gegenwärtigen oder die verflossenen – eine bessere Beziehung aufbauen wollen, empfehlen wir das Anbringen eines Porträts von König Georg III. an sichtbarer Stelle, zum Beispiel am Badezimmerspiegel.

Was, fragen Sie jetzt vielleicht, hat ein englischer König mit mir zu tun? Sehr viel, glauben wir.

König Georg lebte, wie alle Männer heute, in einer Epoche der großen Umschichtungen und Revolutionen. König Georg hatte die Chance, eine sehr wichtige Beziehung auf ein neues Fundament zu stellen, doch statt dessen zog er es vor, sich in der Machtfrage zu verhaken. Er stellte ausgerechnet dort einen prinzipiellen Machtanspruch, wo es keine objektive Rechtfertigung mehr dafür gab – und verlor.

Von der Historikerin Barbara Tuchman stammt die interessante Einsicht, daß neben den unvermeidlichen Fehlern, die von den Mächtigen in der Geschichte gemacht werden, auch noch diejenigen eine große Rolle spielen, die sie aus Dummheit, aus Arroganz und aus Leichtsinn begehen.

In diese Kategorie fällt auch das Vorgehen von König Georg III.

Im 18. Jahrhundert besaß England in der Neuen Welt dreizehn Kolonien, die von Engländern bevölkert waren, den englischen König als ihr Oberhaupt anerkannten und mit dem Mutterland, das sie bewunderten und als ihr eigentliches Zentrum ansahen, im ständigen wirtschaftlichen und kulturellen Austausch standen.

England hatte damals infolge seiner internationalen Stellung viele politische und militärische Verpflichtungen, die sehr teuer waren, und hatte außerdem einen äußerst kostspieligen Krieg gegen Frankreich geführt. England brauchte Geld, und um dieses Geld aufzutreiben, besteuerte es verstärkt seine Kolonien. Die Amerikaner lehnten es – entgegen den verkürzten Darstellungen, die man in modernen Geschichtsbüchern mitunter zu lesen bekommt – gar nicht ab, besteuert zu werden. Sie wollten lediglich selbst entscheiden, auf welche Weise sie das Geld aufbringen konnten. Dafür hatten sie zwei gute Gründe: Erstens hatte England, in Unkenntnis der wirtschaftlichen Zusammenhänge in den Kolonien, ungeeignete Arten der Besteuerung entworfen, die die Existenz ganzer Wirtschaftszweige in Frage stellten. Zweitens wollten die Kolonien, in Anbetracht ihrer zunehmenden Bedeutung und ihrer großen Entfernung vom Mutterland, ein höheres Maß an Autonomie.

Die Kolonien waren zu diesem Zeitpunkt noch absolut loyal. Sie schickten sogar untertänige Bittbriefe und Delegationen, die dem König die Situation in den Kolonien erläutern, ihm ihre prinzipielle Zahlungsbereitschaft versichern und eine freundliche Lösung finden sollten.

Ein intelligenter König, der noch dazu dringend Geld brauchte, hätte sich ein bißchen mehr dem Zeitgeist seiner Epoche angepaßt. Er hätte den revolutionären Wind gespürt, der langsam, aber unverkennbar aufkam. Er hätte bedacht, daß er schon längst keine richtige Handhabe mehr gegenüber diesen fernen Kolonien hatte. Und dann hätte er sich beeilt, das Verhältnis zu den fernen Stützpunkten rechtzeitig zu einer kooperativen und freundlichen Zusammenarbeit umzugestalten. Er hätte eingesehen, daß die Beziehung zu ihnen in Anbetracht der Entfernung und ihrer wachsenden politischen und wirtschaftlichen Reife auf einer neuen, gleichberechtigteren Grundlage angesiedelt werden mußte. Er hätte daran denken sollen, daß die wertvolle Beziehung zu den Kolonien auf emotionaler Nähe, Loyalität und Verbundenheit beruhte.

Doch das tat er nicht. Statt dessen zog er sich auf den formalen Standpunkt zurück: Er war hier der König, die Kolonien gehörten ihm und hatten gefälligst zu gehorchen, und zwar schnell. Sie waren für ihn keine Dialogpartner, sondern Untergebene.*

In Krisensituationen – in kleinen wie in großen – benehmen sich viele Männer wie König Georg. Sie verkennen das Gebot der Stunde und denken nicht an ihre tatsächlichen Interessen. Sie bedenken nicht, wer ihr Gegenüber ist und welche Art von Beziehung sie zu dieser Person auch nach dem Konflikt vielleicht noch haben wollen. Sie berücksichtigen nicht, was vielleicht alles kaputtgehen wird, wenn sie sich hier und jetzt autokratisch gebärden. Statt dessen denken sie nur an abstrakte alte

---

* B. Tuchman, *The March of Folly*, New York 1989

»Rechte« und Vorrechte. Dadurch befremden sie die Gegenseite – nein, dadurch machen sie aus ihrem Gegenüber überhaupt erst eine Gegenseite.

Die Frage der Macht vergiftet sehr viele Beziehungen. Bei aller versuchten Neutralität müssen wir doch sagen, daß in vielen Beziehungen zwischen Männern und Frauen schon relativ bescheidene und einsichtige Bestrebungen der Frau – der Wunsch, höflich behandelt zu werden, in der Arbeitsverteilung nicht ganz selbstverständlich alle dienenden Tätigkeiten aufgebürdet zu bekommen, und eine eigene Persönlichkeit zu bewahren – von vielen Männern als Rebellion, als Majestätsverletzung geahndet werden. Wir befassen uns seit Jahrzehnten mit dem Phänomen der Scheidung und kommen immer mehr zu dem Schluß, daß es nur drei wirklich wesentliche »Scheidungsursachen« gibt:

1. Menschen heiraten zu jung, zu schnell und zu unüberlegt. Das geht dann schief, weil sie
   a. nicht zusammenpassen,
   b. ohne gemeinsame Basis streßreiche Situationen neu bewältigen müssen (sie heiraten wegen einer ungeplanten Schwangerschaft und müssen den Einstieg ins Berufsleben, ihre eigene unreife Beziehung zueinander und die Versorgung eines Kindes in den Griff bekommen) oder
   c. wichtige persönliche Entwicklungsphasen noch nicht durchlaufen konnten, was sie dann dem Partner vorwerfen.
2. Die Frau hat primär aus Berechnung geheiratet, weil eine Ehe für sie gleichbedeutend ist mit materieller Absicherung. Solche Frauen sind anfällig für Männer, die ihnen mehr bieten können oder die ihnen in irgendeiner Hinsicht wirklich gefallen.
3. Der Mann kann sich nicht von alten Denkmustern lösen. Er fühlt sich in der Beziehung zu einer Frau nur sicher, wenn er die Vormachtstellung einnimmt.

In diesem Kapitel befassen wir uns mit der dritten Scheidungs-ursache.

Nehmen wir zum Beispiel André. André, das ist eigentlich ein netter Kerl, keinesfalls ein machthungriges Monster – und dennoch Opfer der alten Obsession von der Macht. Lassen wir ihn erzählen:

»Fee und ich kennen uns schon seit dem Abitur, das sind fast fünfzehn Jahre. Wir standen beide nicht sehr auf Schule, sondern wollten gleich in die Arbeitswelt und bekamen eine Anstellung in derselben Firma. In der Schule hatten wir uns nur vom Sehen her gekannt, doch bei der Arbeit kamen wir uns näher, und irgendwann hat es gefunkt. Wir hatten zwei Jahre lang eine Beziehung, dann wurde Fee schwanger und wir haben geheiratet; das hatten wir sowieso vorgehabt, es war also kein Schock. Mir ging es in der Firma sehr gut, ich verdiente wesentlich mehr als Fee, also blieb sie nach der Geburt zu Hause. Alles schien okay, sie war zufrieden, doch das änderte sich schlagartig nach dem zweiten Kind. Sie fing an zu jammern, daß ihr alles zuviel sei. Sie beneidete mich um mein Leben im Büro, was ich lächerlich fand. Sie hatte ein herrliches Leben, bitteschön. Wir hatten eine super Wohnung gefunden, mit großer südseitiger Terrasse. Wenn ich morgens im Stau saß, Richtung Arbeit, konnte sie noch in Ruhe in der Sonne ihren Kaffee trinken. Aber sie sah es anders. Sie sah sich als arm, isoliert und überlastet.

Also hat sie beschlossen, wieder arbeiten zu gehen. Sie bot sich als freie Mitarbeiterin in unserer Firma an und übernahm ein paar kleinere Aufträge. Das war mir nicht recht. Ich fand, das sah komisch aus, nicht professionell. Man hätte mich verdächtigen können, daß ich ihr die Aufträge zuschiebe. Es war eine ganz andere Abteilung, aber man weiß ja, wie boshaft die Leute sein können. Also hat sie sich eine andere Firma gesucht. Eine Konkurrenzfirma. So weit reichte ihr Verstand nicht, zu sehen, daß sie mir damit schadete. Das war doch nun wirklich keine gute Optik. Sie hat aber darauf bestanden, diese Aufträge zu behalten. Ich versuchte, ein Machtwort zu sprechen, und von da an ging es bergab. Schließlich hatten wir einen schrecklichen Streit. Sie warf mir sogar das sprichwörtliche Geschirr nach, und das war das Ende unserer Ehe. Wir wohnten aber noch sechs Monate zusammen, weil wir die Wohnung gut verkaufen wollten, um dafür zwei kleinere Wohnungen kaufen zu können.

Diese Phase verlief ganz ruhig. Wir waren uns einig, daß es eine friedliche Scheidung sein sollte. Auch mein Besuchsrecht sollte locker gehandhabt werden, da waren wir einer Meinung. Die Kinder waren schon groß genug, um selber aktiv zu werden, und Fee wollte sich nicht einmischen. Sie war in der Beziehung auch wirklich ganz vernünftig.

Anfangs lief es so, daß die Kinder am Wochenende gern zu mir kamen. Es war ganz leicht, sie mußten nicht abgeholt werden, sie konnten schon alleine U-Bahn fahren. Ich hatte jeweils im Wohnzimmer und im Speisezimmer eine ausziehbare Couch. Meist kamen sie, setzten sich vor den Fernseher, es war ganz gemütlich. Ich konnte noch arbeiten oder Zeitung lesen, dann machten wir uns was zu essen oder holten 'ne Pizza …

Aber dann kam Druck rein. Die Große kam ins Gymnasium und Fee packte ihren Rucksack mit Lernsachen voll. Es gab dauernd Tests vorzubereiten und Vokabeln abzufragen. Ich fand, daß sie das auch unter der Woche erledigen konnte.

Fee wurde dann ganz aggressiv und meinte, ich solle mich ruhig auch ein bißchen mit den Rotznasen abärgern. Das fand ich aufschlußreich, ihre Einstellung zu den Kindern. Sie sieht in ihnen eine Belastung. Ihr Lieblingswort ist übrigens »mühsam«, das fällt mindestens fünfmal in jedem Telefonat mit ihr.

Im Moment ist der Stand der Dinge so, daß der Sohn sehr gegen mich opponiert. Er scheint ganz auf Mamas Seite zu sein. Er geht in eine kaufmännische Schule und hat in letzter Zeit Probleme mit Mathe. Dann sagt er, Papa, erklär' mir das, das ist doch dein Gebiet. Ich hab' nichts dagegen, ihm zu helfen, im Prinzip, aber ich weiß doch, woher der Wind weht. Ich soll ihm alles eintrommeln und *sie* kann zu Hause die Zuckermama spielen, die ihn verwöhnt und bedauert.

Er nervt mich auch mit seinem Haushaltsgetue. Wenn wir gekocht haben, erwarte ich von den Kindern, daß sie hinterher abwaschen und wegräumen, das ist Kinderarbeit. Mein Junior sagt letztens unvermittelt, Papa, heute bist du dran. Das finde ich stark, eigentlich respektlos.

Zu Hause machen sie es offenbar so, da wird alles geteilt. Ich habe ihm gesagt, gut, ist mir recht, das mag so sein, aber bei mir gelten *meine* Regeln, und das hier ist mein Zuhause. Jetzt ist er schon zweimal nicht gekommen. Seine Schwester ist auch weggeblieben, aber ich glaube, nur, weil sie Grippe hatte und davor einen Schulausflug.

Ich sehe nicht genau, wie es weitergehen wird. Aber jedenfalls unterwerfe ich mich nicht ihrem Diktat. Im Grunde kommt das doch alles von der Mutter. Die Kinder sind nur ihre Werkzeuge, und wenn sie sich nicht zu schade dazu ist, dem Vater die Kinder zu entfremden, ist das ihr Problem und langfristig auch das Problem der Kinder, wenn sie ohne Vater aufwachsen müssen.

Ich werde immer für sie da sein, immer, wenn sie kommen, aber der erste Schritt muß von ihnen ausgehen. Das erfordert einfach der Respekt.

Irgendwie tut mir die Ruhe auch ganz gut. Ich rechne nicht damit, daß sie sich in den nächsten vier Wochen melden, aber ich stecke sowieso bis über die Ohren in Arbeit. Ein bißchen Pause tut uns allen gut.«

André ist, schicken wir das voraus, ein ganz umgänglicher, freundlicher Mann.

Seine vollkommen durchschnittliche, oder sagen wir doch lieber seine klassische Geschichte beinhaltet alle wichtigen Verhängnisse im Männer- und Vaterverhalten, als da sind:

- Er nimmt seine Frau nicht ernst;
- er hat keine Vorstellung von den Belastungen, die sich aus der Betreuung und Erziehung von Kindern ergeben;
- er tritt herrisch auf;
- er ist bequem;
- er meint, daß seine Hauptpflicht im Beruf zu sehen ist, und daß sein Privatleben daher mit keiner großen Anstrengung verbunden sein sollte, da er seinen Teil an Lebensmühsal beruflich »abdient«.

Er hat noch ein weiteres Problem, das aber nicht geschlechtsspezifisch ist, sondern auf Frauen und Männer in gleichem Maße zutrifft: Er wirft seine Kinder gedanklich mit der Ex-Partnerin in einen Topf und nimmt deren Kummer in Kauf, wenn er dafür auch ihr Kummer bereiten kann.

Abgesehen davon, wo wir ideologisch stehen und ob es moralisch richtig oder falsch ist: Es ist heutzutage einfach kontraproduktiv für einen Mann, sich herrisch zu benehmen. Das gefällt niemandem mehr, der Frau nicht und den Kindern auch nicht. Es fällt Männern aber sehr schwer, diese altbackene Haltung abzulegen.

Die erste Hürde besteht schon darin, daß Männer wie André ihren eingefleischten Patriarchalismus einfach nicht wahrhaben wollen. Sie sehen sich nicht als Tyrannen, und je nachdem, wo man die Schwelle ansetzt, sind sie es auch nicht.

Sie schlagen niemanden, die anderen dürfen bei Entscheidungen mitreden, sie sind jovial – in ihrer eigenen Wahrnehmung also aufgeschlossen, modern, durch und durch demokratisch. Und wer das Gegenteil behauptet, ist entweder ein hysterisches Weibsbild oder ein pubertierender Jugendlicher, also nicht ernstzunehmen.

Doch leider ist André herrisch; herrisch genug, um sich seine Ehe und seine Beziehung zu den Kindern zu verderben. Die Schuld daran trifft ihn nicht alleine. Die Umstände müssen auch mitspielen: die Umstände, die ihn immer um das kritische Bißchen begünstigen; die Frau, die seine Dominanz akzeptiert und in manchem vielleicht sogar verlangt; und er selbst, der in allen schwierigen Situationen auf sein gewohntes Verhaltensrepertoire zurückgreift.

Letzteres ist nicht überraschend. Wessen Verhalten hielte einem prüfenden Blick des zwanzigsten Jahrhunderts in dieser Hinsicht wirklich stand? Sicherlich nicht das der meisten Frauen, die in schwierigen Situationen ebenfalls auf ihr gewohntes Repertoire zurückgreifen, etwa auf Beleidigtsein und Schulderzeugen. Das alles ist »verständlich«, aber nicht zukunfträchtig und auch nicht empfehlenswert.

In Andrés Fall versetzen seine sozialen Privilegien ihn in die Situation des Mehrverdieners und gleichzeitig in die Rolle desjenigen, von dem keiner eine echte Mitwirkung bei der Kindererziehung erwartet. Entweder aus mangelnder Fantasie oder um seine überlegene Position zu festigen, verweigert er den Leistungen seiner Frau sogar jegliche Anerkennung.

Obwohl sie zwei kleine Kinder versorgen muß, auf ihre Karriere und ihre Unabhängigkeit verzichtet hat und sichtlich unzufrieden ist, beharrt er auf seiner Version: daß es ihr ganz toll geht, daß sie entspannt auf der sonnigen Terrasse sitzt und daß sie, falls sie das Gegenteil behauptet, einfach nicht ernstzunehmen ist.

Wir können vermuten, daß André damit eine Situation verteidigen will, die ihm in Wirklichkeit ganz gut gefällt. Er geht seinen Geschäften nach, darf sich dabei gestreßt und mißverstanden und äußerst wichtig fühlen, und zu Hause darf keine Mitarbeit von ihm verlangt werden, da hier die zwar hysterische, objektiv aber eigentlich entspannte Frau zuständig ist.

Für André kommt es daher einer Krise gleich, als Fee wieder arbeiten will. Seine Reaktion ist ziemlich durchsichtig: Er möchte die altvertraute Arbeitsteilung beibehalten. Dazu bekennt er sich aber nicht, sondern bombardiert Fee mit vermeintlichen Sachzwängen. Für seine Firma soll sie nicht arbeiten, weil die Leute denken könnten, er habe ihr diesen Job verschafft. Für eine andere Firma soll sie auch nicht arbeiten, denn das wäre für ihn doch peinlich, wenn sie zur Konkurrenz ginge. André, Zentrum des Universums, argumentiert aufschlußreicherweise egoman – *seinem* beruflichen Ansehen könnte es schaden, wenn sie wieder in die Firma einstiege, und für *ihn* wäre es peinlich, wenn sie zur Konkurrenz ginge. Seine Argumente sind ziemlich unlogisch, doch das fällt ihm nicht auf, nicht einmal rückblickend. Um sich durchzusetzen, greift André auf altvertrautes Männerverhalten zurück: Er behandelt die Frau als Verrückte, und er gebärdet sich als Herr. Er versucht, »ein Machtwort zu sprechen«. Doch leider ist er damit ein gutes Jahrhundert zu spät dran. Sein Auftritt provoziert nicht respektvollen Gehorsam, sondern Befremden.

Jedenfalls nehmen die Dinge ihren Lauf, es kommt zur Scheidung. Wenn André an die erste Zeit denkt, fällt ihm als Güteprädikat für seine Besuchsbeziehung zu den Kindern ein, diese sei »leicht« gewesen. Die Kinder waren in der Wohnung leicht unterzubringen, auf den ausziehbaren Sofas. Sie waren leicht zu unterhalten, mit dem Fernsehgerät. Sie waren leicht zu versorgen, mit Pizza. Doch irgend jemand – aus Andrés Schilderung wird nicht ersichtlich, ob es von Fee oder von den Kindern ausging – kündigte dieses Arrangement auf.

Wir könnten uns noch länger bei Andrés aufschlußreicher Wortwahl und seinen diversen Gedankengängen aufhalten, doch als Quintessenz ist seiner Aussage zu entnehmen, daß er sich nicht verändert und nichts dazugelernt hat. Seine Eigenschaften der Selbstsucht, der Bequemlichkeit und der Dominanz haben seine Ehe kaputtgemacht. Jetzt ist er im Begriff, mit denselben Verhaltensweisen im Clinch mit der Ex-Frau zu verbleiben und seine Kinder zu verdrießen.

Wenn wir diesen Fall betrachten, dann können wir bei aller Objektivität auch nicht sagen, daß es sich einfach um »unterschiedliche Standpunkte« handelt.

André hat versucht, seiner Frau auf Dauer eine Lebensweise abzuverlangen, mit der sie nicht glücklich war. Er hat sich als Chef aufgespielt und den Rest der Familie als seine Untergebenen betrachtet. Er hat alles, was an den Kindern lästig war, auf seine Frau abgewälzt und seine Berufstätigkeit als Vorwand benützt, nicht belastbar zu sein.

Wenn er dann wenigstens den Beitrag anerkannt hätte, den seine Frau leistete – doch auch das tat er nicht. Heute tut er es noch immer nicht. Auch heute billigt er ihr nicht zu, daß ihre Aufgaben wertvoll sind und ihre Situation schwierig ist. Auch heute noch schiebt er alles Unangenehme weg, will keine Vokabeln abfragen und keine Mathematik erklären. Und die Verfassung hat er auch noch nicht gelesen. Die Mutter schätzte den Grundsatz der Gleichheit; heute, mit den Kindern alleine, setzt sie ihn auch um. Im Haushalt zum Beispiel sind alle »dran«. André, für den alles Lästige früher »Frauenarbeit« war, hat nun in seiner Frauenlosigkeit den faszinierenden Dreh gefunden, diese Dinge als »Kinderarbeit« zu definieren. Die Bedeutung ist allen klar: Lästige Arbeit wird von denjenigen erledigt, die in der Rangordnung tiefer stehen. Es entspricht aber nicht mehr dem Selbstbild und der Philosophie der meisten Frauen und Kinder, daß es in der Familie eine Rangordnung gibt, in der sie Untergeordnete sind.

André ist ganz bestimmt kein Tyrann. Er sieht nicht altmodisch aus. Er fühlt sich als moderner Mensch. Aber aus Bequemlichkeit, und weil er sich in der Pose des Überlegenen wohlfühlt, und weil er sich nicht in andere Menschen hineinversetzt, macht er sein Familienleben kaputt. Nicht nur einmal, in seiner Ehe, sondern noch ein zweites Mal, gegenüber seinen Kindern.

Die Engländer erlitten eine erste schwere Niederlage, als sie nach den vehementen Aufständen in den Kolonien ihre Besteuerungspläne zurückziehen mußten. Doch immerhin war das nur eine politische Niederlage. Tuchman weist nach, daß sie nun erneut Gelegenheit hatten, ihr Vorgehen und ihre Grundprämissen zu überdenken. Sie hatten erneut die Möglichkeit, ihre Beziehung zu Amerika auf eine neue, kooperative Basis zu stellen. Doch das taten sie nicht. Erzürnt über den Rückschlag stürmten sie energisch in den nächsten und weitaus schlimmeren Konflikt und schließlich in den Krieg, der zu einer militärischen Niederlage und zum völligen Verlust der Kolonien führte. Auch hier haben wir eine Parallele zu Männern von heute. Nachdem schon ihre Ehe gescheitert ist, weil sie sich nicht damit abfinden konnten, daß eine Frau nicht gleichzeitig eine aufrechte, intakte Persönlichkeit *und* Ehefrau sein kann, setzen sie das Kräftemessen im Scheidungs- und Sorgerechtsszenario fort. Wenigstens jetzt sollten sie sich fragen, welche Lösung realistisch ist und ihren tatsächlichen Wünschen und Möglichkeiten entgegenkommt. Statt dessen beharren sie zu oft auf irgendwelchen Prinzipien, die ihre fortgesetzte Vorrangstellung unterstreichen sollen.

Manche Klagen geschiedener Väter über Dinge, die von ihnen wirklich als schmerzhaft empfunden werden, entpuppen sich bei näherer Betrachtung nicht als Trauer um den Verlust des Kindes, sondern als Trauer um die verlorene Autoritätsposition. Andere Probleme ließen sich oft lösen, wenn die Beteiligten miteinander reden würden, statt um Prinzipien zu ringen. Damit verlassen sie sofort die Ebene, auf der sie sich einigen könnten, und begeben sich auf eine Meta-Ebene, auf der der Kampf unausweichlich ist.

Ein Beispiel aus unserem eigenen Freundeskreis: geschieden, achtjährige Tochter. Die Frau, Krankenschwester mit unregelmäßigen Nachtdiensten, plagt sich als Alleinerziehende fürchterlich ab. Jeder Tag bringt neue Organisationsprobleme, die Versorgung des Kindes muß ständig aufs neue arrangiert werden.

Der Mann, Zahnarzt, wünscht sich dringend eine neue Partnerin. Aber er liebt seine Tochter sehr. Zwei Kandidatinnen sind in den letzten drei Jahren bereits ausgeschieden, weil sie ihm als potentielle Stiefmütter ungeeignet schienen. Nun ist es Mitte Januar, seine geschiedene Frau fragt ihn, wie sie die Ferien der Tochter regeln sollen. Will er mit der Tochter etwas unternehmen, oder soll sie sich freinehmen? Eigentlich, erinnert sie ihn, wäre er dran, da sie im letzten Jahr mit der Tochter beim Skifahren war. »Du kannst heuer ruhig wieder etwas mit ihr unternehmen«, meint er. Er will mit einer neuen Flamme in die Türkei fliegen. Ende des Monats zerstreitet er sich mit der neuen Flamme. Vier Tage vor Urlaubsbeginn kündigt er beiläufig an, daß er die Ferienwoche nun doch mit der Tochter verbringen werde. »Aber ich hab' schon gebucht!« wirft seine Ex-Frau erschrocken ein. Er erinnert sie daran, daß heuer er dran ist. Sie sagt, er habe aber abgelehnt, und sie habe nun Pläne gemacht und Anzahlungen geleistet. Er sagt, daß sie diese Anzahlungen sowieso von seinen viel zu großzügigen Unterhaltsgeldern getätigt habe, da sie sich mit ihrem blöden Beruf, der bloß ihr Helfersyndrom verrate, maximal eine Pension in Hintertupfing leisten könne. Sie weigert sich daraufhin noch dezidierter, ihre Pläne wieder rückgängig zu machen.

Worum geht es ihm wirklich? Es geht ihm darum, daß er einsam ist. Seine Frauenbeziehungen scheitern reihum, zum Teil infolge seines echten Verantwortungsgefühls als Vater. Seiner Ex-Frau ist diese Woche in Wahrheit nicht so wichtig, im Gegenteil – eine Woche ganz für sich alleine könnte sie gut gebrauchen. Doch der Mann verläßt sofort die Ebene, auf der sie sich konkret mit der Situation befassen und zu einer Einigung kommen könnten. Er macht daraus einen Streit darüber, wer zu bestimmen hat und wer wichtiger ist. Er ist wichtiger, weil er mehr verdient. Außerdem setzt er noch sein resolutes Auftreten, seine tiefe Stimme und sein Recht, sich »nichts diktieren zu lassen«, als Mittel ein. Das sind alles die falschen Mittel, die bei seiner Ex-Frau lediglich sämtliche psychischen

Alarmsignale aktivieren. Wenn er unbedingt über Prinzipien reden will, dann hat prinzipiell sie recht. Sie hatten bereits eine Abmachung. Sie hat schon entsprechend disponiert. Wenn er unbedingt darauf besteht, die Sache zu einer Rechtsfrage zu machen, dann hat, bittesehr, *sie* recht.

Seine archaischen Machtsignale, inklusive Körpersprache, Stimme und Berufung auf mehr Geld, müssen sie nicht mehr beeindrucken. Doch ihr Mann läßt nicht von seiner Methode ab. Sie streiten, und im Zuge des Streits wird er handgreiflich. Die Tochter erschrickt und läuft zu den Nachbarn. Die Nachbarn trommeln an die Tür und fragen die Frau, ob sie die Polizei rufen sollen. Der Mann verläßt, völlig aufgewühlt, die Wohnung seiner geschiedenen Frau. Er hat nichts erreicht und hat alles viel schlimmer gemacht.

Sein Fehler: Genau wie König Georg versucht er es mit »militärischen« Mitteln, die aber schon lange nicht mehr situationsgerecht sind. Vor hundert Jahren konnte ein Mann, wenn alle anderen Mittel erschöpft waren, seine Frau mit Gewalt zum Nachgeben zwingen. Heute kommt in solchen Fällen der Streifenwagen, und er hat sich mehr geschadet als genützt. Beleidigungen, Einschüchterungsversuche, dezidierte Feststellungen, die keine Widerrede dulden, das sind Mittel aus der Vergangenheit, die nicht mehr wirken. Daß Männer sie trotzdem einsetzen, geschieht oftmals nicht aus Bosheit, sondern aus Angst. Sie haben Angst, daß sie sich eine kostbare Situation nur bewahren können, wenn sie einen festen Zugriff darauf behalten. Wenn sie nicht oben sind, sind sie draußen – glauben sie. Wahr ist das Gegenteil.

Väter beklagen sich nach einer Scheidung oft düster darüber, daß »meine Frau jetzt alle Karten in der Hand hat«.

Sie beklagen bitterlich die Notwendigkeit, bei ihrer Ex-Frau um »einen Termin ersuchen« zu müssen, wenn es etwas wegen des Kindes zu besprechen gibt.

Entwirren wir die Fäden, dann sehen wir, daß es bei ihren Klagen um ganz unterschiedliche Dinge geht:

- Obwohl sie früher ihr gegenüber in der stärkeren Position waren, haben sie nun keine Handhabe mehr gegen die Ex-Partnerin.
- Das Gefühl, der willkürlichen Entscheidungsgewalt einer anderen Person ausgesetzt zu sein, ist sehr unangenehm.
- Früher war es umgekehrt, und der Frau hat es auch nicht sehr gut gefallen.
- Möglicherweise empfindet sie ein Gefühl der Genugtuung darüber, daß sie jetzt nicht nur frei ist, sondern in mancher Hinsicht sogar tatsächlich »das Heft in der Hand« hat.
- Dieses Gefühl der Genugtuung, das je nach persönlicher Vorgeschichte bis hin zu einem Gefühl der Rache reichen kann, vermittelt sich ihrem ehemaligen Partner, der sich verständlicherweise damit sehr unwohl fühlt.

Die klassische männliche Reaktion darauf ist, die Haltung der Frau als Herausforderung zu sehen. Herausforderungen nimmt man an, indem man kämpft. Wenn man nicht kämpfen möchte oder meint, keine Chance zu haben, dann zieht man sich zurück – je nach Veranlagung entweder schweigend oder nobel, oder unter Hinterlegung irgendwelcher hochexplosiver Minen.

Alle diese Reaktionen sind schlecht. Es ist schlecht, mit dem Ex-Partner zu kämpfen. Es ist schlecht, wegzubleiben und die Beziehung zu den Kindern aufzugeben. Es ist schlecht, mit dem Gefühl zu leben, daß die Frau die Karten in der Hand hat und man zum Hampelmann degradiert ist, der sich ihrer Laune unterwerfen muß. Es ist schlecht, sich zurückzuziehen, aber der Frau (und damit den Kindern) beständig auf kleiner Flamme Ärger zu bereiten.

Sogar wenn der Kampf zum Erfolg führt und man seine Besuchs- oder Sorgerechtsforderungen durchsetzt, ist das schlecht. Der Kampf ist in jeder Hinsicht für alle Beteiligten zu kostspielig.

Eine andere Möglichkeit besteht darin, sich mit der Entstehung des jetzigen Problems zu befassen. Gerade dadurch, daß es ihm jetzt auch nicht gefällt, willkürlichen Entscheidungen ausgesetzt zu sein, hätte ein Mann nun die Chance zu verstehen, wie schlecht seine Frau sich früher oft fühlte – und damit auch zu wissen, warum sie ihm heute so böse ist.

In der Öffentlichkeit ist es vielleicht besser, keine Fehler zuzugeben – auf das Privatleben trifft das nicht zu. Dort ist das Zugeben von Fehlern geradezu die Voraussetzung für einen Neubeginn. Dort verliert man nicht Punkte, sondern man gewinnt welche, indem man sich zu seinen Fehlern bekennt.

Historisch betrachtet hängt oft alles von der Fähigkeit ab, Ungleichheiten als zeitweilige Zustände zu erkennen und dem anderen so bereitwillig, so gerne und so rechtzeitig wie möglich Respekt und Autonomie zuzubilligen. Das gilt überall und immer. Es gilt zum Beispiel Kindern gegenüber, die man durch viel Hilfe und Zuwendung zu einer Eigenständigkeit hinführen muß, die man ihnen überall dort, wo sie dazu bereits fähig sind, mit Freude zubilligen sollte. Kinder, Partner, Angestellte, andere Länder – sie alle kann man künstlich länger als geboten in einem Zustand der Abhängigkeit und Unterordnung halten. Doch das rächt sich.

Eine wirklich gute, tragfähige Lösung erfordert Gleichheit. Problemlösung auf der Basis von Gleichheit widerstrebt den meisten Männern jedoch zutiefst. Es widerspricht allem, was sie gelernt haben, und es widerspricht auch der dringenden Botschaft ihrer im jahrtausendealten Männerkampf entwickelten Gene. Wenn du den Vorteil hast, mußt du zuschlagen! Wenn du hingegen in der schwächeren Position bist, gib es bloß nicht zu! Zeig niemals, daß irgend etwas dir sehr, sehr wichtig ist – damit machst du dich verletzbar.

Das alles funktioniert möglicherweise auch heute noch prächtig an der Börse, im internationalen Geschäftsleben und im Kegelverein, aber in der Familie funktioniert es absolut nicht. In der Familie ist es nicht egal, wie sich die Beteiligten fühlen. Man kann sie vielleicht zu einer Handlung zwingen, aber unter Zwang verliert die Handlung ihren Wert, und dann ist der Sieg kein Sieg mehr.

Es fällt Männern sehr schwer, das zu akzeptieren. Sie gehen lieber den Weg der Kraft, der Sanktionen, des Rechts, der Prinzipien.

. Vor einigen Monaten wollte ein amerikanischer Vater vor Gericht durchsetzen, daß seine mexikanische Ex-Frau mit dem gemeinsamen Kind auch dann, wenn sie alleine zu Hause waren, nicht mehr spanisch sprechen sollte. Sie sollte per richterlichem Entscheid dazu verpflichtet werden, mit dem Kind immer nur englisch zu sprechen. Denn er als Vater wünschte sich ein richtig amerikanisches Kind, und er hatte das Recht, die Erziehung des Kindes mitzubestimmen.

Stellen wir uns die Konsequenzen seines Sieges vor. Das Kind muß als Spitzel mißbraucht und gerichtlich befragt werden, in welcher Sprache die Mutter zu ihm spricht, wenn sie alleine sind. Die Mutter muß mit ihrem eigenen Kind entweder in einer Sprache sprechen, die sie nur mangelhaft beherrscht. Dann kann sie sich auf Befehl des Ex-Mannes ihrem eigenen Kind nicht voll und richtig vermitteln, mit verheerenden emotionalen Konsequenzen auch für das Kind. Oder das Kind muß für sie lügen. Der Vater zeigt sich dem Kind als jemand, der dessen Mutter in allem kontrollieren darf, sogar in ihrem Sprechen. Doch es ist fraglich, ob ihm das sehr viel Achtung oder Zuneigung von seiten des Kindes einbringen wird. Die Mutter kann, indem sie sich sichtlich nicht voll ausdrücken kann oder indem sie wichtige spanische Hilfsworte einfließen läßt oder indem sie einfach nur traurig ist, vielfache deutliche Botschaften an ihr Kind schicken, die es weit mehr prägen werden als die spanische Sprache – und die bestimmt nicht im Sinne des Vaters sein werden.

In der Familie »siegt« nur, wer nicht an einen Sieg denkt, sondern an das gemeinsame Wohl. Durchsetzen kann sich nur, wer die anderen überzeugt – wirklich überzeugt.

Der Ausdruck verrät schon das Problem.

Überzeugen, überreden, überwältigen, überstimmen, überkommen, überwinden, überfallen. Diese Art von »über« brauchen wir in der Familie nicht mehr, vielen Dank.

Wir brauchen ein anderes, das kommunikative »über«, wie in überbringen, überreichen, übersetzen, überbrücken. Beim ersten über steht der eine oben, der andere unten. Beim zweiten über stehen sich zwei gegenüber, auf gleicher Höhe, und dieses über überbrückt ihren Unterschied und ihre Entfernung.

Das gilt um so mehr für Familien, die getrennt sind. Die ehemaligen Sanktionen, wie moralische Erpressung, psychisches Heruntermachen oder finanzieller Druck greifen vielleicht noch, aber nur noch unvollständig und um den hohen Preis von Wut und Vergeltungssucht.

Wirklich überzeugen kann daher nur, wer als fair, vertrauenswürdig und friedlich wahrgenommen wird.

Wenn wir uns ansehen, welcher Stolperstein Männer nach einer Scheidung am meisten blockiert, dann ragt ein Problem heraus wie der Felsen von Gibraltar, wie das Wahrzeichen einer Stadt, wie der Eiffelturm. Falls diese Vergleiche bei Ihnen eine phallische Assoziation wecken, dann liegen Sie richtig. Das herausragende Problem bei den Interaktionen Geschiedener und Getrennter ist die Beharrlichkeit, mit der sich Männer an ihre Vormachtstellung klammern, ganz egal, ob diese sie glücklich machen wird oder nicht.

In einer Ehe oder Liebesbeziehung sind Frauen und Männer in ein komplexes Beziehungsgefüge eingesponnen. Sie haben eine hohe Motivation, sich zu verstehen und zu verzeihen. Sie haben ein Auffangnetz an Freundinnen und Verwandten. Sie haben nicht nur ihre verbale Kommunikation, sondern auch eine Vielfalt von Handlungen, die sie füreinander und miteinander vollbringen. Sie haben Gefühle der Zuneigung, die vieles mildern, und zu guter Letzt haben sie auch noch eine sexuelle Beziehung, die, sofern sie nicht ein Problem darstellt, eine Minimalbasis an gegenseitigem, urtümlichem Wohlwollen bewirkt.

Geschiedene haben das alles nicht mehr. Ihre Freunde fangen die Konflikte nicht mehr mildernd auf, sondern sind in zwei Lager gespalten. Die Beziehung zum ehemaligen Partner besteht nur mehr

- aus den Erinnerungen, die entweder gut sind, weshalb man traurig und verzweifelt ist ob des Verlustes, oder schlecht, weshalb man voller Ressentiments und Rachsucht ist,
- aus dem aktuellen Anspruch auf das, was der andere »besitzt«: auf sein Geld und auf die Verfügung über das gemeinsame Kind, und
- aus der verbalen Kommunikation über die eigenen und die gemeinsamen Anliegen.

Die Fehlkommunikation zwischen Männern und Frauen, aller sonstigen Umrankungen und Präliminarien beraubt, reduziert sich auf eines: Auch jene Wortmeldungen von Frauen, die eigentlich eine sachliche Botschaft transportieren, werden von Männern als Kriegserklärung aufgefaßt. Die Reaktion eines Mannes auf eine Kriegserklärung ist ein Vergeltungsschlag. Dieser Vergeltungsschlag wird von der Frau als unmotivierte Aggression interpretiert – und schon ist die Spirale in Bewegung.

Dem menschlichen Mann fehlt eine Grundeinsicht, die fast jedes Säugetier und auch zahlreiche Reptilien besitzen: Es fehlt ihm die Erkenntnis, daß sich seine Interaktionen mit weiblichen Lebewesen auf einer anderen Skala bewegen, nämlich auf einer grundsätzlich nicht-kombativen. Dem männlichen Menschen ist diese Einsicht abhanden gekommen. Aus Situationen, die relativ einfach gelöst werden könnten, macht er einen eskalierenden Krieg, wenn er sich in seiner Autorität in Frage gestellt sieht.

Interessanterweise sehen geschiedene Männer sich oft als Opfer einer mächtigen Ex-Frau. Das ist meist eine Verblendung.

Männer sind es nicht gewohnt, daß Frauen irgendeine Handhabe gegen sie haben. Historisch gesehen, ist das unerhört. Sie sind es nicht gewohnt, mit Frauen verhandeln zu müssen. Sie sind es gewöhnt, daß Frauen sie durch Leiden, Tränen oder Nörgeln umzustimmen versuchen. Daß Frauen aus einer Position der Stärke mit ihnen verhandeln, ist absolut ungewohnt und daher befremdend. Sie finden es beunruhigend, frech und impertinent, etwa so, als ob ihr zehnjähriges Kind statt zu schmeicheln, zu bitten oder charmant zu überreden, plötzlich ganz unfreundlich eine Forderung an sie stellen würden. »Gib mir das!« Das soll ein nettes Kind nicht sagen. Es soll bitten. Die Eltern müssen nicht bitten, sie dürfen befehlen, anordnen, verlangen. Warum? Weil sie die Klügeren, Stärkeren, Größeren sind.

Das König-Georg-Syndrom

Die diversen Fehler und Obsessionen der Frauen sind uns allen gut bekannt. Psychologinnen und Therapeutinnen haben sie uns freundlicherweise ausführlich dargebracht.

Befassen wir uns nun mit dem wesentlichsten Fehler, der störendsten Obsession von Männern: der Macht.

Wenn Frauen auf ihrer blinden Jagd nach Liebe oftmals alles kaputtmachen, so erreichen Männer dasselbe mit ihrer zwanghaften Fixierung auf Macht.

Ein Mann, der sein Privatleben verbessern möchte, kann das am ehesten erreichen, wenn er sein Verhalten nach unnötigen, unpassenden Machtimpulsen durchforstet.

Das ist eine Renovierung, die nur er selbst vornehmen kann.

Wo verbirgt sich die Machtfrage? An den unwahrscheinlichsten Orten.

Nehmen wir zur Illustration bewußt ein Buch, das keine Sorgerechtsbeziehung betrifft, sondern eine »intakte« Vaterschaft beschreibt.

Samuel Osherson befaßt sich in seinem Buch *The Passions of Fatherhood* mit den Gefühlen und Herausforderungen der Vaterschaft. Er selbst ist Psychologe, Vater von zwei Kindern und Leiter zahlreicher Workshops und Seminare über Vaterschaft. Der Klappentext des Buches enthält Empfehlungen vom »National Center for Fathering«, vom Populärpädagogen Berry Brazelton und von diversen Universitätsinstituten. Wir haben es also mit dem ernsthaften Werk eines seriösen Menschen zu tun. Das Buch allerdings versteht sich hauptsächlich als biographische, essayistische Auseinandersetzung mit den Gefühlen, die die Vaterrolle weckt. Und diese Gefühle sind, wenn Osherson sie akkurat beschreibt, äußerst interessant und aufschlußreich.

Osherson hat sich ein Jahr freigenommen, um das Buch zu schreiben. Um dafür ein entspannendes Ambiente zu haben, ist er mitsamt seiner Familie aufs Land gezogen. Die Kinder – ein neunjähriger Sohn und eine sechsjährige Tochter – mußten dazu die Schule wechseln; seine Frau, Sozialarbeiterin, konnte eine neue Anstellung finden.

Zu Beginn des Buches steht Osherson ratlos und alleine in seinem neuen Domizil. Seine Frau ist mit den Kindern ins Dorf gefahren, um ihnen ein Eis zu kaufen. Er ist nun also allein zu Hause, und er quält sich mit einem Dilemma: In diesem neuen Haus braucht er einen Arbeitsplatz für sich und seinen Computer.

Es bieten sich verschiedene Standorte an. Er kann einen Teil des Schlafzimmers dazu benützen. Es ist ein ungewöhnlich geräumiges Zimmer, eigentlich viel zu groß für ein Schlafzimmer, mit vielen Fenstern. Er könnte vor einem der Fenster einen wunderbaren Arbeitsplatz einrichten, mit Blick auf einen kleinen See. Aber Osherson befürchtet, daß sein Hang zu Unordnung ein Streitpunkt zwischen ihm und seiner Frau werden könnte. Seine Papiere würden überall herumliegen, sie würde schimpfen ... es ist nicht ideal.

Dann kommen noch drei weitere Räume in Frage. Auch das Wohnzimmer ist sehr groß. Dort wäre er sozusagen mitten im

Herzen der Familie – vielleicht ein ganz passender Standort, um über Vaterschaft zu schreiben. Die Kinder sind bis um drei Uhr in der Schule, er hat also auch ungestörte Stunden. Aber es wird vielleicht schwierig werden, in einem Wohnzimmer die richtige Arbeitsstimmung aufkommen zu lassen. Das Ganze ist atmosphärisch zu nahe dran an der Familie, an den Kindern.

Dann gibt es noch ein kleines Zimmer im Erdgeschoß, das momentan keine Aufgabe erfüllt. Es ist aber ungeheizt.

Und schließlich gibt es noch einen Raum im oberen Stockwerk, zwischen den Schlafzimmern der Kinder, ebenfalls mit Blick auf den See, rustikal, holzgetäfelt und gemütlich. Dieses Zimmer begehrt Osherson, und hier beginnt das Dilemma, an dem er uns nun über fünfundzwanzig Seiten hinweg teilhaben lassen wird. Als Illustration, wie er meint, für die Gefühlswelt eines Vaters.

Welches Zimmer soll er wählen? Er möchte – wie gesagt – das Zimmer im oberen Geschoß, doch die Kinder lieben dieses Zimmer über alles. Sie haben es zu ihrem Spiel- und Abenteuerzimmer erklärt, sie haben es sich sogar schon entsprechend eingerichtet. An den langen Winterabenden ist es der ideale Aufenthaltsraum für sie, und sie wären fürchterlich enttäuscht, es wieder hergeben zu müssen … doch Osherson weiß, daß es genau dieses Zimmer ist, das er in Wirklichkeit begehrt.

Okay, eigentlich gibt es hier nicht viel zu diskutieren. Alles ist relativ. Es wird die Kinder nicht umbringen, auf dieses Zimmer zu verzichten. Schließlich gibt es im Haus offensichtlich mehr als genug Platz. Es gibt Eltern, denen es nichts ausmacht, ihre eigenen Wünsche zugunsten ihrer Kinder zurückzustellen. Wenn Osherson nicht dazu gehört, ist das auch kein Drama.

Aufschlußreich wird diese ganze Episode erst durch das enorme Aufhebens, das er darum macht. Tausend Prinzipienfragen werden gedreht und gewendet, allesamt reduzierbar auf ein klares Faktum: Er hat das Gefühl, daß er seinen Kindern – deren Leben er mit diesem Umzug sowieso schon hinreichend auf den Kopf gestellt hat – das Spielzimmer lassen *sollte*, er *will* es aber für sich haben. Trotzdem: Es ist nun wirklich keine Staatsaffäre. Über sage und schreibe fünfundzwanzig quälende Seiten müssen wir seinen Gedankengängen folgen: liberalen Gedankengängen voller Gewissensbisse und Selbstgeißelungen. Er bohrt tief in der Biographie seines Vaters herum, der, wie er rückblickend meint, im eigenen Haus stets ein Fremder zu sein schien, sich in keinem Zimmer zu Hause fühlte. Er überlegt, ob das nicht generell auf alle Männer zutrifft: Waren die Häuser, mitsamt ihrer Einrichtung und den Häkeldeckchen, nicht schon immer die Domäne der Frauen? Fühlten Männer sich nicht immer ein wenig wie ein Fremdkörper im eigenen Heim? »Ein Zimmer für sich alleine«: Laut Virginia Woolf sind es die Frauen, die schon immer darauf verzichten mußten, doch Osherson stimmt im Namen der Männer dieselbe Klage an.

Jedenfalls will er die Kinder nicht in das ungeheizte Zimmer verbannen. Doch dann besinnt er sich auf die Wichtigkeit, »mich nicht mit den Kindern zu vermischen, sondern an mich selbst zu denken.«

So geht es hin und her, bis er schließlich eine Entscheidung fällt: Er wird, jawoll, das schöne Zimmer für sich beanspruchen. Die Kinder können im kalten Zimmer spielen, können dort einen kleinen Radiator aufstellen.

Die Familie kommt heim, er teilt ihr seine Entscheidung mit. Mama ist erstaunt, der Sohn ist wütend, die Tochter heult. Und wie begründet Osherson ihnen gegenüber seinen Entschluß? Mit fester Stimme erklärt er: »Ich *brauche* dieses Zimmer. Wenn ich dieses Buch nicht schreibe, haben wir kein Geld. Und um das Buch zu schreiben, brauche ich dieses Zimmer.«

Wozu die fünfundzwanzig Seiten Nachdenken? In letzter Instanz genügt es Osherson, sich auf seine Autoritätsrolle als Familienernährer und Familienoberhaupt zu berufen. Er verkörpert damit den typischen Familienvater, und mit seinem Verhalten illustriert er perfekt das Dilemma der heutigen Familie. Er soll das Zimmer haben, in Gottes Namen, weil er es braucht und weil er es will. Das sind hinreichende Gründe. Die

Familie hat es ihm überlassen, »sein« Zimmer zu wählen. Es ist nicht notwendig, daß er in seiner Begründung ihre Abhängigkeit von ihm und damit seine besondere Wichtigkeit und Macht hervorstreicht. Der »neue Vater« ist nicht ernstzunehmen, weil er nach fünfundzwanzig Seiten demokratischer Reflexion auf sein altes Vorrecht zurückgreift. Osherson geht ganz automatisch von zwei Alternativen aus: Entweder er setzt sich durch, oder er wird samt seinen Wünschen, Rechten und Interessen niedergetrampelt, zerkocht in der Suppe des familialen Wohlergehens. Das aber sind nicht die beiden einzigen Möglichkeiten.

Außerdem war das alles nur der Vorspann, sozusagen das räumliche Präludium seiner Ausführungen, die strenggenommen erst mit dem zweiten Kapitel, »Über das Wecken schlafender Kinder«, beginnen.

Osherson hat sich vorgenommen, so erfahren wir, ein involvierter, ein wirklich präsenter Vater zu sein, der sich die Aufgaben der Erziehung mit seiner berufstätigen Frau gerecht aufteilt. Das sieht so aus, daß er die Kinder weckt, während seine Frau das Frühstück macht und die Pausenbrote herrichtet.

Gut. Osherson geht also in das Zimmer seines Sohnes. Er weckt ihn auf. Der Sohn stöhnt unwillig und sagt: »Ich will nicht aufstehen. In der Schule ist es öd. Ich bin müde. Laß mich in Ruhe.«

Eine ziemlich normale Reaktion, doch in Osherson weckt sie ein Gefühl der »Wut. Wie kann er mich einfach wegschicken, mich herausfordern. Mir Befehle geben.«

Osherson macht das übliche internationale Weckritual durch: Er streichelt den Sohn, schüttelt ihn, droht ihm, aber das Kind bleibt liegen.

»Er ignoriert dich ganz einfach, und das ist das Ärgerlichste an dieser ganzen Episode. Schließlich bist du der Vater, er soll dir gehorchen. Du hast offenbar nicht genug Macht, du bist dieser Aufgabe nicht gewachsen. Du mußt also einen Weg finden, um in dieser Situation deine Macht zu demonstrieren. Du sagst: Ich gebe dir fünf Minuten, Kumpel. Aber innerlich kochst du über deine Machtlosigkeit. Ein Arbeitstag liegt vor dir, und du kannst nicht einmal deine Kinder kontrollieren.«

Hier haben wir in einem Absatz fünfmal den Gedanken an Macht, Kontrolle, Gehorsam – und das bei einem modernen, liberalen Vater. Und das in einer Situation, bei der es um nichts Umwerfenderes geht als um zwei verschlafene Kinder, die nicht aus den Federn wollen.

Die Tochter, die anfangs auch jammert und protestiert, läßt sich schließlich gegen das Versprechen aus dem Bett locken, auf dem Rücken des Vaters in die Küche getragen zu werden. Nun will der Sohn auch aufstehen. Sie sollen auf ihn warten, ruft er, er komme gleich!

Doch die verspätete Kooperation bringt den Vater buchstäblich zur Weißglut, was er so beschreibt:

»Die Tiefe deiner Wut ist unermeßlich. Du kochst. Du könntest deinen Sohn buchstäblich ausradieren, du könntest ihn zermalmen, so wütend bist du. Das macht dir angst. Du willst deinem Sohn deine Macht zeigen. Manchmal sagen Leute zu dir: Sie sind ein so geduldiger Vater! Du zuckst dabei innerlich immer zusammen, denn du weißt, daß es nicht stimmt. In diesem Augenblick zum Beispiel, während du die Treppe hinunterläufst, stellst du dir vor, daß du eine Rakete bist. Du bist die Rakete, und dein Sohn ist eine winzige Ameise, die auf dem Boden zurückbleibt. Die Rakete hebt ab, und der ganze Boden unter ihr wird von einem Feuerball verschlungen ...
Seien wir doch ehrlich, die Vaterschaft provoziert auch unseren Sadismus. Unsere Kinder sind so viel schwächer als wir. Das verführt uns dazu, mit unserer Macht zu spielen – genauso wie die Katze verführt wird, mit der Maus zu spielen.

Ein anderer Vater gestand mir einmal: ›Es ist aufregend, wenn deine Kinder dir gehorchen. Manchmal wünsche ich mir, daß sie mich herausfordern, bloß damit ich einen Grund habe, sie zu zertrümmern. Dann fühle ich mich wie ein General, wie ein Tyrann.‹«*

Diese ziemlich beunruhigenden Geständnisse deuten unserer Meinung nach weder auf männliche Untauglichkeit noch auf Sadismus hin, sondern auf etwas anderes: darauf, daß die betreffenden Männer an die alltäglichen Situationen ihres Lebens, und so auch an ihre Vaterschaft, mit einem falschen interpretativen Raster herantreten.

Wenn einer Frau etwas nicht gelingt, denkt sie sofort: Keiner liebt mich. Das ist ihre erste spontane Erklärung für alles, was in ihrem Leben schiefgeht. Der Chef ist mit ihrem Bericht nicht zufrieden? Er mag sie nicht. Ihr Mann kommt schlecht gelaunt nach Hause? Er liebt sie nicht mehr. Auch das ist ein falsches interpretatives Raster.

Ein Mann denkt in Situationen des Widerstands oder der Niederlage spontan: Ich habe keine Macht. Ich werde nicht gefürchtet und nicht respektiert. Ich habe keine Kontrolle.

Sehr oft geht es in diesen Momenten weder um Liebe noch um Macht. Es geht zum Beispiel darum, daß ein neunjähriger kleiner Mensch lieber unter seiner warmen Decke bleiben will oder daß ein Bericht schlicht und einfach nicht gut war.

Das Problem mit den falschen interpretativen Rastern ist, wie der Vater in Oshersons Beispiel verdeutlicht, daß sie auch Bestätigung schenken und Freude machen. Diese Interpretationen erzeugen Gefühle. Es ist schön, geliebt zu werden; es ist irgendwie sogar in perverser Weise lustvoll, sich masochistisch dem Liebesleid hinzugeben und ein gebrochenes Herz, ein Gefühl der tiefen Ungerechtigkeit zu pflegen. Es ist, wie der obige Vater uns so offenherzig anvertraute, auch lustvoll, Zorn

---

* S. Osherson, *The Passions of Fatherhood*, New York 1995

zu empfinden, sich als mächtig oder als Kämpfer um eine strittige Macht zu erleben.

Ferner muß der Mann, der sein Privatleben renovieren möchte, einen Gedankensprung vollbringen. Er muß unterscheiden zwischen Macht und Autorität, und dann noch zwischen verschiedenen Formen von Autorität. Die gute Autorität, diejenige, die er anstreben soll, ergibt sich nicht auf der Grundlage von Macht. Vergessen Sie, was Sie in der Grundvorlesung, etwa Einführung in die Politikwissenschaft, gelernt haben. Dort haben Sie, vielleicht sogar von uns, gelernt, daß Autorität eine Form von Macht ist. Das ist viel zu einfach und irreführend.

Es gibt mehrere Arten von Autorität. Für unsere Zwecke müssen wir nur zwei unterscheiden, die negative und die positive. Negative Autorität beruht auf Zwang oder angedrohtem Zwang. Dazu können Körpersprache und eine tiefe Stimme gehören, sofern das Signale für körperliche Überlegenheit und damit für Zwang und Gewalt sind.

Positive Autorität bedeutet eigentlich nichts anderes, als daß man anderen Menschen ohne eigennützige Absicht eine Information oder eine Handlungsempfehlung gibt, und daß diese anderen Menschen einem freiwillig zuhören, weil sie einem vertrauen und weil sie glauben, daß man in irgendeinem Bereich etwas weiß oder Erfahrung hat.

Wenn beispielsweise ein Vater seinem Kind nur deswegen eine Anweisung gibt, weil es ihm gefällt, wenn das Kind ihm gehorcht, dann hat er keine positive Autorität ausgeübt. Wenn er das Kind nur mit körperlichen Strafen oder Zwang zum Handeln bringt, besitzt er ebenfalls keine positive Autorität, denn das Kind ist dann nicht mehr in der Lage, seinen Rat zu überdenken und dann freiwillig zu befolgen. Deswegen ist es auch wichtig, schwierige Situationen nicht mit einer Lüge zu entspannen, indem man einem Kind etwa verspricht, es werde vom Arzt ganz bestimmt keine Spritze bekommen oder man werde garantiert um halb fünf zu Hause sein, wenn man nicht ganz sicher ist, daß diese Dinge auch zutreffen. Das Kind geht dann zwar freiwillig zum Arzt mit und macht keine Szene, aber das Vertrauen wird unterminiert und damit auch die positive Autorität.

In der wirklichen Welt kommt Erziehung niemals völlig ohne Zwang aus. Ganz kleine Kinder sind nicht in der Lage, Ratschläge abzuwägen und anzunehmen. Manchmal muß gegen sie Zwang ausgeübt werden, weil sie sich selbst oder einem anderen sonst Schaden zufügen würden, oder weil sie bis zu einem gewissen Grad an die Gemeinschaft angepaßt werden können. Wie der Satz schon zeigt, sind die jeweiligen Situationen immer Ermessensfragen. Auch sonst hat der Erwachsene Macht und das Potential, Zwang und Gewalt auszuüben – alles Dinge, die im Lauf der letzten Jahrzehnte weithin sowohl einer gesetzlichen als auch einer freiwilligen innerlichen Begrenzung unterzogen wurden.

Osherson wendet keinen Zwang an – nur seine Fantasien sind gewalttätig, erschreckend gewalttätig sogar. Einen Sohn, der nicht aufstehen will, möchte er am liebsten auslöschen, verbrennen, ausradieren. Das erscheint, milde ausgedrückt, etwas extrem.

Es kann hier nicht nur darum gehen, daß ein faules Kind nicht aufstehen will. Es geht um mehr, wie wir dem Text entnehmen: Es geht um Kontrolle, um Macht, um Position, um Oshersons Ego also. Und Osherson kompliziert sein Familienleben nur unnötig, indem er diese Ebenen vermischt.

Der verhängnisvolle Fehler, den Männer infolge ihres Machtdenkens in ihren privaten Beziehungen machen, läßt sich gedanklich noch präzisieren vermittels eines englischen Wortes: *entitlement*.

Entitlement beschreibt eine bestimmte Geisteshaltung, nämlich das tiefe Gefühl der Berechtigung, das Menschen haben, wenn sie meinen, daß ihnen sozusagen als Geburtsrecht bestimmte Privilegien zustehen.

Die britische Oberschicht hat ein Gefühl des *entitlement*, das sich in Snobismus ausdrückt. Angehörige berühmter Familien haben oft ein Gefühl des *entitlement* – sie gehen davon aus, daß sie in die besten Schulen aufgenommen werden, ohne entsprechende Leistungen erbringen zu müssen, daß sie bei kleineren Gesetzesbrüchen nicht bestraft werden, weil sie einfach aufgrund ihres berühmten Namens etwas Besonderes seien. *Entitlement* ist das Gefühl des nur sehr indirekt »verdienten« Privilegs: Man besitzt es nicht infolge irgendwelcher eigener Leistung oder Arbeit, sondern aufgrund seiner Zugehörigkeit zu einer edlen Gruppe.

Es ist offensichtlich, daß diese Art des Privilegs etwas sehr Zwiespältiges ist. Es ist nicht unbedingt ein Vorteil, am Erbe des Sonderprivilegs teilzuhaben; es kann sogar verhängnisvoll sein. Viele Leute scheitern daran. Aus ihnen wird nie etwas, weil sie sich nur auf fremden, modrigen alten Lorbeeren ausruhen, weil sie maßlos werden und ihre Situation mißbrauchen.

In den letzten zehn Jahren sind auffallend viele erfolgreiche, prominente Männer zu Fall gekommen, durch peinliche Skandale, die ihr privates, oft sexuelles Verhalten betrafen.

Diese Männer sind zunächst meist sehr erstaunt, wenn ihre Übergriffe ihnen ernsthafte Probleme verursachen. Sie meinen nämlich, sie hätten besondere Vorrechte. Sie meinen, von den normalen Regeln ausgenommen zu sein. Sie denken, daß das sexuelle Delikt eines wichtigen Mannes gegenüber irgendeinem x-beliebigen, unbedeutenden Nichts von einer Frau eine Bagatellangelegenheit ist, daß diese Frau eigentlich dazu da ist, sie zu amüsieren. Sie gehen davon aus, daß keine Frau es wagen wird, sie anzuklagen oder zu bestrafen.

Entitlement vererbt sich nach unten in stets geringer werdender Dosis. Ein unbekannter Kennedy-Neffe ist immer noch ein Kennedy und darf sich immer noch viel herausnehmen, aber nicht so viel wie ein Teddy Kennedy. Auch noch der kleine Mann versteht sich als Träger eines prominenten Namens, als kleiner Mit-Erbe eines großen Vermögens. Er darf immer noch die kleine Sekretärin begrapschen.

Obwohl die Tatsachen der letzten zehn Jahre sehr deutlich das Gegenteil beweisen, stolpern prominente und weniger prominente Männer regelmäßig über das Gefühl, sich fast alles leisten zu dürfen. Sie tappen in die Falle ihres *entitlements*. Ihr Verhalten wirkt arrogant, weil es noch die Ausstrahlung ehemaliger Vorrechte besitzt, aber in Wahrheit gewinnen sie wenig damit. Sie verlieren Respekt, immer öfter verlieren sie sogar ihren Job, mitunter ihre politische Führungsposition. Und was bekommen sie dafür? Das Vergnügen, einer angewiderten jungen Frau mit ihren Klebepfoten und Zudringlichkeiten auf die Nerven gegangen zu sein.

Aber *entitlement* bezieht sich nicht nur auf die Beanspruchung nicht mehr existierender sexueller Vorrechte. Auch in anderen Bereichen tun viele Männer noch so, als wäre es ihr Geburtsrecht, sich über andere hinwegzusetzen.

Daß manche Frauen dieses Spiel durchaus noch mitspielen und damit zur allgemeinen Verwirrung beitragen, ist ein anderes Kapitel. So, wie Machthunger und *entitlement* die häßlichen verbleibenden Reste der alten Ordnung in der Psyche des Mannes sind, sind Käuflichkeit und Berechnung die wenig schmeichelhaften Relikte dieser Ordnung in der Psyche vieler Frauen.

Teile des alten Tauschgeschäfts leben überall fort. Sie flirtet mit ihm, er verhilft ihr zur Anstellung. Er lädt sie in ein teures Restaurant ein, sie akzeptiert seine Einladung, obwohl sie sonst keinen Abend mit ihm verbringen würde. Er teilt sein Einkommen und seine Villa mit ihr, sie heiratet ihn, obwohl sie ihn nicht respektiert und nicht liebt. Es ist noch vieles schief zwischen Frauen und Männern.

In einer Familie hat man nun die Chance und die schwierige Aufgabe, die Schiefheiten der Außenwelt so gerade wie möglich zu biegen.

Man muß es nicht.

Man kann es auch schief lassen und in der Familie eine Hierarchie beibehalten, in der manche mehr wert sind und andere weniger, in der manche manipulieren und andere auf den Tisch klopfen. Das ist dann keine gesunde und keine glückliche Familie, und alle Beteiligten verzichten auf etwas sehr Kostbares, das sie sonst haben könnten. *Wenn* sie es haben wollen, müssen sie die restliche Welt und deren Regeln draußen lassen. Es müssen dann alle prinzipiell gleich sein, ob sie schon sprechen und lesen können oder nicht, ob sie Geld verdienen oder nicht, ob sie einen Doktor- oder Ingenieurstitel haben oder nicht. Das heißt nicht, daß die Beteiligten nicht unterschiedliche Funktionen haben. Es heißt nicht, daß man über alle Entscheidungen abstimmt. Es heißt nicht, daß die Prioritäten sich nicht manchmal nach der Arbeitswelt richten müssen. Es heißt nicht, daß alle in sozialistischer Gleichheit zu Hause genau dasselbe tun müssen.

Aber es heißt, daß keiner inhärent einen größeren oder kleineren persönlichen Wert hat, sondern daß alle in ihrem Wünschen, Wollen und Brauchen die gleiche Berücksichtigung verdienen. Es heißt, daß man sich gegenseitig in seiner Entwicklung nicht behindern, sondern fördern muß.

Männer handeln dem oft zuwider. Sie kommen heim und sind wichtig. Sie begründen ihre häuslichen Regeln nicht mit irgendeiner nachvollziehbaren Logik, sondern mit dem Hinweis, daß sie hier »immer noch die Rechnungen zahlen«. Sie berufen sich auf ihr *entitlement*.

Diese Männer können sich einfach nicht merken, daß das Sofa nicht mehr am gewohnten Platz steht.

Gedankenverloren spazieren sie in ihr Zimmer, Nase in der Zeitung, setzen sich und – landen hart auf dem Allerwertesten, unter allgemeinem Gelächter.

Wir raten Männern: Zeitung weglegen, sich sorgfältig umsehen, die neue Plazierung der Möbel zur Kenntnis nehmen.

Über dem Sofa ein Porträt von König Georg anbringen.

8
Der Mann mit dem Leuchtstift

Der nächste Abschnitt des Buches richtet sich an männliche Leser. Sie finden darin die Familiengeschichten ausgewählter Männer nach deren eigener Darstellung. Jeder von ihnen ist ein geschiedener Vater. Sonst sind sie recht verschieden in ihrer Persönlichkeit, ihrem Alter, ihrem Beruf, ihrer Herkunft, ihrer Lebensphilosophie.

Es sind annotierte Interviews, das heißt wir haben hier und da in Klammern angemerkt, was wir uns dazu denken. Wir wollen Sie damit ermutigen, dasselbe zu tun. Dieses Kapitel ist sozusagen dazu gedacht, mit einem Leuchtstift gelesen zu werden. Achten Sie auf Formulierungen. Suchen Sie nach Mustern. Wo blitzen bei scheinbar sachlichen Sätzen merklich auch starke Gefühle auf, und wie färben die wohl den Kontakt zur Ex-Partnerin? Wo werden relativ einfache Fragen durch eine zweite, persönliche Ebene kompliziert? Und das Wichtigste: Wie spielt die Machtfrage bewußt oder unbewußt in den Lebensweg dieses Mannes hinein?

Dieter

»Ich denke, wir waren zu jung und unreif für die Ehe, vor allem ich. Wir waren auch äußerst verschieden, aber das wußte ich, das war ja der halbe Reiz. Lilli kommt aus einem sehr behüteten Elternhaus. Ihre Eltern waren Geschäftsleute, bei denen war alles sehr in Ordnung, die Familie »intakt«, wie man das so nennt. An den Wochenenden haben sie gemeinsame Ausflüge in die Berge gemacht, Lilli ging Chorsingen. Das war das totale, unvorstellbare Gegenteil von meinem Leben.

Ich bin in einem Heim aufgewachsen, dann bei Pflegeeltern, denen es nur um das Geld vom Sozialamt ging. Ab meinem sechzehnten Lebensjahr lebte ich hauptsächlich in der Disco. Als ich Lilli traf, war ich vierundzwanzig und ohne Orientierung. Sie war zwanzig und arbeitete in der Firma ihrer Eltern, hatte viele Hobbies und Interessen und ein toll geregeltes Leben. Unglaublicherweise lernte ich sie in einem Buchladen kennen, an einem Ort, an dem ich sonst nicht anzutreffen war. Ich war auch nur dort, weil ich eine Autozeitschrift kaufen wollte, diese Sondernummer über die neuen Autos, die einmal im Jahr herauskommt. Ich hab' ihren Rucksack von der Theke gestoßen, unabsichtlich, und dabei sind wir ins Gespräch gekommen. Ich hielt sie für siebzehn, sie sah so jung aus. Ich hatte viel Übung darin, Mädchen aufzureißen. Lilli hingegen war eine so starke Anmache gar nicht gewohnt, aber irgendwie muß es sie interessiert haben, denn sie hat sich tatsächlich mit mir verabredet.

Sie war natürlich ganz anders als meine sonstigen Disco-Bekanntschaften. Schon beim dritten Treffen hat sie mich zu sich nach Hause eingeladen, um Mama und Papa kennenzulernen. Ihre Eltern behandelten mich sehr nett und höflich, ich kam mir trotzdem wie ein echter Prolo in der bürgerlichen Runde vor. Aber, was soll's, irgendwie hab' ich mich dort auch total wohlgefühlt. Ich war danach ganz viel mit Lilli zusammen, ich habe sogar die Familienausflüge an den Sonntagen mitgemacht. Bald begann sich die Familie für meine Berufssituation zu interessieren, die damals nicht vorhanden war. In Wahrheit lebte ich von Gelegenheitsjobs.

Um es kurz zu machen, ich begann eine kaufmännische Lehre in der Firma des Herrn Papa und innerhalb kürzester Zeit hatte ich einen echten Beruf und eine Ehefrau. (So weit, so gut. Zwei sehr unterschiedliche Menschen bekommen beide etwas, das ihnen fehlt. Lilli bekommt Spontaneität und ein bißchen Rebellion, Dieter bekommt eine Familie, einen Halt und eine langfristige Lebensperspektive.)

Im Grunde war alles okay. Lilli war auch bereit, sich ein bißchen in mein altes Leben zu integrieren. Wir gingen zu Clubbings und tanzten oft bis in die Morgenstunden. Die Berge und das Chorsingen haben wir so langsam eingestellt.

Dann aber kam der kleine Xandi, und alles hat sich geändert. Er war nicht geplant, ich hab' auch sofort mein Veto eingelegt. (Es ist nicht untypisch, daß ehemalige Heimkinder der eigenen Elternschaft gegenüber eine problematische Haltung einnehmen, sie entweder viel zu schnell anstreben, in der Hoffnung, sich jene glückliche Familie zuzulegen, die sie nie hatten, oder daß sie sich keine Kinder zutrauen. Hier hätte eine Intervention stattfinden müssen, zum Beispiel in Form einer Beratung oder in einer anderen Form der biographischen Aufarbeitung für Dieter).

Ich war mir nicht so sicher, schon ein Kind zu wollen, aber diesen Gedanken hätte ich lieber für mich behalten sollen. Sie spielte sich schrecklich auf, als die große Leidende. Das sei das Kränkendste, was ihr jemals passiert sei usw. Ich glaube, meine Bedenken hat sie mir nie verziehen. (Viele Frauen betrachten die Ablehnung einer Schwangerschaft durch den Kindesvater als »unverzeihlich«. Wenn es sich wirklich nur um eine Meinungsäußerung im Zuge einer Diskussion, Kind ja oder nein, handelt, dann sollten die Frauen versuchen, ihre sentimentale Einstellung abzulegen. Wenn es eine Diskussion gibt, müssen Leute ihre Meinung sagen können. Unverzeihlich ist es erst, wenn Druck ausgeübt wird.)

Sie hat sich dann aber doch gefreut, daß der Xandi und ich gut miteinander auskamen. So ab der Kindergartenzeit hatte ich eine tolle Beziehung zu ihm. Ich habe ihn oft vom Kindergarten abgeholt und ihn in die Sauna mitgenommen, um ihn meinen Freunden zu zeigen. Die waren alle ganz lieb zu ihm. (Hier sehen wir die negativen Auswirkungen eines zu späten Einstiegs in das Kinderleben. Dieter hat keinen Begriff von der Pflege und dem Wesen eines kleinen Kindes, sonst würden regelmäßige Saunabesuche zu später Stunde ihm auch nicht als passende Beschäftigung erscheinen.)

Lilli wurde dann regelmäßig hysterisch (boshafte Formulierung), vor allem wenn es spät wurde. Das fand ich lächerlich. Ein Vierjähriger hat ja keine Termine. Wenn er eine Stunde später als sonst in den Kindergarten geht, ist das wohl egal. Die Lilli war da aber immer zwänglich (boshafte Nebenbemerkung), da schlug ihre Erziehung durch. Sie wurde mit der Zeit so bieder wie damals, als ich sie kennengelernt habe. (Gerade ihre Bürgerlichkeit und die Ordnung ihrer Familie, an die er sich anschließen konnte, waren anfangs der große Anziehungspunkt für ihn gewesen.) Wir hatten zunehmend Streit. Ich hatte irgendwann keine Lust mehr auf dieses ewige Gemecker und drohte ihr mit Scheidung, aber es war bloß als Warnschuß gedacht. Als sie sofort ja sagte, war ich ziemlich perplex. Sie wollte es sogar ganz schnell durchziehen, wie sie sagte. Es kam noch dicker. Es stellte sich heraus, daß sie zwei Jahre davor schon mal beim Anwalt gewesen war, um sich über eine mögliche Scheidung zu informieren. (Es ist typisch, daß die Frau zuerst bemerkt, daß die Ehe schlecht läuft. Statistisch gesehen ist es meist auch die Frau, die die Scheidung einreicht. Typisch ist auch, daß der Mann den Ernst der Lage erst zu einem relativ späten Zeitpunkt erkennt.) Ganz schön raffiniert (zorniger Beisatz). Aber so leicht wollte ich es denen nicht machen. (»Denen«: Wie schon am Anfang, sieht er Lilli und ihre Eltern als eine Einheit. Damals gefiel ihm das, jetzt nicht mehr.) Ich hatte auch eine Trumpfkarte, die hieß Xandi. Warum sollte ich mit einem gepackten Koffer abziehen, während Frau und Kind im Luxus sitzen? (Altes Trauma des verstoßenen Heimkindes schimmert hier durch). Ich nahm mir also einen Anwalt. Der sagte, wir gehen aufs Ganze und kämpfen um das Kind. Wir werden ihn nicht kriegen, weil sie als Mutter ja funktioniert hat, aber ein kleiner Firmenanteil könnte beispielsweise auf mich überschrieben werden, als Kompromiß. Auf die Idee wäre ich nie gekommen. Aber ich fand es zunehmend logisch. Sollte ich meinem Sohn in Zukunft als Habenichts gegenübertreten? Er soll mich achten, und wenn ich bloß ein kleiner Angestellter in irgendeiner Firma bin, wird das schwierig werden. Ich hatte meine besten Jahre in die Firma der Schwiegerfamilie gesteckt. Ich dachte, die haben ohnehin einen riesigen Geldsack, warum sollen die allein draufsitzen?

Durch das resolute Vorgehen meines Anwalts hat sich die Sache dann schnell zugespitzt. Lilli ist ziemlich ausgerastet, sie hat mir vorgeworfen, daß ich den Xandi, den ich anfangs gar nicht haben wollte, nun als Erpressungsgegenstand gegen ihre Familie benütze. Es wurde ziemlich hitzig. Auf Anraten des Anwalts habe ich ihre Verwünschungen dann auf Tonband festgehalten. Sie drohte zum Beispiel, daß ich den Xandi nie wiedersehen würde. Sie werde alles tun, damit er mich Kretin aus den Augen verlieren solle und so weiter. Das las sich gut in unserem Protokoll, damit hat sie sich ganz schön geschadet.

Ich war also ausgezogen. Dann hatte ich Sehnsucht nach dem Xandi und ich wollte ihm auch meine Sichtweise darlegen. Deshalb besuchte ich ihn im Kindergarten. Die Kindergärtnerin wollte ihn zuerst nicht herausrücken (latent feindselige Formulierung gegenüber der Kindergärtnerin als Frau und vermutlicher Sympathisantin von Lilli, aber auch als symbolisches »Gewissen«), aber ich war bestens vorbereitet durch meinen Anwalt. Als Vater hatte ich das

Recht, mein Kind jederzeit zu besuchen und zu sprechen. Aber es war nicht sehr ergiebig. Xandi war, wie gesagt, vier Jahre alt und schien plötzlich das Reden verlernt zu haben. Er war richtig verstockt. Als ich ihm sagte, daß ich ihn lieb habe, sagte er dann plötzlich ganz patzig: »Die Mama mag dich aber nicht mehr und ich auch nicht. Geh weg.«

Da hat es mir gereicht. Jetzt ist es so, daß ich mich zurückgezogen habe vom Kind. Eine Beziehung wird erst möglich sein, wenn er sich ein eigenes Urteil bildet. Ich schicke ihm eine Karte zum Geburtstag und ein Paket, aber ich werde ihm erst wieder gegenübertreten, wenn er alt genug ist, zu verstehen, daß ich aus dieser Familie ausgestoßen wurde (hier wieder das unaufgearbeitete Heimkind-Trauma).

Aber so leicht kommen sie nicht weg. Lilli und ihre Eltern wollen jetzt unbedingt die Scheidung, und ich pokere hoch. Das zieht sich jetzt schon über zwei Jahre hin. Ob ich den Xandi vermisse? Ja und nein. Ich hatte (Vergangenheit) ihn schon gern, er ist ein sehr liebes Kind. Aber so wie das jetzt ist, unter dem Einfluß der anderen Familie, da lege ich keinen großen Wert auf irgendwelche Treffen.

Ich habe jetzt eine Freundin. Sie arbeitet in der Bar meines Lieblingslokals. (Rückkehr in sein altes »Milieu«) Sie ist sehr jung, genau gesagt, sie wird erst neunzehn. Ich glaube, das wäre schwierig für sie, mit dem Xandi. Wir sind seit drei Monaten zusammen und ich habe ihr noch gar nicht erzählt, daß es ihn gibt. Wozu auch, Kinder sind eine fremde Welt für sie. An den Wochenenden sind wir nur im Bett, weil sie sonst ja immer nachts durcharbeiten muß.

Was den Xandi anbelangt, so sehe ich die Sache trotz allem ganz positiv. Wenn er etwas größer ist, werden wir sicher ganz tolle Kumpel werden. Ich weiß das von anderen geschiedenen Vätern, vor allem die Burschen stehen später dann auf ihre Väter, weil sie so dem Getütel ihrer Mütter daheim entkommen können. Ich muß nur die Zeit für mich arbeiten lassen.«

Wenn wir jetzt ein abschließendes Fazit über Dieter ziehen, dann verzichten wir besser auf die ungnädige Interpretation vom geldgierigen, lüsternen Tunichtgut, der den Schwiegervater erpreßt und sein Kind im Stich läßt. Wir verzichten auch auf die häßliche Version von der spießbürgerlichen Frau, die den gutwilligen, aber tollpatschigen Mann verdrängt. Was wir anstreben, ist die hoffentlich objektive Mitte.

Was ist über Dieter zu sagen, wo hätte er es besser machen können? Zunächst ist festzustellen, daß Dieter sich Frauen gegenüber recht aggressiv ausdrückt. Tendenziell sind sie ihm zu bieder, zu angepaßt, zu sehr auf Ordnung fixiert, sie betüteln Kinder, sind hysterisch, treten auf als Barriere zwischen dem Mann und seinem Kind.

Das sind Stereotype, in Dieters Fall vermutlich verstärkt durch seine Kindheitserfahrungen und seine Bitterkeit gegenüber der Mutter, die ihn »verstieß«. Seine jugendliche Erfahrung ist bedauerlich, doch ist er mittlerweile schon seit vielen Jahren in der Lage, das zu erkennen und zu reflektieren, oder, falls er das alleine nicht schafft, seine Kindheit mittels therapeutischer Unterstützung aufzuarbeiten.

Als nächstes ist zu Dieter zu sagen, daß er jegliche Selbstkritik missen läßt. Er hatte seinen gehörigen Anteil an den Eheproblemen, den Streitereien über Erziehung, dann an der Eskalation des Scheidungskrieges und schließlich an seiner gegenwärtigen Entfremdung von Sohn und Schwiegerfamilie. Doch davon hören wir kein Wort. Er ist nicht bereit, irgendwelche Fehler einzugestehen, und er ist schon gar nicht bereit, etwas zu ändern. Er ist durchaus nicht unbedarft oder außerstande, sich Rat zu holen. Er *könnte* sich psychologische, pädagogische, ehe- oder erziehungsberatende Hilfe holen, doch das tut er nicht. Er holt sich juristische Hilfe, von einem ganz besonders skrupellosen, aggressiven Anwalt.

Er ist außerdem sehr ungeduldig. Sein vierjähriges Kind, zu dem er nie eine wirklich pflegende, väterliche Beziehung aufbaute, sondern das er als Vorzeige-Objekt in der Herrensauna präsentierte, ist während eines unerwarteten Besuchs in einer ungünstigen Situation, nämlich im Kindergarten, sprachlos. Es läge an Dieter, sein noch sehr kleines Kind zu entspannen und ihm ein Gefühl der Sicherheit zu geben.

Die heftige Äußerung des Kindes ist in diesem Alter ganz normal – typischerweise ergreifen vierjährige Söhne auch in absolut glücklichen Familien im Streitfall Partei für ihre Mütter, und viele Väter sehen darin einen Anlaß für soziales und emotionales Lernen. Der Sohn kann lernen, daß ein Streit nicht ernst sein muß, daß man sich lieben und trotzdem unterschiedliche Meinungen haben kann. Das Kind baut dann dem Vater gegenüber Angst ab und lernt, sich selbständig in Familienangelegenheiten einzubringen. Es solidarisiert sich mit einer Person, die es dem stimmgewaltigen, vom Habitus her dominanten Vater gegenüber als schwächer erlebt und zeigt Loyalität gegenüber jemandem, der es versorgt und so viel für es tut. Die Solidarität mit der Mutter ist daher als eine gute soziale Regung zu betrachten. Und der kleine Sohn entwickelt in seiner fantasierten »Partnerschaft« mit der Mutter seine erste beginnende Geschlechtsidentität. In einer guten Ehe fühlt sich der erwachsene Mann sich nicht sehr gefährdet durch einen vierjährigen »Rivalen«, der sich ritterlich auf die Seite der Mutter schlägt.

Aber Dieter hat keine gute Ehe mehr, und damit ändert sich die gesamte Dynamik. Nun könnte Dieter die Reaktion des Kindes immerhin noch konstruktiv als Warnung verstehen, daß die Dinge sehr schlecht laufen, und er und seine Frau sich unbedingt auf irgendeinen *modus vivendi* besinnen sollten. Aber Dieter will keinen Kompromiß und keinen Frieden, er will »hoch pokern«.

Die letzte und schlimmste Eigenschaft von Dieter ist sein Verhaftetsein in alten Männlichkeitsklischees. Daß er, ein zweiunddreißigjähriger Familienvater, sich mit einem achtzehnjährigen Barmädchen einläßt, diese über seine privaten Umstände im Dunkeln läßt und die Wochenenden lieber mit ihr im Bett verbringt als zu versuchen, seinem aufgewühlten vierjährigen Sohn wieder näherzukommen und mit der Familie, die ihn höflich und hilfreich aufnahm, eine friedliche Lösung zu finden – das ist in Wahrheit ziemlich schäbig. Aber Dieter kommt sich dabei recht toll vor. Andere geschiedene Männer haben ihn darüber informiert, daß sein Sohn sich schon irgendwann wieder bei ihm melden wird. In der Pubertät, wenn er rebelliert gegen Ordnung und Regeln und seine Erziehungspersonen, dann können sie sich näherkommen auf der Basis einer gemeinsamen Verachtung für die Mutter und ihr betütelndes bürgerliches weibliches Wesen. Ob das ein wertvoller Beitrag zur psychischen Gesundheit und zum zukünftigen heterosexuellen Glück seines Sohnes ist?

Dieter sieht nicht, daß es sich dann auch nur um eine Entwicklungsphase handeln wird, die von den Eltern – wie bei der jetzigen ödipalen Parteinahme für Mama – am besten mit möglichst viel Humor, Liebe und gemeinsamer Unterstützung aufgefangen wird. Daraus bitteren Ernst zu machen und den Jugendlichen in einer ohnehin schon schwierigen Phase noch tiefer in die gescheiterte Ehe hineinzuziehen, statt ihm zu einem harmonischen Abschluß dieser Entwicklungsstufe zu verhelfen, ist sehr selbstsüchtig und gemein.

Die Kurzschlüssigkeit von Dieters Denken kommt auch an anderer Stelle zum Vorschein. Seinen manipulativen Kampf um einen Firmenanteil rechtfertigt er damit, daß dies letztlich im Interesse des Sohnes sei. Denn für den Sohn kann es nicht gut sein, wenn er den Vater als »Habenichts« wahrnimmt.

Wie ist es für den Sohn, wenn er seinen Vater in der Rolle des Feindes von Mutter und Großeltern erlebt, in der Rolle des böswilligen Kämpfers, der das angreift, was dem Kind nach der Scheidung noch an Familie bleibt? Selbst wenn er den Sohn von seiner Version überzeugen kann, wonach seine Mutter und deren Eltern schuld sind, weil sie ihn, den Vater, verstoßen haben, kommt es auf dasselbe heraus. Auch dann hat er dem Kind seine Familie genommen, weil sich diese Familie nunmehr als böse und schlecht entpuppt. Kann das alles besser sein, als den Erziehungsstreit mit der Frau bezüglich spätabendlicher Saunabesuche mit einem Vierjährigen durchzustehen, vielleicht sogar darüber nachzudenken und es anders zu machen?

Denn zu guter Letzt macht sein stereotypes Denken Dieter blind für den offensichtlichsten Fehler seines Vorgehens. Er selbst leidet noch heute darunter, keine Eltern gehabt zu haben. Durch sein unversöhnliches, feindseliges und trotziges Auftreten nimmt er nun auch seinem Kind einen Elternteil weg, den Vater. Er nimmt ihm das Erlebnis eines Elternhauses und einer Familie, genau jene Dinge also, die er selbst am meisten entbehrte.

Sich selbst nimmt er dasselbe weg, und was gewinnt er? Er gewinnt sein vorheriges, dysfunktionales Weltbild zurück. Nun ist er wieder dort, wo er war, ehe er Lilli kennenlernte: Er ist der Ausgestoßene, der in Bars herumhängt und junge Mädchen aufreißt.

Hermann

Hermann ist fünfzig Jahre alt, Elektriker. Tochter Mia, aus erster Ehe, ist vierundzwanzig Jahre alt. Sohn Fritz, aus zweiter Ehe, ist vier. Hermann ist ein später Apostel der neuen Vaterschaft. In lyrischen Tönen spricht er darüber, wieviel Sinn und Freude sein Leben durch Fritzi bekommen hat. Ein Leben ohne Fritzi kann er sich gar nicht mehr vorstellen. Erst jetzt erkennt er, was ihm während seiner ersten Vaterschaft entgangen ist. Dabei wollte er gar kein Kind mehr, sondern hatte sich von seiner um dreiundzwanzig Jahre jüngeren Frau dazu überreden lassen. Nur deswegen, weil er selbst schon ein Kind hatte, wollte er ihrem Mutterglück nicht im Wege stehen.

»Als ich mich von meiner ersten Frau trennte, war unsere Tochter Mia erst zwei Jahre alt. Der ›Scheidungsgrund‹ war Eva, meine jetzige Frau. Ich hatte sie im Schwimmbad kennengelernt, im Sommer. Dort war ich am Samstag nachmittag immer anzutreffen, weil meine Frau zu dieser Zeit eine Fortbildung machte und ich Mia übernahm. Eva war knackig und lustig, kein Mann hätte da widerstehen können.

Sie war auch gar nicht oberflächlich. Sie hat mit Mia im Bassin geplanscht und war ganz warmherzig und fröhlich. Bei mir zu Hause ging es schon lange nicht mehr so zu, da wurde ewig nur gekeift und geschimpft, weil ich die letzte Flasche Mineralwasser leergetrunken und keine neue vom Keller heraufgeholt hatte, und solchen Quatsch. Es ging ständig um Kleinkram in wirklich engstirnigster Weise. (Keine Einsicht, daß eine mit Kind und Halbtagsjob und Fortbildung belastete Frau Unterstützung braucht oder sonst zornig wird).

Eva und ich interessierten uns füreinander, wir trafen uns dann einige Male nach der Arbeit und kamen uns näher. Meine Frau bemerkte nichts. Sie arbeitete als Bewährungshelferin und hatte sehr unregelmäßige Termine und viel Streß.

Wir lebten damals in der Kleinstadt. An einem Samstagvormittag gingen wir zum Markt. Plötzlich riß Mia sich los und stürzte auf ein blondes Mädchen zu und umarmte sie und wollte von ihr hochgenommen werden: Eva. Sie reagierte leider sehr ungeschickt, sie versuchte so zu tun, als würde sie mich und Mia gar nicht kennen und das ganze sei eine Verwechslung. Aber ich hatte gleichzeitig in meiner Panik schon »Hallo Eva« gerufen und mir innerlich eine Erklärung für meine Frau zurechtgelegt. Meiner Frau, die nicht blöd und in zwischenmenschlichen Dingen sehr sensibel ist, war sofort klar, daß hier irgend etwas ganz schwer nicht in Ordnung war.

Es half also nichts, ich mußte ihr die Wahrheit sagen.

Sie hat mich dann kurzerhand vor die Tür gesetzt. Ich wehrte mich nicht dagegen. Ich zog gleich in Evas Studentenwohnung. Sie war im letzten Jahr ihrer Ausbildung als Lehrerin.

Anfangs hat Maria die Besuche von Mia sehr knapp gehalten. Mir war klar, es war die blanke Eifersucht. Eva war jung und lustig und von daher einfach ansprechender als Maria, die sich ewig ihre Sorgen anmerken ließ. (Aha.) Aber Eva hat sich immer in sehr netter Weise der Kleinen angenommen. Sie hat immer darauf geachtet, daß es an den Besuchswochenenden etwas Lustiges zu tun gab und irgendeine nette Überraschung für die Kleine. Sie hat nie einen Kindergeburtstag vergessen. Damit hat sie Maria beschwichtigen können, und schließlich haben die beiden Frauen sogar beschlossen, daß es besser für das Kind sei, wenn wir Weihnachten alle beisammen sind. Es kamen auch noch ein paar Betreuungsfälle von Maria dazu, die kein Zuhause hatten, und es war ein ganz harmonischer Abend. Mir war es ehrlich gesagt fast unheimlich.

Die nächsten vier Jahre verliefen ganz friedlich. Doch dann begannen sich die ersten Konflikte abzuzeichnen. Maria wohnte in unserer unmittelbaren Nähe. Das war einerseits gut, weil ich Mia sehr leicht auch unter der Woche sehen konnte. Aber es führte mit der Zeit dazu, daß Maria nie mehr einen Babysitter anrief, wenn sie Termine hatte. Sie hat Mia ganz einfach zu mir gebracht. Ich war an manchen Tagen bis zu zehn Stunden auf Montage. Eva hatte ebenfalls einen stressigen Berufstag. Dann wollte man abends abschalten und nicht unbedingt auf ein Kind aufpassen. (»*Ein* Kind?«) Maria hatte dafür null Verständnis, sie hat jedes Wort gegen uns verwendet. Soso, wir wollten uns also entspannen? Und wann sollte sie, die alleinerziehende Mutter, sich entspannen? Das fand ich ganz schön bissig. (Aber wahr.) Damit hat sie sich langsam die Sympathien von Eva verscherzt. (Ein typisches Muster: Der Vater versteckt sich hinter der neuen Frau.) Danach spitzte es sich zu. Es ging unerfreulicherweise um

Materielles. Wir waren zwei Verdiener, arbeiteten hart, hatten keine Kinder. Also hatten wir einen hohen Lebensstandard. Jedesmal wenn Maria vorbeikam, um Mia abzugeben, sagte sie in sarkastischem Ton so Sachen wie: Oh, eine neue Kuschelcouch! Oder: Es riecht nach Lamm, so ein Luxusessen mitten in der Woche ist bei mir nicht drin! Wenn dann vielleicht noch eine Flasche Rotwein auf dem Tisch stand, ätzte sie: Ich stoße an auf das junge Glück! Es stimmte ja, sie selbst hatte wenig Geld. In ihrem Beruf war da nicht viel drin. Sie hat sich auch immer ausnützen lassen. Wenn, zum Beispiel, einer ihrer frischentlassenen Burschen ganz arm dran war, hat sie ihm oft noch Geld gegeben.

Heute sehe ich es so, daß ich damals einen ganz wesentlichen strategischen Fehler gemacht habe. Ich habe sie zu sehr in mein Leben hineingelassen. Und wenn, dann hätte ich zumindest großzügiger sein sollen. Sie saß auf alten, selbstüberzogenen Matratzenkissen, wie in einer WG. Es hätte mich nicht umgebracht, ihr zum Beispiel mal aus einem Kaufhaus eine Couch liefern zu lassen, und sie wäre gerührt und besänftigt gewesen. (Etwas herablassend, aber nicht falsch.)

Sie hat die Sache jedenfalls zunehmend als ungerecht empfunden. Das neue Paar lebte in sorglosem Wohlstand, während Maria mit knappen Mitteln und unter großen zeitlichen Schwierigkeiten mit Mia zurechtkommen mußte. Sie hatte mehrmals versucht, höhere Unterhaltszahlungen zur Diskussion zu stellen, war bei mir aber abgeblitzt. Als sie sich dann zur Klage auf Anhebung entschloß, war die freundschaftliche Beziehung zwischen uns allen schlagartig zu Ende.

Irgendwie perfide finde ich es übrigens, daß sie noch freundlich bei einem Geburtstagsfest für Mia neben mir saß und keine Andeutung darüber machte, daß ich am folgenden Tag die Klage im Postkasten vorfinden würde.

Das Jugendamt gab ihrem Begehren recht, ich mußte wesentlich mehr zahlen. Die Verschlechterung des Klimas hatte aber zur Folge, daß Eva und ich nun auch nicht mehr bereit waren, die Besuchszeiten so großzügig zu handhaben. (Großzügige Besuchszeit bedeutet im allgemeinen, daß der Vater sein Kind ganz oft sieht. Hermann verwendet den Ausdruck im umgekehrten Sinne.) Sie wollte alles gesetzlich geregelt haben? Gut, dann sollte sie sich aber auch selber daran halten. Mehr Geld, ja, aber grenzenloses Aufpassen auf die Kleine, wann es ihr gerade in den Kram paßte, nein. Ich sagte: Jetzt ist ja alles klar geregelt, auch die Besuchsverpflichtung. Mich sieht das Kind alle vierzehn Tage.

Die ganze Aktion war also sehr unvernünftig von Maria und sehr kurzsichtig. Sie brauchte aufgrund ihres Jobs eine viel größere Flexibilität. Diese schweren Jungs trifft man nicht unbedingt während der Kindergartenöffnungszeiten, manchmal muß man sie nachts in ihren Lieblingslokalen aufspüren. Früher hatte sie Mia dann einfach bei uns deponiert, jetzt mußte sie sich jedesmal einen Babysitter von der Studentenzentrale kommen lassen, und unter dem Strich gab sie vielleicht sogar mehr Geld aus, als sie durch die erhöhten Zahlungen dazugewonnen hatte.

Außerdem hatte sie ihre Familie verloren. Trotz des großen Altersunterschiedes zwischen den beiden Frauen war eigentlich Eva die Sorgende, die ein schönes Heim organisierte, in dem auch Mia sich wohlfühlen konnte und willkommen war. (Diese Formulierung ist nun wirklich interessant und verräterisch. Sie hat etwas Polygames: die tüchtige Erstfrau, die sinnliche, aber auch häusliche Zweitfrau, die sich Hermanns Kind schwesterlich teilen sollen – bis Eva durch ihre krasse Geldforderung das Szenario kaputtmacht.) Aber leider hat Maria in ihrer Eifersucht mit neidvollen Augen auf unser Leben gestarrt und sich gedacht, wie ungerecht, daß es mir nicht auch so gut geht.

Als Mia sechs Jahre alt war, zogen wir in die Schweiz, wo Eva an einem interessanten Finanzprojekt beteiligt war. Wir sind gerne weggegangen. Wir haben gespürt, daß wir uns von unserem alten Leben entfernen mußten. Eva wollte es sehr gerne machen, und auch ich konnte mich beruflich neu etablieren.

Wir sind dann zwölf Jahre geblieben. Mia sahen wir nun nur noch in den großen Ferien für zehn Tage und ein paar Tage zu Weihnachten. Maria schickte sie uns ohne Probleme. Sie war wohl selber froh, ein bißchen Ruhe zu haben.

Ich habe es gar nicht so richtig bemerkt, daß Mia aus meinem Leben verschwand. Heute kann ich mir das eigentlich gar nicht vorstellen, wenn ich mir zum Beispiel den kleinen Fritzi ansehe. Schon eine Nacht von ihm getrennt zu sein, empfinde ich als sehr schmerzhaft. Damals war mir das alles nicht so bewußt. Ich war emotional einfach noch nicht so weit, ein Kind zu haben. (Mit vierzig Jahren?) Ich rechne es Eva hoch an, daß sie den Kontakt mit Mia nie gänzlich abbrechen ließ, denn wenn es nur auf mich alleine angekommen wäre, wären die einen oder anderen Ferien wahrscheinlich auch noch ins Wasser gefallen. Man ist irgendwie so involviert ins eigene Leben.

Wir sind dann wieder nach Deutschland zurückgezogen, da war Mia mitten in der Pubertät. Es hatte sie ziemlich schwer erwischt. Sie machte Schwierigkeiten in der Schule und war frech zu ihrer Mutter. Anfangs hatte ich einen ganz schlechten Eindruck von ihr. Sie schien sich nur insofern für mich zu interessieren, als ich eine mögliche Quelle für einen neuen Walkman und Kassetten war.

Ich wollte wieder eine intensivere Beziehung zu ihr aufbauen. Wir machten zusammen einen Waldspaziergang, doch das war ein richtig erschütterndes Erlebnis. Da ging ich mit diesem Teenager, der meine Tochter war, schweigend durch den wunderschönen verschneiten Wald. Sie gab sich einfach überhaupt keine Mühe, mir näherzukommen. Ich erzählte ihr, wie es mir mit Eva ging, daß wir schon seit Jahren versuchten, ein Kind zu bekommen, daß dies auch der Grund für unsere Rückkehr war. Denn Eva hatte hier einen Onkel, der Klinikvorstand und spezialisiert auf Fertilisationsprobleme war. Sie wollte sich dort behandeln lassen. Das waren doch sehr persönliche, interessante Nachrichten. Aber Mia stapfte nur schweigend neben mir her und machte nicht den geringsten Versuch, etwas Anteilnahme zu zeigen. Ich fand das extrem undankbar, wo Eva sich doch immer so für sie eingesetzt hatte.

Ich wollte eine freundschaftliche, partnerschaftliche Beziehung zu Mia aufbauen. Deswegen erzählte ich ihr so viel sehr Intimes. Doch der Erfolg war, daß sie sich noch mehr abkapselte.

Danach machte mir Maria schwerste Vorwürfe, telefonisch. Sie sagte, Mia sei eifersüchtig, »verständlicherweise«. Es hätte sie wie ein Schlag getroffen, daß wir nicht ihretwegen nach Deutschland zurückgekommen sind. Das hätte sie sich nämlich in ihrer Fantasie so vorgestellt. Doch wir waren nur gekommen, weil wir ein anderes Kind bekommen wollten. Nun fühle sie sich völlig übergangen. Ich fand diesen Standpunkt total überzogen, aber die beiden Damen (zynische Formulierung) haben sich da hineingesteigert.

Eva hat sich herausgehalten. Sie meinte, sie müsse sich jetzt auf uns konzentrieren und auf unser eigenes Kind, das wir haben wollten. Wir könnten nicht ständig in den Krisen anderer Leute herumtun.

Es dauerte eine ganze Weile, bis die Behandlung Erfolg hatte und unser Fritz auf die Welt kam. Mia war schon an der Uni. Sie war dann sehr lieb zu ihm, das hat mich wieder für sie eingenommen. Sie kam wieder öfter zu Besuch, und dann kümmerte sie sich immer um den Kleinen. Sie badete ihn und schaukelte ihn in den Schlaf, worüber Eva sehr froh war.

Eva arbeitete nicht mehr. Wir waren in ein Haus mit Garten gezogen, damit Fritz später auch auf Bäumen klettern kann und nicht in der Stadt aufwachsen muß. Mia fand es schön dort, sie saß gerne im Garten, während sie sich auf ihre Prüfungen vorbereitete. Als sie sich vor einem größeren Examen erneut zu einem längeren Besuch anmeldete, sagte ich ihr deutlich, daß ich für diese Zeitdauer die Alimente kürzen würde. Schließlich hatte sie bei uns alles, sie gab praktisch kein Geld aus. Sie konnte ja selber sehen, daß wir nicht in Geld schwammen, wir hatten nur noch mein Einkommen und die Rückzahlungen für das Haus ...

Sie reagierte mit totalem Unverständnis und sagte ihren Besuch ab. Sie ist eine schwierige Person, muß ich leider sagen. Leider entdecke ich viele Ähnlichkeiten mit ihrer Mutter. Sie hat auch diese Härte und diese Sturheit. Mia hatte zum Beispiel noch nie einen festen Freund, das finde ich erstaunlich. Es liegt sicher daran, daß die Burschen alle flüchten, weil sie sich gleich so anklammert. In ihrer Panik, der meint es nicht ernst mit mir, mit dem ist es gleich wieder vorbei, reagiert sie total falsch und wird klebrig. Das erträgt kein Mann.

Aber was soll ich tun? Ich bezahle ihr noch das Studium. Wenigstens ist sie fleißig und macht es schnell. Für ihre Facharztausbildung muß sie dann selbst sorgen. Sie will Psychiatrie machen; dasselbe Helfersyndrom wie ihre Mutter. Die beiden sind eine unglückselige Mischung. Ich an Mias Stelle würde lieber zusätzlich arbeiten gehen, um mir das bißchen Geld für eine Miete sparen zu können und dafür frei zu sein. Sie sieht das aber nicht so, sie klebt an ihrer Mutter, obwohl das bestimmt nicht gesund für sie ist. Ich jedenfalls habe viel gelernt aus meinen Fehlern. Ich weiß, daß ich für Fritz der wichtigste Mensch bin, genauso wichtig wie Eva, vielleicht sogar mehr, da ich als Mann gerade für seine Entwicklung entscheidend bin.

Mit Maria haben wir keinen Kontakt mehr. Sie hat Evas Großzügigkeit nicht honoriert. Sie lebt jetzt mit einem Teppichhändler zusammen. Seither fährt sie im BMW herum.

Der Mia gebe ich eine Nachdenkpause. Sie muß entscheiden, welche Beziehung sie zu uns haben möchte. Sie kann Kontakt haben zu uns, aber dann erwarten wir auch ein bißchen Anpassung von ihr. Eva hat mir klargemacht, daß ich mich den beiden Frauen gegenüber, Mia und Maria, besser durchsetzen muß. Es muß klare Vorgaben geben, sonst tauchen sie in unserem Leben auf und kommen und gehen, wie es ihnen gerade paßt. Das führt zu nichts, außer zu Streit zwischen Eva und mir. Seit wir selbst ein Kind haben, sagt sie, muß sie mit ihren Energien mehr haushalten.

Ehrlich gesagt, auch diesen Standpunkt finde ich überzogen. Mia ist längst erwachsen, was soll jetzt noch sein, und Maria meldet sich sowieso schon seit Jahren nicht mehr. Manchmal nervt es mich, daß sie die Geldfrage immer wieder zum Aufhänger für Streit macht. Ich habe Mia zum Beispiel den gebrauchten VW eines Freundes vermittelt und als Geburtstagsgeschenk die erste Rate bezahlt, das waren tausend Mark.

Als Eva davon Wind bekam, das heißt, als sie die Quittung fand, drehte sie durch und fragte, ob ich denen nicht schon genug in den Rachen gestopft hätte. Daraufhin habe ich gesagt, daß ich nur zweihundert Mark bezahlt habe, der Rest sei für die Überholung meines eigenen Autos gewesen. Sie hat mir vorgeworfen, daß ich mich schnell noch einschmeicheln will bei Mia, bevor sie endgültig erwachsen ist und nichts mehr von mir braucht.

Ich glaube nicht, daß das wahr ist. Ich habe ganz intuitiv gehandelt, so aus einem Gefühl, etwas Nettes für sie tun zu wollen. Genaugenommen war es das erste Mal, da habe ich mich sogar ein bißchen geschämt. Mia tat zwar ganz cool, aber ich spürte, daß sie sich sehr freute. Sie hat mir dann auf die Schulter geklopft und gesagt: ›Das war ja richtig nett von Dir, Alter, aber was wird bloß die Eva sagen?‹ Mit dieser Bemerkung hat sie leider recht gehabt.«

Dieses Beispiel ist äußerst illustrativ.

Erstens zeigen Fälle wie dieser, wie problematisch unser System der – wie die Soziologen es nennen – »serialen Monogamie« tatsächlich ist. Wir denken zwar, daß wir es mit einem ganz besonders humanen Ehesystem zu tun haben, in dem die Betroffenen am ehesten ihre Gefühle und Bedürfnisse befriedigen können. Auch gehen wir davon aus, daß die arrangierten Ehen in manchen islamischen Ländern oder die Erschwernis von Scheidung in unserer eigenen Geschichte und in einigen katholischen Ländern viel mehr persönliches Unglück verursachen. Wir würden es da nicht gerne auf einen strengen Vergleich ankommen lassen. Es ist schwer, Schmerz und Kränkung zu messen. Es tut sehr weh, sich in der neuen Familie des eigenen Vaters als zweitrangige Person zu fühlen, den eigenen niedrigeren Lebensstandard mit dem der prosperierenden Zweitfamilie des Vaters zu vergleichen.

Doch diese Überlegungen sind müßig, da unsere Gesellschaft kaum die Kurswende einschlagen wird, Scheidungen zu verbieten oder zu erschweren.

Wenden wir uns also Hermann zu.

Hermann meint, einen großen Gesinnungswandel erlebt zu haben und nun ein ganz anderer, aufgeklärter, moderner Vater zu sein. Seine gesamte Aussage verrät hingegen, daß er beinahe überhaupt nichts begriffen hat.

Wir wollen uns nicht bei den spezifischen Details seiner Situation aufhalten; kommen wir zu dem, was ihn leider mit anderen geschiedenen Vätern verbindet.

Hermann bringt in sein Familienleben die unglückselige

Überzeugung mit, daß er im Mittelpunkt steht. Dies erscheint ihm ganz selbstverständlich. Daher ist er ehrlich erstaunt über die Reaktion seiner Tochter während des Waldspaziergangs. Sie sollte sich geschmeichelt fühlen, daß er ihr etwas Persönliches anvertraut. Sie sollte an seinem Kinderwunsch Anteil nehmen. Sie soll seine Situation verstehen und sich selbst zurücknehmen, weil er ja wichtiger ist.

Das Problem ist, daß Kinder das Bedürfnis haben, selber im Mittelpunkt zu stehen. Sie fühlen sich sicher, wenn sie meinen, daß ihre Eltern zuallererst ihr Wohlergehen im Sinne haben. Mia war damals in einem besonders labilen Alter und hatte außerdem guten Grund, sich verunsichert zu fühlen. Ihre Beziehung zum Vater war sehr unstet verlaufen. Mal war sie willkommen, dann wieder nicht. Mal schien er sie zu lieben, dann wieder kämpfte er darum, weniger für sie bezahlen zu müssen.

Und außerdem verschwand er in ein anderes Land, mit der neuen Frau, und sie sah ihn nur noch ganz wenig. Verständlich, daß sie hohe Erwartungen an seine Rückkehr knüpfte. Interessant, daß er ihr »näherkommen« wollte, indem er ihr von Plänen erzählte, die mit ihr nichts zu tun hatten, die sie fast nur als bedrohlich wahrnehmen konnte: Er will mit einer anderen Frau ein anderes Kind, um eine Familie zu haben.

Besonders typisch für viele geschiedene Väter ist übrigens der Gedanke, daß die Initiative zur Beziehung vom Kind kommen soll.

Hermanns Verhalten ist auch noch charakterisiert durch mangelnde Großzügigkeit, die ihrerseits ihre Wurzeln auch wieder in der Unfähigkeit hat, Dinge aus der Perspektive des anderen zu sehen. Hermann verließ Maria, um mit dem »Scheidungsgrund«, mit Eva, zusammenzuziehen. Weiterhin mit einem möglichst freundlichen Gesicht mit dem Rivalen zusammenkommen zu müssen, der oder die einem den Partner ausgespannt hat – das allein ist psychisch schon sehr schwierig.

Nun kommt noch hinzu, daß es dem Partner und dessen neuer Partnerin in jeder Hinsicht besser geht als einem selbst.

Sie haben mehr Geld, eine bessere Wohnung, besseres Essen, schönere Möbel, einen tolleren Urlaub. Sie haben den größten Luxus: Zeit. Angeblich sieht Hermann die Rolle eines Vaters heute als gleichbedeutend mit der Rolle einer Mutter. In seinen Ausführungen ist davon nichts zu spüren. Er sieht es keineswegs so, daß Mia auch sein Kind war. Wenn er einmal auf sie aufpaßte, obwohl er nicht an der Reihe war, sah er das als Gnadenakt, für den Maria dankbar sein sollte. Um Maria zu strafen, zog er sich auf die vierzehntägige Abmachung zurück. Es verschaffte ihm Genugtuung, daß Maria dann, umständlich und teuer, einen Babysitter von der Vermittlungsstelle besorgen mußte. Daß es für Mia schöner gewesen wäre, bei ihrem Vater zu sein als bei ständig wechselnden Babysittern, kam ihm nicht in den Sinn.

Er sah es nicht so, daß er als Vater zu Mia eine direkte Verbindung hatte, sondern er sah Mia nur vermittelt über ihre Mutter. War er auf die Mutter böse, strafte er auch das Kind. War er mit dem Kind unzufrieden, machte er die Mutter dafür verantwortlich. Hin und wieder erkennt Hermann, daß er ruhig großzügiger sein könnte, daß es sich lohnen würde. Doch er setzt die Erkenntnis nicht um.

Sicher ist es nicht sein Problem, daß Maria einen sozialen Beruf gewählt hat, der sie jetzt in der Alleinerzieherrolle zu einem finanziell sehr knappen Leben verurteilt. Die Konstellation, die er beschreibt – mit häufigen Kontakten und einer starken Präsenz von Maria und Mia in seinem neuen Leben – war teilweise gut, aber teilweise ziemlich explosiv. Maria und Mia waren ständig mit dem idyllischen neuen Leben (dem »jungen Glück«, wie Maria es wehmütig und boshaft zugleich formulierte) des Vaters konfrontiert – als Zaungäste. Sie an seinem Wohlstand teilhaben zu lassen, hätte nicht geschadet, und grundsätzlich war Maria mit ihrer Berufswahl und ihrem Weltbild und ihren Wertvorstellungen ja durchaus zufrieden.

Die krassere Szene ist zweifellos jene, die zum vorübergehenden Bruch mit Mia führte. Mia war durchaus berechtigt, das

Heim ihres Vaters auch als ihr eigenes Heim zu betrachten. Manche Dinge sollten in einer Familie selbstverständlich sein, zum Beispiel, daß man immer willkommen ist, oder daß nicht jede Leistung eine Gegenleistung erfordert. Den Besuch von Mia, auch wenn er sich über mehrere Wochen erstrecken sollte, sofort mit einer Kürzung des Unterhalts zu verknüpfen, war sehr kränkend.

Gegen Ende des Interviews können wir erahnen, was – außer seiner eigenen oft gefühllosen, unsensiblen Haltung – Hermann außerdem noch davon abhält, mit der Tochter besser umzugehen: Eva. Sie spielt in dieser Geschichte eine ambivalente Rolle. Sie begünstigt die Beziehung zwischen ihrem Mann und dessen Tochter, ist manchmal sogar verantwortungsbewußter als dieser selbst, aber gleichzeitig fühlt sie sich davon bedroht. Hermann hat einen interessanten Widerspruch bemerkt, daß Eva nämlich gerade jetzt, da Mia schon erwachsen ist, mehr gegen sie opponiert als früher. Der Grund dürfte sein, daß Eva das Mädchen erst jetzt so richtig als selbständig agierende Persönlichkeit und daher als Rivalin betrachtet. Dazu kommt, daß sie jetzt als Mutter eines eigenen Kindes konkurrenzhaft denkt. Das ist leider sehr häufig der Fall, auch in Familien, wo weder eine große Erbschaft noch ein Fürstentitel auf dem Spiel steht.

Wenn Dinge schlecht laufen, verfällt Hermann gerne und schnell in frauenfeindliche Klischees. Er erkennt zwar, daß er als männliches Rollenmodell für den kleinen Sohn wichtig ist. Das Wichtigste daran erkennt er nicht. Er sieht weder, daß er durch sein Verhalten in der ersten Ehe und gegenüber seinem ersten Kind ein denkbar schlechtes Beispiel für verantwortungsvolles, faires männliches Verhalten abgibt. Noch denkt er daran, daß er auch in der Identitätsbildung seiner Tochter eine zentrale Rolle spielt.

Wenn seine Beobachtung stimmt, daß sie ängstlich in ihre Männerbeziehungen hineingeht, schon mit der Erwartung, verlassen zu werden, dann erfordert es nicht viel Fantasie, die

Entstehungsgeschichte dieser Angst zu erkennen. Der erste Mann in ihrem Leben hat sie verlassen, hat sich in seinem Liebesverhalten als äußerst unzuverlässig erwiesen und ihr damit das Gefühl gegeben, nicht wirklich liebenswert zu sein. Am Beispiel ihrer Mutter, einer in vieler Hinsicht beeindruckenden und großzügigen Person, hat sie desweiteren ein Beispiel einer verlassenen Frau stets vor Augen.

Dieser Fall zeigt, welches Dynamit sich auch hinter einer scheinbar rationalen, zivilisierten, kooperativen Nachscheidungssituation verbergen kann, wenn die Gefühle der Betroffenen nicht aufgearbeitet werden und keine Gerechtigkeit hergestellt wird.

Was hätte Hermann tun sollen? Optimal wäre es gewesen, überhaupt bei seiner Frau zu bleiben und die Mineralwasserkisten zu tragen. Wenn ihm dies unmöglich war, dann hätte er sich wenigstens etwas ehrlicher und feiner aus der Ehe entfernen können als durch die heimliche Affäre.

Danach hätte er die Chance gehabt, Maria in der Nachscheidungszeit besser zu behandeln, seine Unterstützung nicht als kolossalen Gnadenakt, sondern als selbstverständliche väterliche Leistung zu sehen. Er hätte die Beziehung zum Kind nicht auf eine Minimalbasis reduziert, als er ins Ausland ging. Er hätte das Kind wenigstens nach seiner Rückkehr ernstgenommen, statt es sichtlich in die Rolle des Stiefkindes auf Bewährung zu drängen. Er hätte, hätte, hätte … Es gab ganz viele Punkte, an denen er es viel besser hätte machen können.

Hermann empfindet Genugtuung darüber, daß seine Tochter sich über den alten VW freut. Viele Väter interpretieren diese späten Annäherungen oder Wiederannäherungen als Zeichen, daß es »nicht zu spät ist«, daß die Vergangenheit also doch keinen Schaden angerichtet hat.

Das ist Selbstbetrug. Es ist vielleicht nicht zu spät, doch noch eine Beziehung zum eigenen Kind aufzubauen. Daß das Kind dazu bereit ist, ist in Wahrheit nicht sehr schmeichelhaft. Man ist ihm gegenüber in einer einzigartigen Situation. Das Bedürfnis, zu den Eltern eine Beziehung zu haben, ist bei Kindern jeden Alters sehr stark. Wenn die Beziehung in der Kindheit schwierig war, suchen sie später um so mehr nach klaren Verhältnissen. Das aber erteilt einem noch lange keine Absolution und ist schon gar kein Güteprädikat für die Eltern-Kind-Beziehung. Die psychischen Schäden, die man den eigenen Kindern aufgebürdet hat, werden dadurch nicht aufgewogen. Daß sie einen trotzdem noch sehen wollen, daß sie einen dennoch lieben, ist wirklich kein Anlaß zur Freude. Um sich damit zufriedenzugeben, muß man so veranlagt sein wie jene falsche Mutter vor Salomon, der ein halbes, zersägtes Kind lieber war als keines. Richtige Eltern wollen, daß ihre Kinder ganz bleiben.

Agathe und Günther

Agathe und Günther werden uns im Kindergarten als absoluter Idealfall eines geschiedenen Paares genannt.

Während man bei anderen Scheidungspaaren mitunter darauf achten muß, daß man das Kind nicht dem »falschen« Elternteil aushändigt und damit unfreiwillig in eine Entführungsaffäre verwickelt wird, während andere Paare sich vor dem Kindergarten anschreien und beschimpfen, kann es bei Agathe und Günther durchaus vorkommen, daß sie beide zu einem Kinderfest ihrer Kleinen kommen und dort harmonisch nebeneinander sitzen.

Hören wir, was die beiden zu ihrer Situation zu sagen haben.

Agathe ist neunundzwanzig Jahre alt und arbeitet als Übersetzerin in einem Reisebüro, das Gruppenreisen in den Fernen Osten veranstaltet. Die Kinder sind vier und fünf Jahre alt.

»Ich weiß, alle Leute halten Günther für die berühmte Stecknadel im Heuhaufen. Sie halten mich für einen Glückspilz, weil ich einen so wunderbaren Vater für meine Kinder habe. Vielleicht ist er ja auch wirklich um so vieles toller als andere geschiedene Väter, mag sein. Ich weiß nur, daß ich dauernd erschöpft bin und mich am Rande eines Nervenzusammenbruchs fühle.

Wir sind seit einem Jahr geschieden. Ich habe von Anfang an darauf geachtet, daß Günther zu den Kindern eine intensive Beziehung hat, daß er in ihre Betreuung integriert ist, obwohl der Aufwand dafür enorm war. Das liegt zum Teil daran, daß Günther zwar sehr selbständig ist, daß es ihm aber schwerfällt, etwas für jemand anderen zu tun. Er hat locker seine Schuhe geputzt und meine daneben stehengelassen, wenn wir zum Beispiel beide gerade von einem Waldspaziergang zurückgekommen sind.

Ich könnte das umgekehrt nicht, ich würde mir blöd vorkommen. Wir sind ja keine WG, sondern eine Familie gewesen. Er konnte für sich ein Abendbrot richten und mich nicht einmal fragen, ob ich auch etwas möchte.

So war es dann später auch mit den Kindern. Er hat für sie gesorgt, aber ich mußte vorher alles herrichten.

Es mußte alles zurechtgemacht und sichtbarst hingestellt werden, sonst klappte es nicht. Ich habe noch nie so viele Listen geschrieben, zu den einfachsten Dingen. Wenn ich ihn bat, abends die Kinder zu hüten, weil ich in meinen Sprachkurs mußte – und da war ich eisern, denn meine berufliche Zukunft hing davon ab –, hat er immer irgendwelche Freunde angerufen, damit sie ihm Gesellschaft leisteten.

Oft ist auch die jeweils dazugehörige Freundin mitgekommen, und die beiden haben ihn dann kräftig bemitleidet, daß er seinen »Feierabend« mit zwei kleinen Kindern fristen mußte. Das war auch ganz praktisch für ihn, denn meist übernahmen die Frauen das Baden und Zubettbringen der Kinder. Vielleicht hätte es mir egal sein sollen, aber es war mir nicht recht. Die Kinder sollten schließlich bei ihrem Vater sein. Das hätte ihnen sicher mehr gebracht und sie wären ihm dabei nähergekommen. Und ich habe es auch zunehmend unerträglich gefunden, wie er bewundert wurde, bloß weil er körperlich anwesend war.

Er hat sich dann mit der Freundin eines seiner wirklich engeren Freunde eingelassen. Ich merkte schnell, daß da etwas schräg war. Sie hat den Kindern ständig teure Kuscheltiere und Naschereien mitgebracht und die beiden Buben waren ganz wild auf die »Tante Elke«. Dann hatten wir mal einen größeren Streit, und unser Größerer brüllte: »Aufhören! Bitte Papi, küß doch die Mama auch mal so lieb wie die Tante Elke!«

Daraufhin hat Günther den Jungen gepufft und an den Haaren gezogen, wahrscheinlich aus Angst, daß er sonst noch mehr ausplaudern könnte.

Ich bin dann ausgerastet, leider vor den Kindern. Ich habe die Kommodenladen aufgerissen und seine Sachen alle hinausgeschmissen und »Raus hier!« geschrien. Das hätte ich nicht tun dürfen, und ich habe deswegen eigentlich immer noch ein schlechtes Gewissen. Ich meine, er hätte die Tante Elke zwar auch nicht vor ihnen küssen dürfen, aber das muß er mit sich alleine ausmachen. Ich jedenfalls finde es ganz falsch, Kinder in so etwas hineinzuziehen, und ich bereue meine Entgleisung.

Ich stehe ihm auch überhaupt nicht im Weg, wenn er die Kinder sehen will. Er kann immer kommen, auch ohne Ankündigung. Im Grunde ist es so, daß seine Besuche ohnehin recht beliebig ausfallen, weil er prinzipiell nicht in der Lage ist, Termine einzuhalten; nicht aus Sachzwang, nein, er hat ja eine sehr geregelte Arbeit, aber er fühlt sich schnell eingeengt. Er kommt am liebsten dann, wenn ich ihn nicht brauche, denn dann muß er nicht das Gefühl haben, vor mir unter Druck zu stehen.

Ich jedenfalls kann bald nicht mehr. Wenn wir etwas vereinbaren, bin ich auf seine Verläßlichkeit angewiesen. Ein Beispiel aus der Vorwoche. Ich arbeite nachmittags, bis sechzehn Uhr. Unser Kleiner hatte Laternenfest im Kindergarten. Günther hat mir fix zugesagt, daß er dort pünktlich auftaucht, weil das Theaterstück gleich zu Beginn angesetzt war. Der arme Arno hat sich zwei Stunden lang die Augen nach dem Papa ausgeschaut, vergeblich. Ich bin dann doch noch früher aus dem Betrieb weg, weil ich die Zwergerln mit ihren Laternen noch sehen wollte. Ich hatte die Erwartung, Günther im Turnsaal anzutreffen. Doch weit gefehlt: Als ich einparkte, raste er auch gerade herbei. Ich hätte ihn auf der Stelle erwürgen können. Er sagte dann nur ganz patzig, ich solle mich nicht so anstellen. Dem Kleinen sei das im Tumult sicher nicht aufgefallen, daß er nicht von Anfang an dabei war. Das ist für mich unfaßbar.

Das Beispiel ist mir deshalb wichtig, weil es deutlich zeigt, daß er nichts begreift. Er versteht nicht, wie sehr er den Arno verletzt hat und würde nie auf die Idee kommen, sich bei ihm zu entschuldigen. Er sagt Sachen zu und hat gar nicht vor, den Termin wirklich ernstzunehmen.

Wie soll ich mich verhalten? Für mich wäre es im Grunde leichter, wenn es ihn gar nicht gäbe. Der Kampf um seine Zuverlässigkeit übersteigt langsam meine Kräfte. Wenn ich weiß, daß er Termine nicht einhält, muß ich mich rechtzeitig um einen Babysitter umsehen. Eigentlich müßte ich immer einen auf Standby haben, falls er – wie schon wiederholt geschehen – einfach nicht auftaucht.

Ich will ihn nicht mehr in meinem Leben haben. Ich spüre, daß ich eine Grenze erreiche mit meiner Geduld. Aber die Kinder haben ihn sehr gern. Manchmal taucht er nach dem Büro unvermutet auf, dann springen sie überglücklich auf ihm herum. Er geht mit ihnen noch eine Runde Fahrrad fahren, das ist sicher toll für die Buben. Ich will nicht, daß sie das missen. Andererseits kommt er dann aber vielleicht drei Wochen überhaupt nicht, weil seine Freundin ihn unter Druck setzt. Er ist immer noch mit seiner damaligen

Flamme zusammen, aber die große Zuneigung der Tante Elke zu unseren Kindern hat sich gelegt, und umgekehrt auch. Die Kinder murren, wenn sie an den Besuchstagen in der Wohnung ist, denn sie haßt Sport und sie mag nichts im Freien unternehmen. Günther und Elke streiten offenbar viel, und er ist immer dann bei uns sehr präsent, wenn sie gerade wieder einmal auseinander sind.

Noch etwas: die Geburtstage und sonstigen Geschenkanlässe. Günther sagt immer, besorg du etwas, du weißt besser, was sie wollen und was sie schon haben. Das tue ich auch. Ich packe es nachts heimlich ein, gebe die Namensschildchen drauf, packe alles noch in eine neutrale Tüte, damit sie bei der Übergabe nichts merken. Dann kommen die Kinder jubelnd heim mit Papis tollen Geschenken, die ich ausgesucht und bezahlt habe. Das Geld sehe ich nämlich nie.

Als ich mich schließlich doch darüber aufgeregt habe, meinte er, die Kinder seien heutzutage ohnehin überschüttet mit Geschenken, ich könnte es also ruhig bleibenlassen. Ist das Geiz oder Gedankenlosigkeit, oder will er mich quälen, weil er weiß, daß ich möchte, daß die Kinder sich freuen und daher brav weitermachen werde?

Es ist auch so, daß er durch unser freundliches Arrangement sehr viel Kontrolle über mich behält. Er hat zum Beispiel immer noch den Wohnungsschlüssel. Er geht ein und aus nach Belieben, er läutet nicht einmal, wenn er kommt. Ich habe zu seiner Wohnung keinen Schlüssel.

Wenn ihn dann die Nachbarn mit den Kindern durch die Abenddämmerung radeln sehen, kommt ihnen das recht idyllisch vor, und alle sind lieb und nett zu ihm. Ich schäle inzwischen daheim die Kartoffeln, lasse das Bad ein, bereite das Abendbrot vor, das Bastelzeug für die Schule, wasche ab, und wenn die Kinder endgültig im Bett sind, setzte ich mich noch an meine Übersetzungen. Er hingegen geht anschließend heim zu seiner Freundin, oder, wenn er mit der gerade Knatsch hat, mit seinen Kumpels Billard spielen. Das Leben ist so ungerecht, ich könnte manchmal schreien vor Wut.«

Günther ist dreißig Jahre alt, dem ersten Anschein nach sehr höflich, auf den zweiten Blick leicht trotzig in seinem Auftreten. Nach dem Auffliegen seiner Affäre mit »Tante Elke« und seinem Hinauswurf aus der ehelichen Wohnung besuchte er eine Trennungsgruppe – in der Hoffnung, seine Ehe retten zu können. Aber Agathe war nicht mehr umzustimmen.

»Das Hauptproblem mit der Agi war halt, daß sie so fixe Vorstellungen hatte. Sie kann nichts entspannt sehen. Die Socken gehören in die Schublade. Ein Termin ist ein Termin, ungefähr wie das Zehn-Uhr-Hochamt in der Kirche. Übrigens ist sie auch tatsächlich katholisch, vielleicht kommt ihre Pedanterie und Engstirnigkeit wirklich von daher. Diese Kleinkrämerei ist ganz schön nervtötend.
Sie traut den Kindern auch nicht genug zu. Ich finde, daß der Tommi schon mal mit dem Arno allein sein kann. Sie wohnen ebenerdig, können aus keinem Fenster stürzen, meist sind irgendwelche Nachbarn da, falls es brennt oder so. Ich meine nur, wenn ich nicht um Schlag vier zum Beispiel auf der Matte stehe, wie es die Agi gerne hätte, könnte sie ja durchaus weggehen, statt auf mich zu warten, dann noch Zeit zu finden für einen Riesenstreit und mit noch größerer Verspätung abzuziehen.
Ich glaube, sie will sich einfach irrsinnig gerne ins Recht setzen. Mater dolorosa ist ihre große Daseinsbefriedigung. Wenn sie schon so gerne leidet, gebe ich ihr halt ab und zu echten Anlaß (*lacht*).
Man kann halt nicht alles haben. Sie wollte mich nicht mehr, dann kann sie auch nicht meine totale Präsenz bei den Kindern beanspruchen. Mich hinauskippen, aber wieder herbeiholen, wenn sie mich braucht – nein, das geht

nicht, da spiele ich nicht mit. Als wir noch zusammenleb-ten, war ich immer da, wenn es nötig war. Daß ich die Abende nicht in Einzelklausur verbrachte, sondern mir Freunde einlud, braucht sie mir nicht vorzuwerfen. Sie wollte die Kurse machen, ich habe es möglich gemacht. Daß sie meine Freunde nicht mochte, ist eine andere Sache. Ich denke, sie war eifersüchtig bei dem Gedanken, daß ich daheim bin, während sie mit der Straßenbahn quer durch die Stadt muß. Aber ich kann nun wirklich nichts dafür, daß sie ihre Ausbildung frühzeitig abbrach und es so nach-holen mußte.

Ich habe mir in bezug auf die Kinder nichts vorzuwerfen. Und wenn sie sagt, daß ich Macht ausübe, indem ich nicht immer so spure, wie die liebe Agi sich das vorstellt, dann kann ich nur sagen: Es ist umgekehrt. Sie will über mich bestimmen und mich herbestellen, wenn es gerade bequem ist für sie. Ich habe aber auch mein Leben.

Mir ist es zum Beispiel lieber, die Kinder unter der Woche zu sehen. Durch Gleitzeit kann ich früher Schluß machen, oft schon um fünfzehn Uhr. An den Wochenenden ist es schwieriger. Ich arbeite hart und dafür schlafe ich am Wochenende gerne lang. Agi weiß, wie buchstäblich heilig mir der Sonntag ist. Darum besteht sie darauf, daß die Sonntagsbesuche eingehalten werden. Das ist reine Schi-kane. Dem setze ich mich nicht aus. Ich lebe mein Leben ohne sie, das hat sie schließlich so gewollt.

Mit den Alimenten habe ich nichts zu tun. Die überweist meine Mutter. Das ist auch so ein Punkt. Die Agi will nicht, daß die Kinder die Sommerferien in der gesunden Landluft bei Omi verbringen. Sie läßt sie nur zwei Wochen hin, zwei Wochen zu ihrer Tante und den restlichen Monat sollen wir uns teilen. Sie will aber nicht, daß ich während meiner Wochen nochmal zu Omi fahre. Ich soll mit ihnen ans Meer oder sonstwas tun. Diese ewigen Vorschriften! Sie denkt, ich schiebe sie ab bei meiner Mutter, aber das stimmt nicht. Dort geht es uns allen besser, weil Mutter uns versorgt. Miete ich ein Appartement, muß ich erst alles organisieren und habe viel weniger Kraft für die Buben. Sie ist völlig unlogisch.

Ich plane aber, mir nicht dreinreden zu lassen. In den nächsten Ferien fahren wir zu meiner Mutter und Punkt. Wenn es ihr nicht recht ist, kann sie sich mit der Oma um die Alimente streiten, denn meine Mutter ist auch eine konsequente Frau, mit der soll sie sich lieber nicht anlegen.«

Agi und Günther bemühen sich, ihre Scheidung gut hinzukriegen. Es gelingt ihnen besser als vielen anderen. Trotzdem gibt es massive Probleme, die nichts anderes sind als die Fortsetzung der Probleme, die Männer und Frauen generell in ihrem Zusammenleben haben. Wenn wir uns diese beiden ansehen, können wir erkennen, daß beide in Rollen hineinrutschen, die ihnen unangenehm sind und die nicht zusammenpassen.

Agi trägt mehr als die Hälfte der Verantwortung für den Ablauf der täglichen Geschäfte. Diese Verantwortung wird ihr zugeschoben von Günther, der von seiner Anlage her verwöhnt und bequem ist. Agi gewöhnt sich an diese Verantwortung. Sie wird zur »Chefin« des Privatlebens. Meist ist es gut, daß sie sich um Regeln und um Ordnung und um Details kümmert. Manchmal übertreibt sie, aber das ist unter derartigen Umständen fast unvermeidbar.

Es ist Günther recht, wenn ihm Arbeit und Detailkram abgenommen werden. Aber es ist Günther nicht recht, daß die Frau dadurch zur Chefin wird. Er fühlt sich entmündigt, auf die Stufe eines weiteren Kindes gestellt. Um sie zu ärgern, tut er Dinge, die dieses schiefe Bild von der verantwortungsvollen Über-Mama und dem unverantwortlichen Jungen aber nur noch bekräftigen. Er ist ja wirklich »trotzig« wie ein kleines Kind. Sein Bild von der Frau als geschäftiger, nörgelnder Kleinkrämerin überträgt er auf die Welt im allgemeinen – aber wenn er ein Problem hat, versteckt er sich gerne hinter einer solchen

Frau, zum Beispiel hinter seiner Mutter. Die darf seine Alimente zahlen und, wenn es hart auf hart geht, den Konflikt mit seiner Ex-Frau übernehmen.

X

Zum Abschluß dieses Kapitels wollen wir uns bewußt mit der Geschichte eines Mannes befassen, den wir selbst nicht kennen und nicht persönlich interviewt haben. Er erzählte seinen »Fall« in einer Zeitschrift des Bundesdachverbandes österreichischer Elterninitiativen, *Frische Böe*, und seine Erzählung entspricht genau dem Muster, das wir in unseren Interviews immer und immer wieder vorfanden. In seinem Bericht schildert er den Hintergrund seines totalen Kontaktabbruchs zum Sohn nach der Trennung von dessen Mutter:

»Ich sehe André – meinen Sohn – seit seinem 12. Lebensjahr nicht mehr. Heuer wird er 18 Jahre alt.

1978 trennte ich mich, sehr schäbig inszeniert von mir, von seiner Mutter. Ich wollte, wie im alternativen Bereich üblich, natürlich ein nicht üblicher Vater sein und definierte messerscharf: Trennung von ihr heißt nicht Trennung von ihm. Nur, seine Mutter spielte nicht mit. Trotz Trennung hackelten wir weiter aufeinander ein. Alles auf dem Rücken von André, wie sich auf jeden Fall im nachhinein herausstellte.

Dieser Wahnsinn dauerte einige Jahre, bis wir dann eine Abmachung hatten, die es mir ermöglichte, nicht nur ein Besuchsvater zu sein, sondern auch teilweise mit André zu leben. Das hieß aber auch, daß ich immer die Strecke Salzburg-Wien zurücklegen mußte. Ich sehnte schon den Tag herbei, an dem André allein mit dem Zug fahren konnte. Schließlich fand ich, daß er das schon bewältigen könne, und schickte ihn einmal alleine nach Salzburg zurück.

Seine Mutter fand das nicht so toll: Sie fand es unverantwortlich, eine Zumutung dem Kind gegenüber und überhaupt typisch für mich. Als ich dann einige Zeit später genau an dem Tag krank wurde, an dem ich André nach Salzburg zurückbringen sollte, holte seine Mutter ihn mitten in der Nacht in Wien ab und ließ mir per Gericht einen Neuregelungsantrag des Besuchsrechts zustellen. Sie forderte, daß ich André nur noch in Salzburg besuchen dürfte und das nur für ein paar Stunden.

Aus diesen Gründen verzichtete ich auf das Besuchsrecht, teilte das dem André noch persönlich in einem Gespräch mit und verschwand. Als ich zwei Jahre später wieder bei André auftauchen wollte, verzichtete er. Seitdem harre ich der Dinge, die da kommen oder nicht kommen werden.«

Hier haben wir in einer völlig unabhängigen Selbstdarstellung, durch uns also weder subtil gesteuert noch sonst irgendwie geprägt, das genaue Grundmuster einer negativ verlaufenden Nachscheidungs- bzw. Nachtrennungssituation.

Der Vater trennt sich, wie er selbst sagt, auf eine sehr schäbige Art und Weise von der Mutter seines Kindes.

Das ist Fehler Nummer eins. Eine schäbige Trennung hinterläßt bleibende Wunden und erzeugt ein anhaltend schlechtes Klima. Wenn es ein gemeinsames Kind gibt, folgt daraus die Notwendigkeit, mit dem jeweils anderen Elternteil noch viele Jahre lang sprechen, verhandeln, Probleme lösen zu können. Es gebietet sich, die Trennung so sanft wie möglich durchzuführen.

Man kann die Trennung auch erzwingen, doch beim anderen Partner bleiben Gefühle der Wut, der Kränkung, der Verletzung zurück. Diese äußern sich ganz unweigerlich. Im vorliegenden Fall führen sie zu einem andauernden »Hackeln«. Was Sie nach einer Trennung wollen, ist ein kooperativer Partner, der Ihnen möglichst wenig vorzuwerfen hat. Ihr Ziel ist es außerdem, diese Person möglichst ausgeglichen, möglichst intakt und ruhig zu wissen, damit sie Ihrem Kind eine gute

Mutter oder ein guter Vater sein kann. Ihnen mag es Genugtuung bereiten, wenn Sie die Person, auf die Sie wütend sind, in einen Zustand der seelischen Auflösung versetzen können. Doch diese seelisch aufgelöste Person muß dann heim zu Ihrem Kind. Wollen Sie Ihr Kind von einer seelisch aufgelösten Person versorgt wissen?

Der Erzähler der zitierten Geschichte möchte – und damit liegt er voll im Trend der Zeit – »messerscharf« trennen zwischen seiner Partnerin und seinem Kind. Das geht aber nicht, weil das Kind und diese Frau engstens miteinander verbunden sind. Je besser es der Frau geht, desto besser geht es auch dem Kind. Wenn es der Frau schlechtgeht, leidet das Kind mit. Wenn der Vater mit dieser Frau in Feindschaft lebt, ist das Kind unmittelbar betroffen. Dieser Mann will ein involvierter Vater sein, nicht bloß ein Besuchsvater. Das kann ihm nicht gelingen, weil schon seine Prämisse falsch ist.

Dazu kommen räumliche Erschwernisse, wie sie nach einer Trennung typisch sind. Salzburg und Wien, das ist eine Entfernung von drei Bahnstunden. Der Artikel gibt keinen Aufschluß über Details. Ist der Vater weggezogen oder die Mutter? Oder lebten sie immer schon in verschiedenen Städten? Hätte er nach Salzburg übersiedeln können? Wie alt war der Sohn, als er ihn alleine in den Zug setzte? Das alles wissen wir nicht. Ab wann kann ein Kind alleine reisen? Das hängt vom Kind ab, von der Tageszeit und von der Art der jeweiligen Reise. Vater und Mutter hatten nicht die erforderliche Gesprächsbasis, um sich über diese wichtigen Details zu unterhalten und eine Einigung zu erzielen.

Der Konflikt spitzt sich jedenfalls zu, und die beiden Erwachsenen sind nicht in der Lage, eine Regelung zu treffen. Mit der Vorstellung konfrontiert, sein Kind nur noch in Salzburg besuchen zu können, reagiert der Vater radikal. Er zieht sich vollständig zurück.

In einem letzten Gespräch teilt er dem Kind seine Entscheidung mit. Was sagt er da genau? Sagt er ihm, daß ihm die dreistündige Anreise zu beschwerlich ist, daß er ihn dann lieber gar nicht sieht? Sagt er ihm, daß seine böse Mutter den Kontakt zwischen ihnen nicht will und alles kaputtgemacht hat? Wir wissen es nicht. Wir erfahren nur, daß der Sohn es zwei Jahre später ablehnt, den Vater wiederzusehen.

Wie erfolgt diese Ablehnung? Einmal? Ruft der Vater einmal an, der Sohn sagt »Nein, danke«, und das war es dann? Auch hier haben wir einen typischen Fehler. Der Vater zieht sich zurück, was für das Kind eine große Verletzung und eine persönliche Zurückweisung bedeutet. Irgendwann besinnt er sich wieder auf das Kind und macht eine Geste der Annäherung. Das Kind – verunsichert, gekränkt, böse, weist ihn ab. Das ist eine normale Reaktion. Wenn der Vater wirklich zum Kind zurückfinden will, muß er sich sehr bemühen. Er hat viel wiedergutzumachen, viel aufzubauen.

Der Vater in dieser Erzählung wird abgewiesen und beschließt zu »warten«. Er »harrt der Dinge«, was nichts anderes bedeutet, als daß er dem Kind, mittlerweile ein junger Mann, die Initiative zuschiebt.

Aus dem Ablauf, den dieser Mann beschrieben hat, leiten sich fünf wichtige allgemeine Erkenntnisse ab, die wir allen geschiedenen und getrennt lebenden Vätern nahelegen wollen.

1. Der erste, zweite und dritte Schritt gegenüber dem Kind muß vom Erwachsenen kommen.

Dutzende von Malen hörten wir von Männern, sie seien ja bereit dazu, ihr Kind wieder zu sehen oder öfter zu sehen, das Kind müsse aber »den ersten Schritt tun«. Diese Einstellung ist falsch. Es ist unfair und unrealistisch, dies von einem Kind zu erwarten.

Dem Kind fehlt der Überblick.

Das Kind erlebt sich, Erwachsenen gegenüber, generell als passiv. Es erlebt die Erwachsenen als die eigentlichen Handelnden und sich selbst als reagierend.

Das Kind erlebt sich als schwächer.

Das Kind ist durch die Trennung gekränkt und verletzt. Zur Kränkung tragen auch kleine Episoden bei, die dem Erwachsenen gar nicht bewußt sind oder von ihm als Bagatelle wahrgenommen werden.

In all diesen Empfindungen hat das Kind objektiv recht. Die Scheidung fand meist gegen den Willen des Kindes und immer ohne dessen Zutun statt. Die Erwachsenen *sind* die eigentlich Handelnden. Letztlich tun sie, was sie wollen, auch wenn sie so das Leben des Kindes auf den Kopf stellen.

2. Der Mutter des gemeinsamen Kindes gegenüber ist es ratsam, ein zumindest zivilisiertes Verhalten an den Tag zu legen.
Sicher, Sie sind ihr böse. Sie haben ihr viel vorzuwerfen. Vielleicht empfinden Sie sogar Haß. Aber es führt zu nichts, diese Gefühle zu zeigen, geschweige denn, in ihnen zu schwelgen und sich richtig hineinzusteigern.
Aber *wie* soll man nett sein zu einer Person, für die man überhaupt keine Sympathie mehr empfindet?

3. Ein friedliches Auskommen setzt voraus, daß man die Bedürfnisse der anderen berücksichtigt.
Vaterschaft ist mitunter anstrengend und unbequem. Abgesehen von ihren zahlreichen positiven Qualitäten haben viele Männer auch einen Hang dazu, verwöhnt zu werden und bequem zu sein.
Ein häufiger Konfliktpunkt der Männer, die wir interviewten, war zum Beispiel der Sonntagvormittag. Die Kinder wollten am Sonntagvormittag etwas mit ihnen unternehmen. Der Ex-Frau war das recht. Sie selbst aber wollten die Kinder lieber unter der Woche sehen oder erst am Sonntagnachmittag, um ausschlafen zu können. »Ich schätze meinen Schlaf.« »Der Sonntagvormittag ist die schönste Zeit meiner ganzen Woche.«
Heiko beschreibt sich als hingebungsvollen, involvierten Vater. Er erzählt lange, wie sehr ihm der Alltag mit dem

Kind seit der Scheidung fehlt. Doch zu seinem Besuchsarrangement hat er folgendes zu sagen:

»Die Mutter hätte es lieber, wenn ich ihn am Freitagabend hole und am Sonntagabend zurückbringe, weil sie dann auch mal ein Wochenende frei hätte. Wir haben das so versucht, aber ich schaff' das nicht. Das ist zu lang, er wird dann quengelig und mir fällt nichts mehr ein, besonders im Winter. Im Sommer kann man ja in den Wald gehen oder Volleyball spielen. Ich seh' ihn lieber öfter, aber kürzer. Sonntags hol' ich ihn so gegen zehn, weil, ich schlafe mich gern aus, und manchmal hol' ich ihn unter der Woche von der Schule ab und wir gehen 'ne Pizza essen.«

Tja. Mütter reagieren mit Wut auf solche Sätze. Es fallen ihnen sofort zehn Sachen ein, die sie lieben, die sie brauchen, die sie aber nicht haben können, weil das mit Kindern einfach nicht geht. Kinder quengeln. Sie sind oft schwer zu beschäftigen. Sie gehen einem auf die Nerven. Sie wollen abends nicht schlafen gehen. Sie wachen morgens zu früh auf. So ist es eben. Und dann kommt da einer, will angeblich ein engagierter Vater sein, und nimmt sich trotzdem den Luxus heraus, seine Bequemlichkeit ins Zentrum zu stellen? Das erzeugt keine gute Stimmung.

Zu Kindern entwickelt man eine tiefe und innige Beziehung, indem man die Mühsal ihrer Erziehung durchläuft. Zur ehemaligen Partnerin hat man eine bessere Beziehung, wenn man auch einmal ihren Bedürfnissen entgegenkommt, sie auch einmal ausschlafen läßt, ihr einen kinderfreien Abend beschert.

Das ist keine ideologische Anschauung, sondern eine Einsicht, die sich am berühmten Pawlowschen Reflex orientiert: Ihr Erscheinen vor der Tür Ihrer Ex-Partnerin sollte mit guten, erfreulichen Dingen assoziiert werden. Dann sind Sie dort willkommen.

4. Ein Vater sollte sich wie ein Erwachsener benehmen.
Und das unabhängig davon, wie alt er tatsächlich ist. Günther etwa, den wir im letzten Kapitel kennenlernten, ist strenggenommen ein erwachsener Mann, aber er benimmt sich wie ein Kind. Er ist bockig, widerspenstig und läßt sich von seiner eigenen Mama die Alimente bezahlen. Er ist keinesfalls eine Einzelerscheinung. Sehr viele unserer männlichen Interviewpartner legten kindliche Verhaltensweisen an den Tag. Es war ein bißchen schwierig, ein bißchen ungemütlich, plötzlich mit zwei Kindern alleine ein Wochenende zu gestalten? Ab zur Oma.

Kinder sind – jeder, der jemals für ihre Versorgung verantwortlich war, weiß es – eine Feuerprobe. Sie strapazieren die Nerven bis aufs Äußerste. Ihre Versorgung verlangt Qualitäten, die man vorher meist nicht hatte und erst entwickeln muß: Geduld etwa, oder Selbstlosigkeit. Weil man stärker ist, muß man nachgeben. Weil Kinder bedürftiger sind, muß man ihren Interessen den Vorrang geben. Man lernt, sich zu beherrschen, sich zurückzustellen, sich in sie hineinzufühlen. Man lernt, mit wenig Schlaf auszukommen. Das ist alles recht erschöpfend, aber es trägt unermeßlich zur persönlichen Entwicklung bei. Man ändert seine Prioritäten. Man entwickelt neue Seiten. Man wird erwachsen.

Väter konnten sich bislang oft den Luxus erlauben, sich vor den unangenehmeren Aufgaben der Kinderversorgung zu drücken. Das war zwar bequem, aber es entging ihnen dadurch auch ziemlich viel. Es hatte zur Folge, daß ihre Beziehung zu den Kindern weniger innig war als die der Mutter. Und es säte Unfrieden zwischen ihnen und den Frauen, die ihnen als die Neunmalklugen erschienen – weil sie neunmal mehr gemacht haben.

Es ist ratsam, Ihr Bild von der Frau zu revidieren. Überlegen Sie, ob Sie nicht vielleicht allergisch reagieren auf Sätze oder Situationen, die objektiv gar nicht gegen Sie gerichtet sind. Bei Robert war das ganz bestimmt der Fall.

Robert ist Chirurg, seine Ex-Partnerin ist Angestellte. Robert war ein Einzelkind und wurde nicht nur von seinen Eltern, sondern auch von den kinderlosen Tanten und den Großeltern angehimmelt und verwöhnt. In seinem Berufsleben setzt sich die allgemeine Anbetung fort, Krankenschwestern und Patienten begegnen ihm mit Respekt. Robert und Leah sind sehr konträre Persönlichkeiten. Robert ist launenhaft, spontan und oft unzuverlässig. Leah ist das genaue Gegenteil: sehr korrekt, sehr genau und immer gut organisiert. In der Beziehung hatte Robert insofern die Oberhand, als er stets die Regeln vorgab. *Er* brauchte viel Freiheit, *er* hatte einen stressigen Beruf und konnte nie fest zusagen, um welche Uhrzeit er wo erscheinen würde, *er* hatte keinen Kopf für Alltagskram. Und *er* war es auch, der schließlich die Scheidung wollte. Es ist nicht notwendig, auf die darauffolgenden Jahre einzugehen. Es genügt das letzte Wochenende.

Es ist ein langes Wochenende. Die mittlerweile siebenjährige Tochter hat schulfrei. Leah fragt Robert nach seinen Plänen. Es ist zwar nicht »sein« Wochenende, doch wenn er frei hat und mit dem Kind etwas unternehmen möchte, hat Leah nichts dagegen. Robert meint, er würde lieber mit Freunden Bergsteigen gehen. Leah nimmt sich den Tag frei und macht verschiedene Pläne. Robert verbringt, wie immer, den Mittwoch nachmittag mit der Tochter und bringt sie abends heim. Bei der Verabschiedung sagt Leah ganz beiläufig: »Also dann, bis nächsten Mittwoch!« Ach nein, sagt Robert, er hat es sich überlegt und nimmt das Kind nun doch für das Wochenende. Leah findet das nicht in Ordnung. Sie hat sich nach seinen Wünschen erkundigt und dann entsprechend disponiert. Dabei möchte sie nun bleiben.

Robert rastet aus. Er fängt zu schreien an. Er packt Leah am Hals und würgt sie. Dabei schreit er, »Ich bring' dich um!« Die Tochter, die schon oben in ihrem Schlafzimmer war, hört ihn schreien und läuft hinunter, um mitzuerleben, wie ihr Vater ihre Mutter würgt und bedroht. Leah kann sich losreißen. Sie läuft zum Telefon und wählt den Notruf. Robert reißt ihr den Hörer aus der Hand und schleudert das Telefon zu Boden. Dann fährt er davon. Die Polizeizentrale hat die Nummer gespeichert und die Adresse registriert. Ein Streifenwagen kommt vorbei.

Ist Robert ein jähzorniger, primitiver Gewalttäter? Eigentlich nicht. Ist Leah ein gräßliches, kontrollierendes Weib, das Roberts Beziehung zum Kind kaputtmachen will? Im Gegenteil. Steht der Streitanlaß in irgendeinem Verhältnis zu den Konsequenzen? Sicher nicht. Hat Robert mit seinem Auftritt etwas erreicht? Nein. Was also ist hier los?

Robert ist ausgerastet, weil er es nicht fassen kann, daß eine Frau nein zu ihm sagt. Ein kleines weibliches Nichts, das früher bestrebt war, ihm zu gefallen, gibt jetzt plötzlich den Ton an? Das darf nicht sein.

Aber seine Prämisse ist falsch. Er war von Anfang an im Unrecht, sie als kleines Nichts zu betrachten. Das ist schon einmal sein erster Fehler. Sie gibt auch nicht den Ton an, sondern hält sich nur an eine Vereinbarung, die eigentlich von ihm ausging. Was auch immer die krankhafte, komische Dynamik innerhalb ihrer früheren Liebesbeziehung gewesen sein mag, jetzt stehen sie sich als Gleichberechtigte gegenüber. Sie sollten sich begegnen als zwei Erwachsene, die Vereinbarungen treffen, die sich entgegenkommen, die einander ernstnehmen. Robert möchte der Chef sein. Es ist für ihn eine existentielle Bedrohung, Leah als gleichwertiges Gegenüber ernstnehmen zu müssen. Deshalb reagiert er so extrem.

5. Ein guter Vater verfügt über pädagogische Grundinformationen. Nicht selten sind Konflikte um das Besuchs- und Sorgerecht darauf zurückzuführen, daß der Vater zu wenig über Kinder und deren Verhalten und Bedürfnisse weiß.

Von seiner geschiedenen Frau will er nichts darüber hören, denn diese Frau Obergescheit soll bloß nicht glauben, daß sie ihm jetzt noch irgendwelche Anweisungen zu geben hat. In Ordnung, aber dann muß er sich die nötigen Informationen zumindest anderswo holen.

Die Entfremdung zwischen Vater und Kind, die im Lauf des ersten Scheidungsjahres oft entsteht, ist teilweise auf das pädagogische Ungeschick des Vaters zurückzuführen und teilweise darauf, daß man sich wirklich in einer schwierigen Situation befindet. Zumindest den ersten Punkt kann man ändern, indem man sich besser informiert.

9
Entgleist – Was tun im Katastrophenfall?

Nehmen wir an, es gäbe in einem bestimmten Bereich eine plötzliche Zunahme von Unfällen: Der Intercity zwischen Frankfurt und Köln entgleist. Am darauffolgenden Tag entgleist auf derselben Strecke ein weiterer Zug. Kaum ist die Strecke geräumt, entgleist ein dritter Zug.

Bei der Hälfte aller neuen Volvos versagen die Bremsen.

In einer neugebauten Wohnsiedlung erweist sich nach einem heftigen Regen ein Drittel aller Dächer als undicht.

Jeder Zweite, der die Wurst einer bestimmten Marke gekauft hat, bekommt eine Magen-Darm-Infektion.

Was werden die zuständigen Behörden und Unternehmensleitungen unter solchen Umständen tun? Sie werden schleunigst mit allen Mitteln herauszufinden versuchen, wo der Fehler liegt. Sie können sich nicht mit Schadensbegrenzung begnügen. Werden sie die Züge einfach wie bisher weiterfahren lassen und sich darauf konzentrieren, die Krankenhäuser entlang der betreffenden Intercity-Strecke auszubauen, damit die in den kommenden Jahren zu erwartenden Abertausenden von schwerverletzten Passagieren besser verarztet werden können? Natürlich nicht. Zwar muß man sich der Betroffenen in den oben genannten Fällen umgehend annehmen, sei es durch ärztliche Versorgung oder durch Schadensersatz, doch die dringlichste Aufgabe liegt darin, die Ursache des technischen Defekts, die Quelle der Lebensmittelvergiftung, den Konstruktionsfehler zu finden.

Zwischen 40 und 60 Prozent aller Ehen in den modernen westlichen Industrieländern scheitern. Die Folgen sind nicht weniger ruinös als bei den oben genannten Beispielen: Die materielle

Lebensqualität der Beteiligten sinkt nach einer Scheidung wie nach einem schweren Unfall oder einer anderen Katastrophe. Menschen verlieren ihr mühsam aufgebautes Zuhause. Sie begeben sich in einen monate-, mitunter jahrelangen Zustand von extremem Streß. Sie haben Anlaß, an sich selbst, an ihrem persönlichen Wert, an ihrer Entscheidungsfähigkeit zu zweifeln. Das Ganze ist auch äußerst teuer. Wenn wir zusammenrechneten, was es uns allein an Beratungsstellen, Sozialarbeitern, Gerichtskosten, Anwaltshonoraren kostet, die Maschinerie dieses Scheiterns mit allen dazugehörigen Vor- und Nachspielen einigermaßen unter Kontrolle zu halten, kämen wir auf horrende Summen.

Einen Teil davon können wir ja vielleicht noch als Arbeitsbeschaffung definieren und marktwirtschaftlich positiv sehen, doch dazu gehört eine gewaltige Portion Zynismus. Die Anwälte, Richter, Sozialarbeiter und Therapeuten hätten bestimmt auch noch andere lohnende Objekte für ihre Zuwendung. Das wahre Ausmaß des Unglücks, das Männer, Frauen und Kinder – von den dazugehörigen besorgten Großeltern und sonstigen Mitleidenden ganz zu schweigen – im Scheidungsfall trifft, läßt sich in Zahlen gar nicht mehr ausdrücken. Korrelationen zwischen einem unglücklichen, zerkriegten Familienhintergrund und späteren Schul-, Leistungs-, Gesundheits-, Drogen- und Beziehungsproblemen sind stark zu vermuten.

Es ist nun durchaus nicht so, daß die Gesellschaft das Problem nicht begreifen und nicht ernstnehmen würde. Unzählig sind die Artikel und Diskussionen, in denen das Problem erörtert und beklagt wird. Es ist sogar schon zum Programmpunkt politischer Wahlen avanciert. Viele Menschen denken über Lösungen nach.

Doch dabei gibt es ein sehr großes Problem. Der Schwerpunkt der offiziellen Maßnahmen beschränkt sich auf die Verwaltung des Schadens und bleibt damit an der Oberfläche. Manche Bemühungen verschärfen die Situation, statt sie zu befrieden.

Wenn wir unsere Einstellung zum Thema »Familie und Staat« betrachten, erweist sich vieles daran als schief und gänzlich unlogisch. Wir würden uns beispielsweise gegen jede Art von Einmischung bei unserer Partnerwahl und Eheschließung empört wehren. Das wäre ja noch schöner, wenn der Staat uns vorschreiben würde, wen und wann wir heiraten dürfen. Doch sobald die Ehe scheitert, gestehen wir dem Staat willig viel drastischere Eingriffe in unser Privatleben zu. Und es gibt Stimmen, die energisch nach mehr rufen. Wohl die meisten Menschen würden sich eine Einmischung des Staates in ihr Familienleben ansonsten verbitten. Aber kaum ist die Familie in Auflösung, darf der Staat entscheiden, wer wie lange mit dem eigenen Kind zusammen sein darf, wer seine eigene Wohnung verlassen muß und wer drinnen bleibt. Das erscheint uns offensichtlich als der geringere Eingriff.

Die Vermittlung sozialer Fähigkeiten durch eine staatliche Einrichtung wie etwa die Schule – denkbar wären Kurse über verschiedene Aspekte des Zusammenlebens – gilt als zu teuer, die Schule nicht als der richtige Ort dafür. Wo ist dann der richtige Ort? Was heißt zu teuer? Wer hat die Kostenrechnung erstellt, derzufolge unser jetziges Vorgehen kostensparender ist?

Staatliche Instanzen werkeln an den Folgen von Familienzusammenbrüchen herum, versuchen, der einen oder anderen Gruppe, die gerade den größten Krach macht, ein paar Gerechtigkeitsbrocken hinzuwerfen, um Ruhe zu haben.

Über die Ursachen wird andernorts nachgedacht: in den Medien, in den Sozialwissenschaften und in den therapeutischen Beratungsstellen.

In den Medien artet das Nachdenken sofort in Ideologie aus. Es wird nach dem oder der Schuldigen gesucht. Schuld sind die emanzipierten Frauen, die sich alle bloß noch wie die Irren selbst verwirklichen wollen. Schuld ist die Institution der Ehe et cetera.

Warum begegnen wir den alarmierend zunehmenden Ehescheidungen nicht einfach mit derselben Logik wie etwa sich häufenden Zugunglücken? Wenn irgend etwas, von dem in der Gesellschaft sehr viele Menschen betroffen sind und das lange Zeit funktionierte, plötzlich eine immens hohe Fehlerquote aufweist, dann *müssen* wir nach dem Grund suchen.

Wenn im Kernkraftwerk ein Unfall passiert, suchen wir nach der Quelle des Defekts.

Wenn plötzlich sehr viele tote Fische im Fluß treiben, erforschen wir, wie das vergiftete Wasser in den Fluß geriet.

Wenn in einem solchen Fall *nicht* hinreichend nach den Ursachen geforscht wird, dann hat das seine Gründe: Entweder es steht eine mächtige Interessengruppe dahinter, die das verhindert, oder wir sind aus irgendeinem kulturellen Grund blind für die wirkliche Situation.

Dann wissen wir, daß das Thema mit sehr sensiblen Inhalten verknüpft ist, an die diese Gesellschaft nicht rühren kann oder mag.

Weltgeschichtlich gesehen sind solche Fälle keineswegs rar. Im Gegenteil: Die Geschichte ist voll von Spezies, Kulturen, Dynastien und Völkern, die untergingen, weil sie sich an etwas Vertrautes klammerten, statt sich veränderten Umständen anzupassen.

In der Diskussion über Scheidung und Sorgerecht herrscht eine Atmosphäre der generellen Ratlosigkeit, des Kopfschüttelns, des Wehklagens. Wie können Leute sich nur so häßlich benehmen! Die armen Kinder! Was für eine selbstsüchtige Frau! Welch ein herzloser Mann! So viel Auflösung überall. Wie furchtbar.

Und dann kommt der Ruf nach Vater Staat. Der Staat soll endlich eingreifen und das Sorgerecht-Chaos ordnen! Er soll sein »Wächteramt« ernstnehmen und streitende Eltern zu einer Familientherapie »zwingen«! Demjenigen, der im Sorgerechtsdisput unversöhnlich auftritt, soll er gnadenlos das Kind wegnehmen! (»Geisel Kind – Scheidung, Die Opfer,« *Der Spiegel*, Heft 33 vom 16. August 1993) Irgend jemand soll irgend etwas unternehmen. Suggeriert wird ein Kraftakt. Wir können die

Menschen nicht zwingen, zusammenzubleiben. Auch das hat der Staat, in manchen Ländern länger als in anderen, versucht. Er hat Scheidungen verboten oder durch viele Bedingungen, Wartezeiten und sonstige Auflagen erschwert. Das hat nicht geklappt. Die Kirche versucht es noch immer, aber auch ihre Sanktionen greifen nicht.

Unseren anfänglichen technischen Vergleich bedenkend, muß uns das nicht wundern. Der Staat kann dem Intercity nicht verbieten, zu entgleisen. Nun versuchen die staatlichen Institutionen, die Nachscheidungszeit zu regulieren. Die Menschen sollen sich vertragen! Sie sollen ihre gemeinsamen Kinder gemeinsam, friedlich und kooperativ erziehen! Mit Stärke und Härte, zur Not mit Zwang, will der Gesetzgeber dies erreichen. Leider geht das nicht. Die Menschen können es nicht. Wenn sie es könnten, würden sie es tun, denn es ist ein logisches, sinnvolles Ziel. Wir müssen herausfinden, warum sie es nicht können.

Die hohen Scheidungszahlen und die daraus resultierenden Zusammenbrüche von Familien weisen darauf hin, daß es hier ein gravierendes Problem gibt. Gehen wir an die Sache so heran, wie wir das auch bei anderen Fällen gehäuften Versagens tun würden. Was kann geschehen sein? Es gibt drei Möglichkeiten: ein technischer Defekt, ein Konstruktionsfehler oder menschliches Versagen.

Vielleicht haben wir es mit einem Konstruktionsfehler zu tun, und etwas an der Organisation von Ehen und Familien ist falsch.

Oder es hat sich im Laufe der Zeit ein Defekt eingeschlichen. An irgendeinem Punkt im Zusammenleben sind die Weichen falsch gestellt, so daß der Zug entgleist.

Oder es ist menschliches Versagen. Einer oder mehrere haben einen verhängnisvollen Fehler gemacht.

Oder alle drei Faktoren wirken zusammen. Auch bei »technischen« Defekten besteht die Ursache meist aus einer Kombination von mechanischen Fehlern, Konstruktionsfehlern und menschlichen Fehlern.

Eine Expertin der französischen Atomkraftbehörde klärte uns einmal über menschliches Versagen auf. Zur Kategorie des »menschlichen Versagens« gehört nicht nur, daß beispielsweise der Steuermann einschläft oder jemand betrunken ist oder sich verrechnet hat. Dazu gehören sehr oft auch interaktive Probleme. Zwei Mitarbeiter im Team können sich nicht leiden und daher auch nicht gut kooperieren. Eine private Sorge beschäftigt den Mitarbeiter, so daß er auf den roten Knopf links unten statt auf den roten Knopf rechts unten drückt.

Im Falle einer guten Lösung werden möglichst viele Aspekte beachtet: Mitarbeiter, die private Sorgen haben, werden unterstützt, was ihre Konzentrationsfähigkeit erhöht. Mitarbeiter, deren private Probleme allzu gravierend sind, werden aus kritischen Funktionen entfernt. Die Farbe oder Größe der Knöpfe wird geändert, damit sie nicht mehr so leicht verwechselbar sind.

Zwischenmenschliche Probleme, die zu menschlichem Versagen führen, haben oft etwas mit der bestehenden Hierarchie zu tun. Neueren Untersuchungen zufolge lassen sich zum Beispiel viele Flugzeugunglücke darauf zurückführen.

Es gibt ein technisches Problem, das in einem sehr frühen Stadium aber oft noch behoben werden könnte. Daneben aber gibt es noch ein Kommunikationsproblem, das die Lösung blockiert. Das verläuft typischerweise etwa so: Einer der Verantwortlichen, oft der Kopilot, bemerkt einen Fehler. Eigentlich hätte der Pilot es sehen müssen! Er macht diesen behutsam darauf aufmerksam, daß er etwas übersehen hat. Und nun geschieht erst das wirklich Fatale: Entweder trägt der Kopilot seine Beobachtung zu spät oder zu zaghaft vor, aus Angst, den Piloten zu beleidigen oder weil er fürchtet, sich zu irren und sich schrecklich zu blamieren. Oder der Pilot ist zu sehr auf seinen Rang bedacht, um eine Meldung des Kopiloten schnell genug ernst genug zu nehmen.

Die sogenannte Black Box, also der Flugschreiber, ist nach Abstürzen oft das tragische Dokument der tödlichen Folgen mangelnder Kooperationsfähigkeit. Das Tonband hält fest, daß der Kopilot dreimal höflich vorschlug, das Flugzeug nach der langen Wartezeit auf der Piste doch sicherheitshalber noch einmal enteisen zu lassen. Der Pilot ignoriert ihn einfach oder meint mit tiefer, autoritärer Stimme, das ginge schon in Ordnung.

Wenn man großes Glück hat, sind die Konsequenzen übersteigerten Respekts nur komisch. Vor einigen Monaten landete ein amerikanisches Flugzeug, das Frankfurt anfliegen sollte, statt dessen in Zürich. Die Maschine verfügte über einen Bildschirm, auf dem die Flugbahn des Flugzeuges aufgezeichnet wird. Auf diesem Gerät konnten die Stewardessen und Passagiere deutlich erkennen, daß ihr Gefährt plötzlich die Richtung wechselte und nun seltsamerweise nicht mehr Deutschland anflog. Zurückhaltende Verwunderung machte sich breit. Die Stewardessen vermuteten zunächst eine Flugzeugentführung, doch als sie den Piloten und die restliche Crew wohlauf im Cockpit hantieren sahen, waren sie ratlos. Doch niemand traute sich, den Piloten und den Kopiloten auf ihren gemeinsamen Irrtum hinzuweisen. Die Stewardessen wären sich dabei impertinent vorgekommen; wie könnte eine Stewardeß es wagen, dem Piloten eine dermaßen unglaubliche Dummheit zu unterstellen. Die Passagiere nahmen an, daß sie die Landkarte falsch interpretiert hatten und die Experten natürlich wüßten, was sie taten.

Einige Fluggesellschaften, denen diese Problematik mittlerweile bewußt geworden ist, veranstalten deshalb spezielle Kommunikationskurse. Ihre Mitarbeiter lernen dort, ihre Wahrnehmungen deutlich und bestimmt an Höherrangige weiterzugeben.

Die Höherrangigen lernen, darauf zu hören. Sie lernen, das gemeinsame Überleben höher zu schätzen als ihr Ego und alle Höflichkeit.

Welche Schlußfolgerungen ergeben sich daraus für die moderne Familie? Auch hier ist es meist eine Kombination aus unterschiedlichen Problemen, die zur Katastrophe führen kann.

Da gibt es die »technischen« Probleme: Die Familien und ihre Angehörigen sind überlastet, gehen ohne geeignete »Ausbildung« in ihre Situation hinein und erhalten danach bei auftretenden Problemen zu wenig Unterstützung.

Es gibt die »Konstruktionsfehler«: Die Gesellschaft reagiert zu wenig auf die Bedürfnisse von berufstätigen Eltern, um nur eines von vielen Beispielen zu nennen.

Und es gibt das menschliche Versagen, das aus einer Kombination von Fehlkommunikation und hierarchischer Blockierung besteht.

Wenn wir dank einer Black Box den entscheidenden Diskurs von Familien vor deren Zusammenbruch vor uns hätten, könnten wir erkennen, daß die Crew sehr schlecht aufeinander abgestimmt war. Es herrschte kein Konsens darüber, welches Ziel anzusteuern war. Die Frau will Kopilot sein, aber der Mann sieht in ihr die Stewardeß und erwartet von ihr guten Service und ein freundliches Lächeln. Daß er selber der Pilot ist, ausgestattet mit unhinterfragbarer Kompetenz und Autorität, steht für ihn meist außer Frage. Warnungen der Frau oder der Kinder, daß der Kurs nicht stimmt und das ganze Unternehmen extrem absturzgefährdet ist, hört er gar nicht oder empfindet sie als impertinent.

Die Kombination von Fehlern, die das moderne Familienleben zu Fall bringt, kreist um einen einzigen Problemkomplex: Zwischen Männern und Frauen funktioniert es nicht. Die Kooperation funktioniert nicht. Die Kommunikation funktioniert nicht. Es gibt keinen Konsens über grundlegende Dinge.

Das fehlende Funktionieren wirkt sich in der Ehe aus, und es setzt sich nach der Scheidung fort.

Wenn die Dinge wieder besser werden sollen, müssen wir die Fehler genau ergründen und eine neue Basis finden.

Die sozialwissenschaftliche Beziehungsliteratur ist einigen wesentlichen Erkenntnissen auf der Spur. Den Männern, die von dieser Literatur bislang verschont geblieben sind, stellen wir im folgenden Teil die drei wesentlichen Punkte vor. Vorweg die drei dazugehörigen Thesen:

These eins: die Sprache. Männer und Frauen haben gravierende Verständigungsprobleme, weil sie unterschiedlich sprechen und sich verschieden ausdrücken.

These zwei: das Verhalten. Da sie stets auf unterschiedliche Handlungsräume »spezialisiert« waren, haben Männer und Frauen verschiedene Verhaltensmuster entwickelt, die heute zu Konflikten und Mißverständnissen führen.

These drei: der »Pakt«. Der Vertrag, der das Zusammenleben von Frauen und Männern definierte und die jeweiligen Aufgaben und Rechte festlegte, ist heute nicht mehr zeitgemäß und muß neu ausgehandelt werden. Dabei gibt es eine große Schwierigkeit: In der jetzigen Übergangssituation besteht das Verhalten von Männern und von Frauen aus einer oft unglückseligen Mischung konservativer und progressiver Elemente, die den jeweils anderen verwirren und ärgern. Um dieses kritische Provisorium zu überwinden, ist ein Willensakt nötig.

Die Sprache

Männer und Frauen sprechen unterschiedliche Sprachen. Sehr oft streiten sie ohne eigentlichen Grund. Sie haben keinen echten Interessenskonflikt, sie haben sich bloß falsch oder gar nicht verstanden. Das derzeit aufschlußreichste Buch zu dieser These heißt sinnigerweise *Du kannst mich einfach nicht verstehen.**
Ein typisches Mißverständnis zwischen Mann und Frau sieht da in etwa folgendermaßen aus: Ein Mann und eine Frau machen eine längere Autofahrt. Die Frau hätte gerne einen Kaffee. Sie sagt zum Mann: »Da ist eine Raststätte. Möchtest du anhalten und Kaffee trinken?« Der Mann verneint und fährt zügig an der Raststätte vorbei.

---

* D. Tannen, *Du kannst mich einfach nicht verstehen. Warum Männer und Frauen aneinander vorbeireden*, Hamburg 1991.

Interpretation der Frau: Er ist ein unhöflicher, selbstsüchtiger Trottel. Bloß weil er keinen Kaffee will, müssen wir wie die Irren weiterrasen.

Interpretation des Mannes: Er wurde gefragt, ob er einen Kaffee will. Er will keinen Kaffee, daher hat er nein gesagt. Nun ist dieses komische Weib aus unersichtlichen Gründen wieder mal eingeschnappt.

Erklärung: Wenn eine Frau zu einer anderen Frau sagt, »Willst Du Kaffee trinken?« und die andere Frau möchte nicht, dann antwortet diese in 99 Prozent aller Fälle: »Ich brauche keinen, aber wenn Du möchtest, dann können wir gerne anhalten.« Bereits die Fragestellung gibt ihr zu verstehen, daß ihre Freundin gerne einen Kaffee hätte. Der Mann hingegen nimmt die Frage ganz wörtlich. Wenn er mit einem Mann unterwegs wäre und Kaffee wollte, würde er sagen, »Ich brauch mal 'nen Kaffee«. Und wenn er ganz besonders sozial veranlagt wäre, würde er, während er bereits zielstrebig die Raststätte ansteuert, der Form halber noch hinzufügen: »Du auch?«

Wie ist dieser Kommunikationsunterschied zu erklären? Tannen und viele andere Soziologinnen und Soziologen würden sagen, daß Frauen und Männer unterschiedlichen »Kulturen« angehören. Ihr Leben verlief jahrtausendelang sehr verschieden, mit anderen Zielen, einer anderen Umgebung, anderen Bedürfnissen und anderen Aufgaben. Männer und Frauen entwickelten dabei jeweils einen spezifischen Stil, eine Kommunikationsweise und ein Gruppenverhalten, das diesen unterschiedlichen Lebensbereichen angepaßt war.

Frauen zum Beispiel verbrachten viel Zeit mit Babys und kleinen Kindern, also mit Menschen, die sich noch nicht gut mitteilen können. Sie gewöhnten es sich daher an, andere Menschen aufmerksam zu betrachten, um deren Gefühle und Bedürfnisse auch dann zu erahnen, wenn die Betreffenden sie noch nicht direkt formulieren konnten. Außerdem verbrachten Frauen den Großteil ihrer Zeit mit Vertrauten – mit Verwandten und mit Freundinnen. Sie gewöhnten sich dadurch an einen intimeren, wärmeren Umgangston.

Männer dagegen gingen Aufgaben nach, die eine Zusammenarbeit mit Fremden und die schnelle Festlegung von Rangordnungen erforderten, wie etwa auf der Jagd oder in einem Krieg. Es ist naheliegend, daß dabei eine andere Art von Kommunikation entsteht.

Ein typischer Fehler von Frauen am Arbeitsplatz besteht darin, daß sie ihr privates Denken in die öffentliche Sphäre mitbringen. Für sie ist es beispielsweise wichtig, daß sie ihre Mitarbeiter und Kollegen »mögen«. Es fällt ihnen schwer, mit jemandem zusammenzuarbeiten, der gute und benötigte Fähigkeiten mitbringt, den sie aber nicht sympathisch finden. Männer können viel leichter mit jemandem zusammenarbeiten, den sie als Person nicht sehr sympathisch finden, wenn sie dessen Fertigkeiten brauchen und seine Leistung schätzen.

Das Verhalten

Einige Autoren von Beziehungsliteratur führen ferner aus, daß Frauen und Männer unterschiedliche Prioritäten und unterschiedliche Lebensstile haben, die sich zwar gut ergänzen, aber dennoch zu Konflikten führen können, wenn der jeweils andere sich nicht ernstgenommen fühlt.

Ein bekannter Vertreter dieser Argumentationsrichtung ist John Gray.

Laut Gray müssen Männer lernen, die emotionalen Bedürfnisse der Frauen zu akzeptieren und besser zu erfüllen, während die Frauen lernen müssen, Eigenarten der Männer ohne Kränkung zu akzeptieren und diesen Raum zu lassen.

Ein beliebtes Beispiel von Gray bezieht sich auf den Umgang mit Sorgen und Problemen. Frauen verschaffen sich dadurch Erleichterung, daß sie ihre Sorgen gleichsam ventilieren, indem sie laut darüber nachdenken. Sie erwarten lediglich ein offenes

Ohr. Männer fühlen sich in dieser Situation aufgerufen, der Frau zu »helfen«, indem sie ihr eine Lösung anbieten. Sie tun das so schnell und so unaufgefordert, daß die Frau sich bevormundet und brüskiert fühlt. Sie müssen lernen, einfach nur zuzuhören, damit die Frau ihren Gedankengang selbst abschließen kann. Männer hingegen wollen, wenn sie Sorgen haben, oft in Ruhe gelassen werden. Es fällt Frauen schwer, das nachzuvollziehen. Wenn jemand ruhig wird, fühlen sie sich aufgefordert, ihn aus sich herauszuholen und ihn zum Sprechen zu ermutigen. Das treibt den Mann auf die Palme. Frauen müssen lernen, die Rückzugsphasen des Mannes nicht persönlich zu nehmen.

Unserer Ansicht nach sind diese beiden Erklärungsansätze in zahlreichen Punkten richtig. Aber sie erklären deshalb noch lange nicht, warum all diese Mißverständnisse und Unterschiede heute im Gegensatz zu früher dazu führen, daß die Familien massenhaft auseinanderbrechen. Einer Erklärung nähern wir uns erst, wenn wir uns mit den Ursachen dieser modernen Krise befassen, und das tun wir mittels der dritten These.

Der Pakt

Die Ehe und die Familie stellen kooperative Gruppen dar, in denen man gibt und nimmt. Solche Beziehungen beruhen auf einem sozialen Vertrag oder Pakt, in diesem Fall zwischen Männern und Frauen. Dieser Pakt regelt gegenseitige Bedürfnisse und Wünsche, die sehr elementar und sehr mächtig sind.

Dieser Pakt ist keine Nebensache, sondern die Grundlage unserer gesamten menschlichen Existenz. Nun gibt es damit ein Problem. Die Annahmen und Voraussetzungen stimmen nicht mehr, weil die Welt sich zu sehr geändert hat.

Der »Vertrag« zwischen Männern und Frauen sah früher vor, daß der Mann die Familie ernährte und die Frau die Kinder aufzog und die ganze Familie versorgte.

Heute ist dieser Vertrag nicht mehr ganz aktuell.

Heute erwarten Frauen vom Zusammenleben etwas ganz anderes: Freundschaft, Verständnis, Wärme, Nähe. Daneben empfinden Frauen aber auch noch ihre »alten« Bedürfnisse nach Schutz und Versorgung. Das ist zum Teil irrational. Es ist teilweise unfair, weil sie nicht gleichzeitig die Rechte der Unabhängigen und den Sonderstatus der Abhängigen beanspruchen können. Es ist aber zugleich berechtigt, denn Frauen sind noch weit davon entfernt, die gesellschaftliche (finanzielle, berufliche, schulische, politische) Gleichstellung erreicht zu haben.

Auch Männer haben ein Bedürfnis nach Wärme und Nähe, das sich in ihrer Vorstellung oft mit Mütterlichkeit verbindet. Egalitäre Aspekte wie Freundschaft verbinden sie nicht unbedingt mit einer Partnerin, die sie zumindest unterbewußt teilweise noch als ihre Abhängige und Untergeordnete sehen. Sie sind es immer noch gewohnt, die Zuwendung einer Frau erkaufen oder befehlen zu können. Das beruht auf archaischen Denkmustern, findet aber tägliche Bestätigung in der wirklichen, eben noch nicht ganz modernen Welt. Tatsächlich sind Frauen für Männer noch käuflich, am direktesten natürlich in Form von Prostitution, aber nicht nur dort. Sehr viele Frauen gehen heute noch eine intime Verbindung zu einem Mann ein – nicht aus Liebe, sondern wegen der materiellen und sozialen Vorteile, die er ihnen bieten kann. Männer spielen dabei mit. Weil sie es gewohnt sind, die Übergeordneten zu sein, gefallen ihnen asymmetrische Beziehungen. Auch dort, wo ihre Partnerin genausoviel oder mehr arbeitet als sie selbst, benehmen sie sich dieser Partnerin gegenüber mehr oder weniger subtil immer noch wie ein Vorgesetzter.

Der Pakt zwischen Frauen und Männern stammt noch aus einer Zeit, als Männer alle Entscheidungen trafen und sie mit Zwang durchsetzen konnten. Er stammt aus einer Zeit, als Frauen wenig Bildung und keine Chance auf ein selbständiges Leben besaßen. Es ist offenkundig, daß dieser Pakt heute neu verhandelt werden muß. Leider fällt diese Verhandlungsphase in eine Übergangszeit. Frauen und Männer müssen sich gegenseitig einen Kredit geben, einen »Vorschuß« gewähren: Sie müssen einen Vertrag abschließen über eine Gleichheit, die in der Gesellschaft und auch in ihren eigenen Köpfen noch nicht existiert. Das erfordert Vertrauen und guten Willen, zwei Dinge, die zwischen Männern und Frauen heute leider kaum vorhanden sind, sondern erst entwickelt werden müssen.

Es ist richtig, daß Frauen und Männer aus sehr unterschiedlichen Lebenszusammenhängen kommen, die bei ihnen ein sehr unterschiedliches Verhalten bewirkt haben. Diese Trennung in einen privaten weiblichen und einen öffentlichen männlichen Bereich war historisch streckenweise vielleicht nützlich, aber immer zu starr. Deswegen fallen die Eigenschaften, die von den beiden Seiten kultiviert wurden, in mancher Hinsicht so extrem aus. Das »typisch weibliche« Verhalten ist zu gefühlsbedingt, zu manipulativ, und kokettiert zu sehr mit Eigenschaften der Schwäche.

Es ist heute direkt peinlich, zum Beispiel in Fernsehserien aus den fünfziger Jahren zu beobachten, welches weibliche Verhalten damals noch als normal galt. Die Frauen in diesen Filmen schlagen kokett ihre Augen auf zum ach so starken Mann, auch wenn sie viel klüger sind als er und ihn damit nur manipulieren wollen. Sie trotzen und weinen und legen andere Formen kindlichen Verhaltens an den Tag. Sie stellen sich dumm und umschmeicheln den Mann mit Komplimenten. Was sich »Ergänzung« nennt, ist ein Ritual der Selbstbeschränkung und Verdummung: *Sie* weiß nicht, wie man eine Sicherung hineinschraubt, *er* kann keinen Knopf annähen.

Die Männer in diesen Filmen verkörpern ebenfalls Karikaturen. Sie plustern sich auf, sprechen mit unnatürlich tiefer Stimme, und können nicht zugeben, daß sie Angst haben oder etwas nicht können.

An diesen alten Serien läßt sich auch wunderbar erkennen, um wieviel natürlicher unser Verhalten mittlerweile geworden ist.

Doch von diesen filmischen Übertreibungen abgesehen, hatten die weiblichen und die männlichen Verhaltensformen auch ihre Berechtigung. In den letzten zehn Jahren haben Frauen zum Beispiel erkannt, daß manche »männlichen« Verhaltensweisen in der Berufswelt tatsächlich angemessener sein können als ihre eigenen. Sie haben sich sehr bemüht, diese Verhaltensweisen zu erlernen, zu übernehmen oder zu adaptieren. Weibliche Verhaltensweisen dagegen sind im Privatbereich angemessener, und Männer sollten sie erlernen, um sich in diesem Lebensbereich kompetenter bewegen zu können.

Eigentlich ist es das, was Gray empfiehlt. Er verwendet das plastische Bild von zwei unterschiedlichen »Planeten« – dem Frauenplaneten Venus und dem Männerplaneten Mars –, auf denen jeweils eine eigene Sprache gesprochen wird.* Sein Buch präsentiert er als Übersetzungshilfe, und er empfiehlt Männern, die Sprache der Frauen zu erlernen, damit sie die Mitteilungen ihrer Partnerin verstehen können. Im übrigen ist Gray der Meinung, daß die Wesensunterschiede zwischen Frauen und Männern angeboren sind. Das mag teilweise stimmen, aber wir glauben eher, daß die Unterschiede primär der Umwelt angepaßt sind.

Eine bestimmte Verhaltensweise paßt besser an die Öffentlichkeit und in die Arbeitswelt, zum Umgang mit Fremden und mit Feinden. Andere Verhaltensweisen sind für die privaten Beziehungen im weitesten Sinn geeigneter, für zwischenmenschliche Kontakte, Versorgungsverhältnisse und die Familie.

Wenn wir die zwei Bereiche vergleichen, dann können wir feststellen, daß Frauen eher bereit sind, die Regeln des öffentlichen Bereichs zu respektieren, als Männer umgekehrt gewillt scheinen, die Regeln des privaten Bereichs zu erlernen.

Das hat einen einfachen Grund. Das öffentliche Leben und die Privatsphäre waren in den vergangenen Jahrhunderten nicht nur zwei Bereiche, die voneinander getrennt waren und

---

* J. Gray, *Men are from Mars, Women are from Venus*, New York 1992.

andere Aufgaben und eine andere Logik umfaßten. Es handelte sich gleichzeitig um einen übergeordneten und einen untergeordneten Bereich.

Öffentlichkeit und Arbeitswelt waren wichtig. Wer dort tätig war, bekam Geld, Ansehen und einen Anteil an Macht.

Der Privatbereich hingegen war untergeordnet, und wer dort tätig war, war abhängig. Das öffentliche Leben dominierte das Privatleben, und somit hatten die Männer die Macht über die Frauen.

Frauen akzeptierten dieses Arrangement, weil sie keine Alternative hatten. Sie bekamen auch etwas dafür: Sicherheit und Versorgung. Sie hatten einen eigenen Handlungsbereich und gewisse Freiräume.

Der Ehetherapeut Michael Miller gelangte nach langjährigen Erfahrungen zu der Einsicht, daß der gemeinsame Nenner fast aller Ehekonflikte das Thema der Macht war. Frauen wollen nicht mehr untergeordnet, die Objekte von Macht und fremder Bestimmung sein. Männer wollen ihre Macht nicht hergeben und interpretieren die Defensivposition ihrer Partnerinnen als Feindseligkeit und Kontrollversuch. Frauen sind gegenüber Signalen der Macht oft so allergisch, daß sie teilweise überreagieren. Männern fällt es mitunter auch dann schwer, das Vorgehen ihrer Partnerinnen nicht als persönlichen Angriff zu werten, wenn sie mit ihren Zielen eigentlich einverstanden sind. Und beide rutschen immer wieder in altvertraute Muster ab.

Das Bedauerliche ist, daß einzelne einen Kampf austragen müssen, für den sie eigentlich nichts können. Sie haben das Pech, in einer Epoche des Übergangs zu leben. Ihre privatesten Handlungen erscheinen ihrem Partner, ihrer Partnerin durch den Filter der Macht, weil die Frage der Macht auf dem Tisch liegt und neu ausgehandelt werden muß. Erst, wenn wir diese Frage vom Tisch kriegen, kann es wieder ein entspannteres und erfreuliches Zusammenleben geben.

Das gilt für alle Hierarchien, die abrupt mit neuen Realitäten konfrontiert sind. Sobald sich die Chance zeigt, nehmen sich die Untergeordneten ihre Autonomie. Ein anderes Beispiel aus dem privaten Bereich ist die Pubertät. Je willkürlicher die Kontrolle, die Eltern ihrem heranwachsenden Kind auferlegen wollen, desto rabiater wird sein Aufstand in dieser Zeit ausfallen. »Weil ich es so sage und ich dein Vater/deine Mutter bin.« »Weil du immer noch in meinem Haus lebst und solange du in meinem Haus lebst, meine Regeln gelten«: Das sind Sätze, die einen Krach geradezu provozieren. Der junge Mensch nämlich ist nicht in seinem unabänderlichen Wesen, sondern nur durch seinen biologischen und sozialen Zustand der elterlichen Kontrolle unterworfen. Eigentlich ist er »ebenbürtig«. In der Pubertät verändert sich seine Situation: Er kann fast alles schon alleine, ist nicht mehr körperlich und kaum mehr seelisch abhängig, und der Wissensvorsprung der Eltern wird immer kleiner. Wenn die Eltern dieser Entwicklung folgen können, wenn sie nicht allzu tyrannisch sind, wenn sie angesichts ihrer vergangenen Fehler und der sicherlich im Lauf der Kindheit ihres Nachwuchses von ihnen begangenen Ungerechtigkeiten ein bißchen Gelassenheit und ein wenig Humor aufbringen, dann wird der Unabhängigkeitskampf eher schmerzlos verlaufen. Sie können eine neue, wertvolle Beziehung der Gegenseitigkeit zu ihm aufbauen, die im Idealfall ein ganzes Leben lang halten wird.

Ebenso verhält es sich zwischen Männern und Frauen. Generationenlang waren Frauen, gegen ihren Willen und ohne ihr Zutun, in einer Situation der oft sehr krassen Unterlegenheit und Abhängigkeit. Der Ehemann besaß eine fast vollständige Gewalt über sie. Man verwehrte ihnen Schulbildung. Man kontrollierte streng ihre Schritte und hielt ihren Horizont möglichst eng.

Man ging davon aus – und versuchte auch, sie davon zu überzeugen –, daß sie dümmer und weniger wertvoll waren als Männer. Solche Verhältnisse, die über Jahrhunderte hinweg anhielten, kann man nicht so einfach abschütteln. Außerdem liegt die Vergangenheit noch nicht vollständig hinter uns.

Frauen erfahren durch Männer erhebliche Gewalt, sowohl in der Ehe als auch außerhalb. Sie haben bei weitem nicht dieselben Chancen im öffentlichen Leben. Die Arbeit ist deutlich ungleich verteilt, zu ihren Lasten.

Heute gelten zwar radikal neue Voraussetzungen, doch die haben sich erst unvollständig durchgesetzt. Manche Frauen ziehen immer noch die Fünfziger-Jahre-Masche ab oder flüchten sich gerade dann, wenn es brenzlig wird, in klischeehaftes Opfer- und Schwächeverhalten. Oder sie warten aus Unsicherheit und Angst viel zu lange damit, gegen ungewollte Zustände zu protestieren, um sich danach um so heftiger aufzulehnen.

Viele Männer signalisieren ihren Frauen, daß sie sich selbst absolut noch als das Oberhaupt eines jeden Zusammenlebens betrachten. Sie suchen sich Partnerinnen auf der Grundlage von Eigenschaften, die sie diesen Frauen später bitterlich zum Vorwurf machen.

Miller zitiert ein Beispiel aus seiner Ehetherapie, das in dieser Hinsicht sehr illustrativ ist.

Vera und Franklin sind seit zwölf Jahren verheiratet. Als sie sich kennenlernten, war Vera Kunststudentin, doch nach der Geburt des ersten Kindes erklärte sie sich bereit, zu Hause zu bleiben. Nach zwölf Jahren und zwei Kindern ist ihre Beziehung nicht nur abgekühlt, sie ist regelrecht feindselig geworden.

In der ersten Therapiestunde erzählt Franklin, daß ihm die schlechte Stimmung in seiner Ehe zwar nicht wirklich aufgefallen war, daß Vera aber in letzter Zeit mit Scheidung gedroht hatte. Das wollte er nicht. Daher hatte er beschlossen, Vera zum Abendessen auszuführen: als Geste der Annäherung und um mit ihr zu reden.

Er wählte ein nettes, romantisches Lokal. Er hatte den Eindruck, daß der Abend angenehm verlief. Im Zuge des Abendessens griff er dann plötzlich über den Tisch und nahm Vera die Brille ab. Er behauptete, daß er ihr bloß – einem romantischen Impuls folgend – tiefer in die Augen sehen wollte, doch Vera rastete völlig aus. Sie betrachtete seine Handlung als körperlichen Übergriff und als Versuch, ihr die Sicht zu nehmen.

Franklin hat überhaupt kein Verständnis für ihre Reaktion. In der Therapiestunde beschreibt er ihr Verhalten als »wieder einmal typisch hysterisch«. Aus seiner Sicht wollte er lediglich eine zärtliche, intime Geste machen. Aus ihrer Sicht wollte er sie, »wie immer«, in eine hilflose und benachteiligte Position drängen.

Miller kommentiert die Situation folgendermaßen:

»Es ist müßig zu fragen, wer von beiden hier recht hat. Jeder schildert den Sachverhalt so, wie er ihn erfahren hat. Aber es stimmt schon, daß Franklin sich generell nie die Mühe macht, Veras Einwilligung einzuholen, ob es dabei um Sex oder um den gemeinsamen Urlaub geht. Er ist ein herrischer Typ, auch in seinem Berufsleben, und er fährt einfach über sie drüber. Wenn er Nähe herstellen will, dann durch einen einseitigen Kraftakt.«[*]

Viele Jahre hindurch hat Vera sein dominantes Verhalten und ihre Abhängigkeit akzeptiert. Sie gab ihre Ambitionen auf. Sie malte nur noch am Wochenende und duldete es, daß er ihre Bemühungen als »Veras kleines Hobby« betrachtete.

Doch irgendwann reichte es ihr. Sie ging dann so energisch in die Defensive, daß sie nur noch den Machtaspekt ihrer Beziehung sehen konnte. »Im Grunde genommen«, so Miller, »war ihre Beziehung von der ersten Stunde an von Macht überschattet. Vera gab ihre Kunst und weite Anteile von sich selbst auf, Franklin übernahm die Verantwortung für das gemeinsame Eheunternehmen. Anfangs gab es darüber keine Kämpfe, aber der Kriegsanlaß war von der Stunde Null an gegeben. Weder ihr noch ihm können wir die Schuld dafür geben. Beide übernahmen die hierarchische und in letzter Instanz feindselige Struktur der Ehe, die unsere Kultur vorgibt.«

---

[*] M. Miller, *Intimate Terrorism*, New York 1995.

Da sie dieses Buch lesen, sind Sie wahrscheinlich geschieden. Da es in diesem Buch um das Sorgerecht geht, haben Sie vermutlich ein Kind oder Kinder, die von dieser Scheidung mitbetroffen sind. Es ist zu spät, um ihre Familie zusammenzuhalten, aber nicht zu spät, um Frieden zu schließen. Ihr Erfolg hängt davon ab, ob Sie die Machtfrage lösen können und wollen.

Wenn es zwischen Intimpartnern zum Konflikt kommt, hat ihre Angerührtheit, ihre Übersensibilität viele Schichten. Der Mann hat Angst vor dem Liebesentzug. Das ist immerhin noch eine konstruktive Angst, eine Angst, die Türen offenhält. Doch sie ist oft überschattet von einer anderen Angst: der Angst vor dem Verlust seiner Überlegenheit. Diese Angst verleitet ihn oft zu häßlichen, kontraproduktiven Handlungen. Noch komplizierter wird die Sache dadurch, daß beide Ängste miteinander gekoppelt sind, weil der Mann aus der Überlegenheit jahrhundertelang seine emotionale Sicherheit bezogen hat. Die Frau blieb, weil sie bleiben mußte. Sie verhielt sich fürsorglich und liebevoll, weil sie ihn brauchte. Jetzt braucht sie ihn zwar auch noch, aber eher in emotionaler als in materieller Hinsicht. Jetzt muß sie nicht mehr bleiben, wenn sie nicht will. Der Mann aber ist es nicht gewohnt, Liebe auf der Grundlage von echter Freiwilligkeit anzustreben.

Die Frau hat ebenfalls Angst vor dem Liebesentzug. Sie zeigt diese Angst sogar viel offener als der Mann. Sie hat aber auch Angst davor, vom Mann vereinnahmt zu werden. Das ist neu, denn früher bestand ihre Sicherheit in dieser Vereinnahmung. Der alte Impuls, sich dem Mann und seinem Leben anzuschließen, ist durchaus noch da und verwirrt ihn. Nicht wenige Frauen suchen sich einen Mann zunächst noch mit den traditionellen Mitteln und nach dem alten Muster. Erst wenn sie ihr Bedürfnis nach Schutz und Sicherheit eine Zeitlang befriedigt haben, ändern sie die Spielregeln. Oder sie gaukeln dem Mann, den sie als Partner haben wollen, ein völlig falsches Bild von sich selbst und von der Art des Lebens vor, das sie mit ihm führen wollen. Andere Frauen trotten zunächst völlig gedan-

kenlos den tradierten alten Weg entlang, um irgendwann einzuhalten und nachzudenken. Wenn moderne Ehen scheitern, so
haben die Partner zumindest eines gemeinsam: Beide haben
engagiert daran mitgewirkt, daß es schiefging. Da wir in anderen Büchern ausführlich den Part der Frauen geschildert haben*, konzentrieren wir uns in den folgenden Ausführungen
darauf, was Männer zur Rettung der Situation tun müßten.

Es ist absolut erforderlich, es ist die essentielle Voraussetzung
für einen neuen Frieden, daß Männer das Thema der Macht in
ihren Beziehungen zu Frauen ernstnehmen und überdenken.
Es ist leicht und daher verführerisch, auf die alten Knöpfe zu
drücken, die alten Reflexe zu wecken, indem der Mann die Frau
einschüchtert, bedroht oder als Untergeordnete, Abhängige,
Bedienstete behandelt. Dieses Verhaltensmuster ist noch so
vertraut, daß die Frau zunächst ganz reflexartig darauf reagieren wird. Sekundenlang, vielleicht länger, verliert sie dann ihre
neue Balance. Einem Mann, der ihr böse ist und der ihr etwas in
seinen Augen Gravierendes vorzuwerfen hat, schenkt das
Genugtuung. Na also, das ganze Getue ist bloß Fassade. Doch
damit hat er wenig erreicht, denn danach ist sie doppelt wütend.
Er hat noch den Habitus der Macht, sie noch den Habitus der
Unterordnung, aber beides entspricht nicht mehr den Fakten.
Es ist nur noch ein häßliches Ritual, das aber gleichwohl viel
Unheil anrichtet.

Am Beispiel von Leo und Lisa können wir verfolgen, wie
diese veralteten Mechanismen alles kaputtmachen.

Leo ist ein wendiger, interessanter Mann. Von einem kleinen
Imbißladen an einer Hamburger Straßenecke hat er es zu einem
angesehenen Catering-Betrieb gebracht und ist dabei so etwas
wie eine lokale Kultfigur geworden. Schicke Büroparties lassen

---

* Ch. Benard u. E. Schlaffer, *Rückwärts und auf Stöckelschuhen – Können Frauen
soviel wie Männer?* Köln 1992; *Laßt endlich die Männer in Ruhe*, Reinbek 1993;
Ohne uns seid ihr nichts – Was Frauen für Männer bedeuten, München 1993.

sich von keinem anderen beliefern. Eigentlich ist Leo längst Unternehmer, aber an vier Wochentagen trifft man ihn immer noch im Imbißladen an, wo er seine Stammkunden bedient, mit ihnen politisiert und philosophiert und zwischendurch im angeschlossenen kleinen Büro die Buchhaltung erledigt. Doch das ist noch nicht alles. Seine wirkliche Leidenschaft gehört der Literatur, und in seiner Freizeit schreibt er Gedichte. Einige davon wurden bereits veröffentlicht.

Vor zehn Jahren spazierte ein junges Mädchen, Lisa, in den Imbißladen. Sie war sechzehn, Leo damals einunddreißig. In seinen Augen war sie noch ein Kind, aber doch nicht mehr ganz. Noch heute erinnert er sich an diese erste Begegnung, an ihr luftiges Baumwollkleid, ihre Sandalen mit den kleinen wackeligen Absätzen, an ein »kleines Mädchen an der Schwelle zur sinnlichen Weiblichkeit«, wie er es nennt. Aber Leo wußte, daß sie im Grunde genommen noch ein Kind war, und zeigte kein Interesse an ihr.

Kurz danach zog er mit einer neuen Freundin zusammen. Die Beziehung war turbulent, es wurde viel gestritten, aber trotzdem zog sich die Sache zwei Jahre hin. Nach diesen zwei Jahren, es war wieder Sommer, wollte Leo mit der Freundin eine lange Campingreise durch Skandinavien machen, auf der sie sich wieder näherkommen sollten. Leo plante die Reise sorgfältig und freute sich sehr darauf. Fünf Tage vor der geplanten Abreise teilte die Freundin ihm mit, daß sie der Beziehung keine Chance mehr gebe und nicht mehr mitfahren, sondern ihn verlassen werde.

Wie es der Zufall wollte, spazierte Lisa just an diesem finsteren Tag nach langer Zeit wieder einmal in den Imbißladen. Es entwickelte sich ein Gespräch, und Leo lud die nunmehr Achtzehnjährige spontan dazu ein, ihn auf der Reise zu begleiten. Lisa sagte spontan ja.

Wenn er die Reise beschreibt, hat Leo auch heute noch einen liebevoll amüsierten Ausdruck in den Augen. Man habe während dieser anstrengenden, nicht gerade bequemen Reise viel und heftig gestritten. Lisa entpuppte sich als temperament-volle, impulsive junge Frau. »Die Fetzen flogen, und ich hab' mich total verliebt.«

Halten wir kurz inne und betrachten wir den Hintergrund dieser Beziehung. Leo ist viel älter, eine bekannte Figur in der Hamburger Gesellschaft, ziemlich wohlhabend und Künstler. Lisa ist fast noch ein Kind, als er erstmals ihr Interesse weckt; sie bewundert ihn und verliebt sich schwärmerisch-jung-mädchenhaft in ihn. Daß ihr Held sie zwei Jahre später, ganz plötzlich, völlig unerwartet zu einer aufregenden Reise einlädt, findet sie schrecklich romantisch. In ihrem Verhalten ist sie von Anfang an das Kind oder zumindest die Kind-Frau: launenhaft, ein wenig unzurechnungsfähig, verwöhnt. Leo findet das sexy und charmant und bestärkt sie darin. Er ist der Erwachsene, der Mächtigere; durch ihr entzückendes Auftreten hat Lisa aber die Möglichkeit, ihn zu beeinflussen, umzustimmen und sich auch durchzusetzen. Später wird Leo ihr genau dieses Verhalten vor-werfen und sie dafür verspotten und verachten. Und sie wird ihn hassen für die souveräne Stärke, die sie zu Beginn so anzie-hend findet.

Nach der Reise zieht Lisa zu Leo. Sie möchte Lehrerin wer-den und setzt ihr Studium fort. Leo findet das gut und fördert es. Seine Einstellung zu ihr hat eine väterliche Dimension. Als sie Probleme mit einem Professor hat, geht er sogar in dessen Sprechstunde. Er schimpft mit ihr, wenn sie zuviel trinkt oder raucht.

Nach einem Jahr wird Lisa schwanger. Leo ist begeistert. Lisa hat gemischte Gefühle, aber sie ist bereit, das Kind zu bekommen; in diesem Fall aber möchte sie heiraten. Leo lehnt die Ehe aus intellektuellen Gründen ab und verhöhnt Lisas »bürgerliches Ansinnen«. Daß sie weiterhin raucht und trinkt, regt ihn fürchterlich auf. Ihr Bestehen auf einer Heirat inter-pretiert er als Versuch, ihn zu dominieren. »Sie wollte mich kontrollieren, aber mit mir kann man das nicht machen.« Lisa will ihn nicht «kontrollieren«, sie will in dieser beunruhigenden Situation bloß Sicherheit und eine Zukunftsperspektive. In ihren Augen verwehrt Leo ihr mutwillig beides. Ihren Zorn darüber wendet sie gegen sich selbst, mit selbstdestruktivem Verhalten.

Wir sehen also, daß die Beziehung sich weiterhin auf einer ungleichen Ebene bewegt. In Leos Augen ist es vollkommen in Ordnung, daß er Lisas Verhalten »kontrolliert« und ihr Vorschriften macht. Sobald sie aber etwas will, gilt das als Anmaßung. Leo verrät sich durch seine Formulierungen: *Ihm*, dem autonomen, freien, großen, starken Leo kann niemand Vorschriften machen, schon gar nicht ein kleines Mädchen. *Ihr* kann er aber durchaus die Richtung vorgeben. Sein Verhalten ist mindestens ebenso bürgerlich wie ihres: patriarchalisch-bürgerlich.

Diese erste Schwangerschaft endet mit einer Fehlgeburt. Lisa ist darüber verzweifelt, findet bei Leo aber keinen Trost. Er behandelt sie frostig, weil sie in seinen Augen die Fehlgeburt durch ihr Rauchen provoziert hat.

Die Beziehung verschlechtert sich, was die beiden aber nicht daran hindert, erneut – diesmal »absichtlich« – ein gemeinsames Kind anzustreben. Nach einem Jahr ist Lisa tatsächlich wieder schwanger. Auch diesmal hört sie nicht zu rauchen auf. Sie will noch immer heiraten, Leo lehnt es noch immer ab. Als sie erneut darüber streiten, verläßt Leo sie und zieht zu einem Freund. Die Schwangerschaft verläuft schwierig, Lisa geht es schlecht. Im sechsten Monat verliert sie das Kind. Sie muß lange im Krankenhaus bleiben. Leo weigert sich, sie dort zu besuchen oder sie danach von dort abzuholen. Er gibt ihr die Schuld am Tod des Ungeborenen und am eigenen Leiden.

Dennoch bleiben sie zusammen. Es kommt zu einer dritten Schwangerschaft, die diesmal erfolgreich verläuft. Töchterchen Pia kommt zur Welt.

Leo liebt das Kind heiß und innig. Er betrachtet sich als engagierten Vater und ist es in gewisser Hinsicht auch. Dennoch gibt es viel Streit über die Aufgabenverteilung bei der Kindesversorgung. Leo verbringt viel Zeit mit der Tochter, aber diese Zeit ist stets selbstgewählt. Es gibt in seinen Augen keinen Zweifel, daß seine Wünsche Vorrang haben, sein Tagesablauf entscheidend ist. Schließlich hängt der Wohlstand dieser kleinen Familie weit mehr von ihm ab als von Lisa, die gerade ihr erstes Unterrichtsjahr erlebt und wenig verdient. Lisa sieht das anders. Sie möchte sich in ihrer neuen Arbeit bewähren und nimmt ihren Job sehr ernst. Es kränkt und ärgert sie, wenn Leo ihren Beruf bagatellisiert, was er aber andauernd tut. Auch heute noch sieht er nicht ein, daß das falsch war; im Interview zitiert er sich gerne selbst, und zwar ganz unbefangen: »Ich habe ihr dann erklärt, daß wir schließlich von *meinem* Geld lebten. Von ihrem Geld könnte keiner leben.«

Dieser Streit gipfelt schließlich in einer fürchterlichen Szene. Leo verlangt von Lisa, an einem Montag vormittag dem Unterricht fernzubleiben, weil er trotz seines Versprechens, auf Pia aufzupassen, nun plötzlich doch etwas anderes vorhat. Was? Also das, mit Verlaub, braucht er ja wohl nun wirklich nicht zu begründen. Oder ist er Lisa vielleicht neuerdings eine Erklärung für jeden seiner Schritte schuldig? Lisa ist fassungslos. Sie hat doch Unterricht, eine ganze Schulklasse wartet auf sie, da kann sie doch nicht einfach fernbleiben! Ganz entspannt, sich noch immer keiner Schuld bewußt, erzählt uns Leo, wie dieser Streit ausging: »Ich sagte, Du bleibst heute zu Hause und damit Schluß. Was macht ihr denn heute? Schmetterlinge ausschneiden? Die werden schon ohne Dich zurechtkommen.«

Noch heute liegt Geringschätzigkeit in seinem Ton, wenn er von dieser Sache erzählt. Eine erste Volksschulklasse – was ist das schon? Eine kleine Volksschullehrerin im ersten Berufsjahr – lächerlich!

Es scheint Leo nicht aufzufallen, daß irgend etwas an seiner Einstellung zu beanstanden sein könnte. Auch heute noch ist Leo davon überzeugt, daß er wichtig ist und Lisa unwichtig; daß seine Arbeit ernstzunehmen ist, ihre bloß ein gehobenes Hobby; daß er ihr keine Rechenschaft schuldig ist, während ihr

Leben seinem Urteil unterliegt und er entscheidet, ob ihre Pläne wichtig oder unwichtig sind.

»Das hat sie immer auf die Palme gebracht, wenn ich so über ihre blöde Schule gesprochen habe. Aber ich bitte Sie, Volksschullehrerin! Das ist ja nicht gerade so, als ob der Bundespräsident einen Staatstermin absagt! Es hat sie aber sehr getroffen; sie hatte ja auch wirklich nichts anderes vorzuweisen.«

Danach ist eine Weile Ruhe, läuft alles »wie gehabt«, meint Leo. Doch in Lisa brodelt es. Er bemerkt davon nichts. Er bemerkt es erst, als sie ihn eines Nachmittags in seinem Laden aufsucht. Zunächst denkt er sich nichts dabei, er freut sich sogar, sie zu sehen. »Freu dich nicht zu früh«, erwidert sie frostig seinen Gruß. »Ich bin nur hier, um dir zu sagen, daß es aus ist.«

Damit rauscht sie davon. Als er heimkommt, erwartet Leo, gepackte Koffer vorzufinden, doch statt dessen eröffnet ihm Lisa, daß sie weiterhin bei ihm wohnen werde, aber »platonisch«. Das ist eindeutig ein Rückzieher. Lisa hatte impulsiv ihre Wut gezeigt, mittlerweile aber Angst vor den Konsequenzen bekommen. Es ist zugleich ein Friedensangebot und ein Appell. Aber Leo sieht das nicht. Er ist herausgefordert worden. Lisas Vorschlag erwidert Leo mit den Worten: »Wenn du dich trennen willst, dann hau ab, aber schnell.«

Lisa und Pia ziehen zu einer Freundin. Im Laufe der folgenden Tage bereut Leo seine groben Worte. Er findet für Lisa eine Wohnung, streicht sie und organisiert den gesamten Umzug. Das alles tut er unter innerlichen Schmerzen, denn er liebt Lisa und will sie nicht verlieren. »Wissen Sie«, erklärt er uns, »ich bin so'n bißchen ein explosiver Typ. Wenn jemand von mir was einfordern will, sag' ich zunächst einmal ganz sicher nein. Aber dann überleg' ich es mir oft und tu's doch.«

Nun also sind diese zwei, die sich zwar lieben, aber nicht miteinander auskommen konnten, getrennt. Die Situation wird dadurch nicht besser, eher schlechter.

Das fängt an mit ständigem Streit über Kleinigkeiten. Leo will, daß Pia Klavierspielen lernt. Lisa ist einverstanden, aber nach einem Jahr hat Pia keine Lust mehr. Lisa erlaubt ihr, aufzuhören. Das macht Leo wütend, weil er es pädagogisch unverantwortlich findet. Er setzt sich durch, doch das genügt ihm nicht. Er muß Lisa außerdem noch darüber aufklären, daß ihr Standpunkt idiotisch ist und bloß zeigt, wie charakterschwach sie ist und was für eine schlechte Lehrerin sie zweifellos sein muß.

Auch sonst setzt Leo das Verhalten fort, mit dem er Lisa vertrieben hat: Er versucht, sie zu kontrollieren, sich ihr gegenüber in die Position des Wichtigeren zu setzen. So soll Lisa, »weil sie ja viel Zeit hat«, die Tochter zu den Klavierstunden bringen, obwohl der Klavierunterricht eigentlich »sein« Projekt ist und obwohl die Lehrerin ganz in seiner Nähe, aber sehr weit von Lisas Wohnung entfernt wohnt.

Die Konflikte häufen sich. Es gibt Streit über die jeweiligen Urlaubspläne; Streit darüber, wann und wie das Kind die Hausaufgaben machen soll und welche Schule die geeignete ist; Streit darüber, ob Lisas neuer Freund und Leos neue Freundin Kontakt zum Kind haben sollen und wieviel; Streit darüber, wie und wo die Geburtstage und der Heilige Abend zu feiern sind. Letzteres führt zur endgültigen Krise. Leo will den Weihnachtsabend in seinem Wochenendhaus am See feiern, wo es einen Kamin gibt und echte Winterstimmung. Lisa kann ja gerne dabeisein. Lisa findet das schlecht. Sie müßte dann spätnachts noch nach Hause fahren, was ihr den gemütlichen Abend verdirbt. Sie müßte am nächsten Tag erneut anreisen, um Lisa abzuholen und mit ihr zu den restlichen Verwandten zu pilgern. Sie will den Abend bei sich zu Hause oder wenigstens bei Leo zu Hause verbringen. *Sie* jedenfalls wird auf gar keinen Fall zu dem blöden See hinausfahren.

Dieser Streit findet in Anwesenheit der Tochter statt, und Leo fordert Pia auf, zu entscheiden, wo sie den Weihnachtsabend verbringen will: am schönen verträumten See oder in der langweiligen Stadtwohnung. Pia entscheidet sich für den See, was Leo mit großer Genugtuung erfüllt. Als Lisa ihre Drohung wahrmacht und tatsächlich nicht kommt, bezeichnet die Tochter in ihrer Enttäuschung ihre Mutter als »blöde Kuh«. Auch das erzählt Leo mit rechtschaffener Freude.

Zunächst einmal ist hier anzumerken, daß Leo wirklich zutiefst unglücklich ist.

Zweitens ist festzustellen, daß Leo ein sehr herrischer Typ ist, der sich weit über die Frauen in seinem Leben stellt. Er gesteht sich enorme Freiheiten zu, was den Umgang mit seiner Lebensgefährtin anbelangt. Er scheint kaum dazu fähig, das eigene Verhalten kritisch zu überdenken, legt aber an das Verhalten der Frau einen strengen Maßstab an. Er darf jähzornig sein, darf sie beurteilen und beleidigen und bevormunden, seine Persönlichkeit und seine Entscheidungen und seine Wünsche und seine Schritte aber sind unantastbar. Es war eigentlich klar, daß diese Beziehung nur befristet sein konnte: Solange Lisa sich als junges Mädchen sah, ließ sie sich das alles gefallen, doch mit dem Erwachsenwerden mußte sie sich dagegen wehren.

Hier trifft zu, was Miller bei so vielen modernen Beziehungsproblemen beobachtet hat: Zwar äußert sich der Konflikt immer noch stereotyp darin, daß der Mann behauptet, die Frau wolle ihn »einfangen« und einschränken, in Wirklichkeit aber ist es umgekehrt. Leo protestiert lautstark gegen Lisas Versuche, ihn zum Heiraten zu bewegen, doch in Wahrheit ist er es, der *sie* zu sehr einengt, weil er sie an sich binden will. Ihre Entscheidungen sind dumm und unreif, ihr Beruf ist unwichtig, ihre Meinung ist nicht von Interesse. Wenn er sie nur dazu bringen kann, das alles zu glauben, dann ist er in Sicherheit. Dann muß sie bei ihm bleiben, im Bewußtsein, daß ihr finanzielles und seelisches Wohl von ihm abhängt.

Die relative Aufwertung, die Lisas Status durch ihre Trennung von ihm erfährt, ist für Leo beinahe unerträglich. Sie kann jetzt tun, was sie für richtig hält und hat, was Pia anbelangt, sogar das entscheidende Wort. Man hört deutlich aus seinen Formulierungen heraus, wie bedrohlich er das findet.

Zu der Vereinbarung, daß Leo seine Tochter jeden Sonntag

und an zwei Wochentagen bei sich hat, meint Leo beispielsweise: »Die gnädige Frau hat vorgeschlagen oder besser gesagt diktiert, daß Pia Dienstag und Mittwoch bei mir schläft. Das kam uns beiden entgegen, denn Freitag und Samstag ist bei mir beruflich Hochbetrieb.«

Wenn es beiden entgegenkam, warum korrigiert er den Ausdruck »vorgeschlagen« dann zu »diktiert«? Vermutlich, weil nicht er, sondern Lisa diese Idee hatte.

Lisa und Leo sind immer noch in genau demselben Beziehungskreis gefangen, der schon ihr Zusammenleben zerstört hat. Leo stellt Herrschaftsansprüche, Lisa rebelliert dagegen, nicht immer rechtzeitig und nicht immer auf eine überlegte Art und Weise. Sie kann ihm jetzt »zeigen«, daß er ihr nichts mehr zu befehlen hat. Er kann auf den Tag hoffen, an dem sie mit Pia »größte Schwierigkeiten bekommt« – eine perverse Hoffnung, wenn man bedenkt, daß dann auch sein geliebtes Kind Schwierigkeiten haben wird.

Dieses Fallbeispiel faßt die ganze Traurigkeit der modernen Scheidung zusammen. Eigentlich liebt Leo Lisa. Und Lisa liebt Leo. Und beide lieben ihr Kind. Lisa war derart in romantischen Klischees verhaftet, daß der große, starke, grimmige Leo ihr anfangs unglaublich gefiel. Leo wiederum ist so in seiner Vormachtstellung gefangen, daß er sein Auftreten später nicht mehr revidieren kann.

Nun, nachdem sie ihr Zusammenleben kaputtgemacht haben, machen sie auch noch die Nachtrennungssituation kaputt. Das Kind ist unglücklich und hat schon psychosomatische Störungen. Leo ist so unglücklich, daß ihm sogar die Tränen kommen, wenn er über seine Tochter spricht. Lisa ist unglücklich und hat es schwer. Und das alles ist völlig unnötig. Diese Beziehung hätte funktionieren können. Auch heute könnten sie noch ein Auskommen finden.

Aber Leo ist nicht bereit, Lisa auch nur entfernt als ebenbürtiges Gegenüber anzuerkennen. Wenn sie nicht sein gehorsames Anhängsel sein will, dann muß er mit ihr Krieg führen.

Michael Miller verdankte eine seiner »erfolgreichsten« Paartherapien einer plötzlichen Eingebung. Die Betroffenen waren erst seit zwei Jahren verheiratet. Anfangs hatten sie sich heftig geliebt, mittlerweile gab es nur noch Streit und Kampf. Der ständige Kleinkrieg zermürbte den Mann, der es offenbar trotzdem nicht unterlassen konnte, seine Frau ständig zu reizen. Miller saß da und hörte sich gottergeben die wenig originellen Details des x-ten Ehestreits an, als ihm plötzlich der Beruf seines Klienten einfiel und er eine Eingebung hatte. Der Mann war nämlich Drehbuchautor – er schrieb satirische Komödien.

Miller unterbrach die Litanei und forderte den Mann auf, seine restliche Erzählung in der Form eines komischen Dialogs vorzutragen.

»Ich trug ihm ferner auf, beide Rollen zu spielen: sich selbst und seine Frau. Anfangs sträubte er sich dagegen, aber ich bestand darauf. Nach einem holprigen Einstieg begann er, Gefallen am Experiment zu finden und sich richtig darauf einzulassen. Es stellte sich heraus, daß er ein äußerst humorvoller Mann war und daß er den Ablauf seiner Ehestreits großartig karikieren konnte. Er spielte sich selbst, wie er seine Frau ganz gezielt zu Explosionen provozierte; er spielte beide Rollen, um zu zeigen, wie sie sich in aufgeblasenem Tonfall ihre gegenseitigen Ultimaten stellten … Es war erstaunlich, was diese Perspektivenverschiebung bewirkte. Er konnte plötzlich sehen, wie aufgeblasen und ritualisiert ihre Streitereien waren. Er tat sich zwar immer noch ziemlich leid, aber er entwickelte auch Mitleid für seine Frau. Die satirische Perspektive gab ihm Distanz und machte ihn großzügiger.«

Humor, Distanz und Selbstkritik wären ein toller Ansatzpunkt, um zwischen Frauen und Männern eine positive Wende herbeizuführen.

10
Wenn Eltern sich trennen – Kinder denken über Scheidung nach

Im Winter 1995 baten wir 15-17jährige Jugendliche, im Rahmen ihrer Deutschstunde ihre Gedanken zu einer möglichen Trennung ihrer Eltern festzuhalten. Das Ergebnis dieses »Experiments« übertraf unsere Erwartungen. Auffallend war zunächst, daß die Anlaufzeit sehr lang war: Die jungen Leute dachten intensiv nach, bevor sie schrieben. Die Reaktionen fielen extremer aus, als wir erwartet hätten: Selbst wenn sie sich nur im spekulativen Bereich bewegt, ist eine Scheidung für Kinder offensichtlich sehr bedrohlich. Aufschlußreich waren auch ihre Gedanken darüber, bei welchem Elternteil sie bleiben möchten. Oft kam die Überlegung, daß der Vater den höheren Komfort und die größere Freiheit bieten würde – daß man sich aber trotzdem bei der Mutter in ihrer Eigenschaft als dem verläßlicheren Elternteil besser aufgehoben fühlt. Auffallend ist insgesamt ein hohes Ausmaß an Kritik an der erlebten Vaterrolle; die Väter werden mit erschreckenden Attributen versehen.

»Ich liebe beide Eltern und bei einer Trennung wäre ich verzweifelt. Für mich sind sie ein Vorbild. Es würde eine Welt zusammenbrechen. Ohne sie beide unter einem Dach zu haben, könnte ich nie wieder glücklich sein. Das wäre wie eine Vertreibung aus meiner Kindheit.« (Iris, 15)

»Mein Leben wäre ganz zerstört. Ich glaube, ich würde versuchen, mich der Entscheidung, bei wem ich leben möchte, zu entziehen, indem ich versuche, im Ausland zu studieren. Damit wäre ich von beiden weg, das ist weniger kränkend. Ich würde mir aber auch große Sorgen um meine Mutter machen, die zwar ein Studium abgeschlossen hat, aber wegen uns Kindern nie gearbeitet hat. Wie großzügig wäre mein Vater im Streitfall? Ich würde alles für sie tun, aber es dauert sicher noch zehn Jahre, bis ich endlich selbständig bin und verdiene.« (Baba, 16)

»Im Falle einer Trennung würde eine Wolke über meinem Leben lasten. Ich würde dauernd das Gefühl haben, daß alles meine Schuld ist, allein meine Schuld. Ich wäre dann innerlich überzeugt, daß meine Eltern egoistisch und lieblos sind, vor allem, wenn sie einen neuen Partner mitbringen. Das wäre unerträglich und ich könnte es nie akzeptieren. Ich würde meine Eltern hassen.« (Eva, 16)

»Wenn sie sich trennen, würde ich nur mehr Angst haben, Angst um meine Mutter, Angst um meine kleinen Geschwister. Was soll sie bloß tun ohne Ausbildung? Sie hat jung geheiratet und war immer nur für uns da. Ich merke oft, daß sie versucht, alles sehr gut zu machen, damit mein Vater sich nicht ärgert. Er hat ein sehr heftiges Temperament und mir ist es immer schrecklich, wenn er sie vor uns kritisiert. Aber ich hätte auch Angst um meinen Vater, weil er faul ist und hilflos. Er weiß nicht einmal, wie man Rührei macht. Wahrscheinlich würde er ohne meine Mutter sehr krank werden und bald eine Freundin haben, die ihn versorgt.
Im Grunde wäre ein Trennung für meine Mutter gar nicht schlecht, wenn sie genug Geld zum Leben hätte. Ich würde sicher bei meinem Vater bleiben, weil ich nicht sehe, daß sie für mich sorgen könnte.« (Michael, 16)

»Wenn meine Eltern sich trennen würden, würde ich alles verlieren, woran ich geglaubt habe. Ich habe immer zu ihnen aufgeschaut. Mein Vater hat jede freie Minute mit mir verbracht, bis ich zwölf war. Jetzt ist er im Außendienst, aber er schreibt mir täglich, wenn er unterwegs ist. Ich habe seine Briefe zu einem Buch gebunden.

Wenn ich meine Eltern zusammen sehe, bin ich froh, daß sie sich noch immer lieben. Das ist selten bei den Eltern meiner Freundinnen, deshalb würde ich mein Selbstbewußtsein verlieren, weil alles, woran ich geglaubt habe, plötzlich weg wäre.« (Mirli, 15)

»Ich bin sechzehn und ganz sicher, daß sich meine Eltern trotz viel Zank nie trennen. Wenn es dazu käme, würde ich bei Verwandten leben. Damit würde ich der Entscheidung entkommen, einen von ihnen zu verstören. Ich würde zwischen ihren Wohnungen besuchsweise hin- und herpendeln. Aber wenn sie nochmals heiraten würden, würde ich die Besuche einstellen, ich würde sie nur mehr hassen.« (Fred, 16)

»Wenn sich meine Eltern trennen würden, hätte ich nur Angst, ich könnte gar keinen klaren Gedanken fassen. Wie sollte das bloß gehen? Wir haben ganz gut gelebt. Dann würde sich herausstellen, daß das alles Betrug war, ich würde sicher sein, daß sie alles seit Jahren vor uns Kindern nur vertuscht haben. Das wäre mir peinlich, der Gedanke, daß wir alle mit einer Lüge gelebt haben. Dann hätte ich Angst, mein Leben neu zu beginnen. Mein Vater würde sicher meine Mutter und uns Kinder heim nach England schicken, weil wir hier keine Familie haben. Ich würde außerdem mein ganzes eigenes Leben verlieren. Die Freunde sind mir sehr wichtig, das wäre fast so schlimm wie meine Familientragödie. Ich würde kämpfen, ins Internat zu dürfen und hier bei meinem Vater und in meiner Schule zu bleiben, damit sich mein Leben nicht ganz auf den Kopf stellt. Mein Leben wäre dann ohne meine Mutter sicher sehr traurig, und ich weiß, sie würde mich sehr vermissen. Aber wir hätten es in England nicht so gut zusammen, mit all den Sorgen.« (Ben, 15)

»Wenn sie sich trennen würden, wäre ich beleidigt und eifersüchtig, sicher sogar, falls sie wieder neue Kinder kriegen. Dann würde ich sie nicht mehr sehen wollen. Das kommt mir bei meinem Vater relativ wahrscheinlich vor, er ist sehr an Sex und jungen Frauen interessiert. Er plaudert so hingerissen mit meinen Schulfreundinnen, ich finde das manchmal peinlich. Ich mag ihn nicht so gern, weil er immer zuerst an sich denkt, aber lieber wäre mir, es änderte sich nichts bei uns zu Hause, weil meine Mutter so auf ihn ausgerichtet ist. Sie ist schon sechsunddreißig und denkt, sie kriegt sicher keinen passenden Mann mehr. Obwohl ich finde, daß wir es ohne ihn immer schöner haben. Es ist ruhiger und harmonischer, er bringt immer so viel Chaos heim.« (Melinda, 15)

»Wenn sich die Eltern trennen, dann verliert man die Hoffnung im Leben. Ich würde besser mit keinem von beiden zusammenleben, weil ich würde ihnen das Leben dann zur Hölle machen. Besser wäre eine Trennung von uns allen. Ich habe sehr liebe Großeltern, die sind noch jung, die wären dann mein Zuhause.« (Elvira, 16)

»Ich hätte solche Angst vor einer Trennung, daß ich gar nicht denken kann. Ich wäre lieber bei meiner Mutter als bei meinem Vater, weil sie sich mehr um mich kümmert. Für ihn sind andere Dinge im Leben wichtiger. Aber ich würde mir das sicher nicht zu sagen trauen.« (Hans, 16)

»Zwischen meinen Eltern herrscht keine abgöttische Liebe, vor allem meiden sie jeden Körperkontakt miteinander, aber Zeit und Gewohnheit haben sie doch zusammengeschmiedet. Ich wäre zwischen beiden hin- und hergerissen und könnte mich bestimmt nicht entscheiden. Vor allem hätte ich Angst, daß sie überhaupt keine Zeit mehr für mich haben. Sie sind beide hochbeschäftigt, aber dann würden sie wahrscheinlich nur mehr an sich und an ihr neues Leben denken, und ich bliebe irgendwie allein.« (Penny, 15)

»Ich finde, Kinder sollten in Ehen mehr Mitspracherecht haben. Meine Eltern streiten täglich. Das höre ich als erstes,

wenn ich aufwache, oder auch, wenn ich nach dem Kinobe-
such abends die Wohnungstür aufschließe. Irgendwie wäre
ich manchmal erleichtert, wenn es vorüber wäre. Meine
Mutter macht ihm Vorwürfe, weil sie nur für seine Karriere
gelebt hat. Er ist furchtbar aggressiv und schreit dann, daß
sie ohnehin untüchtig ist. Mir tut das sehr weh, aber bald
mag ich beide nicht mehr. Keiner hat recht, finde ich.«
(Josef, 16)

»Ich finde, daß sich Menschen an die furchtbarsten Ände-
rungen gut anpassen können. Ich glaube nicht, daß ich
unter einer Scheidung so sehr leiden würde. Aber die einzige Angst, die ich hätte, wäre, daß es keinen Mann im
Haus gibt. Ich will, daß es ein männliches Vorbild in der
Familie gibt.« (Felix, 16)

»Ich wäre sicher sehr verärgert, wenn sie sich scheiden
ließen. Ich würde meinen Vater nur einmal im Monat sehen.
Ich sehe ihn jetzt zwar auch nur am Wochenende und morgens beim Frühstück, weil er so beschäftigt ist, aber wenigstens gibt es eine Familie, irgendwie. Ich hätte auch große
Probleme, von meiner Mutter Geld zu verlangen, das wäre
sicher sehr knapp. Bei meinem Vater ist das kein Problem,
auf diese Weise kann er mich glücklich machen.« (Jirki, 15)

»Ich finde eine Scheidung grausam und falsch, solange die
Kinder noch daheim leben, weil dann alles zerfällt. Ein
Kind braucht eine Basis. Natürlich wird das Familienleben
zur Hölle, wenn sich die Erwachsenen nicht verstehen. In
einer Ehe soll das Kind der Mittelpunkt sein. Ich bin zum
Beispiel der Mittelpunkt, zumindest im Leben meiner
Mutter. Für meinen Vater bin ich nicht so wichtig. Der hat
sein Leben im Büro. Das ist ihm dort alles interessanter als
wir, aber es kränkt mich nicht, weil, er sorgt sehr gut für
uns, und wir sind trotzdem eine Familie. Meine Mutter hat
mir einmal sehr behutsam und liebevoll erklärt, daß es
schwer ist, meinen Vater zu ändern, daß wir ihn so nehmen

müssen, wie er ist, und daß das Wichtigste für sie die Liebe zu ihren Kindern ist. Da habe ich großes Glück. Sie könnte auch unglücklich und streitsüchtig sein, wie viele andere Mütter von meinen Schulfreunden.« (Maximilian, 15)

»Bei mir ist es knapp an der Scheidung. Meine Eltern streiten nur. Dann sitze ich ängstlich und voll Furcht in meinem Zimmer. Sie schlagen sich auch. Mein Bruder ist vierzehn, ich weiß nicht, wie es ihm geht. Ich fühle mich mies, schon seit Monaten, mir gefällt mein Leben nicht mehr. Ich bin neidisch auf meine Freundinnen, die all diese Sorgen nicht haben. Ich würde meinen Vater sehr vermissen, obwohl ich nicht genau weiß, warum. Wir haben keine so gute Beziehung. Ich glaube, daß ich bei einer Scheidung beide Eltern verlieren würde, weil dann die Familie zerfallen ist und wir Kinder nur mehr die traurigen Erinnerungstrümmer sind. Wer würde uns dann wollen? Für meine Mutter wären wir auch eine große Belastung. Sie müßte sich wieder neu einschulen, sie hat die Handelsschule absolviert, aber nie gearbeitet. Und mein Vater wäre dann sicher schnell aus unserem Leben auf und davon.« (Gilda, 15)

»Die größte Sorge wäre, daß ich und meine Schwester Gilda getrennt würden, auch wenn ich sie oft lästig finde, aber ich mag sie trotzdem sehr. Beängstigend finde ich, daß vielleicht jeder Elternteil versuchen würde, uns auf seine Seite zu ziehen. Ich käme mir vor wie eine Verräterin. Beängstigend finde ich auch die Idee eines Stiefvaters oder einer Stiefmutter, wobei ich glaube, daß mein Vater eher der ist, der gleich wieder eine Ehe eingeht. Er ist gern mit Frauen zusammen, das stört meine Mutter auch sehr.« (Ellen, 16)

»Wenn sich meine Eltern scheiden lassen würden, wäre ich total erschreckt, obwohl es rundherum dauernd passiert. Aber es ist immer schlechter als zusammenbleiben, zumindest für die Kinder. Der einzige Scheidungsgrund ist

Gewalttätigkeit, wenn der Mann die Frau und die Kinder schlägt. Alles andere kann man beheben.
Ich hätte Angst davor, wenn es so weit kommen sollte, daß mich meine Eltern fragen: Mit wem willst du leben? Ich habe davon gehört, daß Eltern sich abwechselnd um die Kinder kümmern, aber da müßte ich ja zwei Leben führen.« (Leman, 16)

»Meine Eltern sind geschieden, aber es kümmert mich nicht. Früher war es schlimmer. Mein Vater haute mich manchmal und ich war ein paar Mal beim Psychiater und versuchte einmal Selbstmord, als ich acht Jahre alt war. Aber jetzt ist alles wieder in Ordnung und ich verstehe mich ein bißchen besser mit meinem Vater. Es war Schicksal, und ich bin jetzt zufrieden mit meinem Leben, weil ich weiß, daß es Schlimmeres gibt. Ich kenne Familien, die mehr Probleme haben als ich. Das Leben geht weiter.« (Egon, 17)

»Ich hätte eine große Angst, daß die Scheidung meine Schuld sein könnte. Wenn es ganz schlimm kommen würde, wäre ich bereit, zum Psychiater zu gehen, damit er mir hilft. Ich weiß nicht, wie man leben kann, wenn die Familie zerbricht. Bei mir wäre die Enttäuschung sehr groß, daß wir nicht eine Familie sein können, obwohl wir alle viel kämpfen miteinander. Aber wir kümmern uns auch. Mein Vater hat meine Mutter sicher nicht mehr so gern. Früher war es ihm wichtiger, was sie denkt, jetzt hört er meistens nicht mehr zu, wenn sie spricht, oder tut so, als ob. Ich glaube, meine Mutter merkt das nicht oder tut so, als ob sie nichts merkt, damit wir Kinder glauben, daß alles in Ordnung ist. Meinem Vater liegt nicht so viel an der Familie, aber trotzdem fühlt er sich für uns verantwortlich. Das finde ich in Ordnung. Die meisten Männer sind so.« (Dolores, 17)

»Es wäre schwer, die Tatsache einer Scheidung zu akzeptieren. Vor allem wüßte ich nicht, mit wem ich wohnen soll. Vor allem würde ich meine Mutter nicht verletzen wollen, wenn ich zu meinem Vater ziehe, was mir lieber wäre, weil er mich mehr als Erwachsene behandelt. Ich glaube, der einzige Grund, daß es zu einer Scheidung kommen könnte, liegt bei meiner Mutter. Sie klammert sich so an meinen Vater, sie ist irgendwie wie ein Kind. Sie will nicht unabhängig sein, oder nur nach außen hin. Das ist irgendwie komisch. Dauernd muß er sagen, wohin er geht und wann er kommt. Das ist bei mir genauso. Sie kontrolliert uns sehr, aber sie merkt es gar nicht, das ist traurig.« (Mieke, 16)

»Eigentlich würde es mich nicht voll stören, wenn sie sich trennen würden. Ich würde ein Jahr bei meiner Mutter und ein Jahr bei meinem Vater leben, dann müßte ich mich für keinen von beiden entscheiden. Das wäre nämlich das Schrecklichste.« (Ken, 15)

»Traurig ist, daß ich von einer Scheidung nicht sehr betroffen sein würde, weil mein Vater ohnehin wenig da ist. Das Leben ohne Vater wäre mir nicht allzu fremd. Wenn er zu Hause ist, streitet er mit meiner Mutter oder meinem Bruder und mit mir. Der Grund, warum ich meinen Vater immer innerlich als »gemein« beschreibe, ist, daß ich ihn kaum sehe. Er kann super und sehr nett sein, aber ich bin ihm nicht nahe, weil er das gar nicht will, und das macht mich ganz kaputt. Das kann ich ihm nicht verzeihen.
Es ist klar, daß ich bei meiner Mutter bleiben würde, weil sie der einzige Mensch ist, dem ich wirklich nahe bin und der mich liebt. Außerdem würde ich mir wünschen, daß mein Vater durch die Entscheidung sehr gekränkt und gedemütigt wäre, wenn seine beiden Kinder lieber bei der Mutter blieben. Aber wahrscheinlich erwartet er gar nichts anderes und alles andere wäre ihm sicher nur lästig. Was mir aber auch noch weh tut, ist, daß ich glaube, meine Mutter braucht die Stabilität durch meinen Vater. Sie kann sich nicht vorstellen, ohne einen Mann zu leben. Sie sagt

zwar das Gegenteil, aber ich weiß, daß es anders ist. Das Schrecklichste wäre, zu sehen, wie unglücklich meine Mutter wäre. Sie ist leider nicht jemand, der gerne selbständig ist. Sie braucht ihren Mann, das ist das Wichtigste im Leben für sie.« (Marlen, 16)

»Meine Eltern sind geschieden, seit ich sieben war. Ich habe das nie mitgekriegt, weil mein Vater sowieso nie zu Hause war. Er ist beruflich viel auf Montage und er ist hauptsächlich in den Ferien daheim. Es wurde mir nichts von der Scheidung gesagt und ich habe es selber mit zehn Jahren herausgefunden, und mir war richtig übel. Ich habe tagelang nicht essen und schlafen können; heute weiß ich eigentlich nicht, warum ich geweint habe, weil, ich vermisse meinen Vater überhaupt nicht. Wir sehen uns ab und zu, ich liebe ihn auch nicht. Er ist einfach nur ein Vater, der mir auch nicht gerade sehr sympathisch ist.
Mit meiner Mutter habe ich eine Superbeziehung, ich lebe gern mit ihr. Mein Vater ist international ein wichtiger Mann, aber wenn man ihm das alles wegnehmen würde, hätte er sicher kaum Freunde. Außerdem ist das für Kinder nicht wichtig, was ein Vater Großartiges ist. Ich habe immer die Kinder beneidet, deren Väter mit ihnen gespielt haben und die am Abend heimgekommen sind.« (Kathy, 16)

»Wenn meine Eltern sich scheiden lassen würden, könnte ich nicht mehr leben. Sie haben öfters Auseinandersetzungen, aber sie respektieren einander. Mein Vater kennt seine Verantwortung und meine Mutter hat uns ein sehr schönes Zuhause bereitet. Ich freue mich jeden Tag, wenn ich von der Schule heimkomme. Ich darf auch immer jemanden mitbringen. Wir trinken Tee und reden miteinander und meine Mutter kennt alle meine Freunde.
Im Islam ist eine Scheidung eine Katastrophe und ich finde das auch ganz gut, wenn ich sehe, wie schnell hier geschieden wird. Meine Eltern würden sich nie scheiden lassen

und wenn, dann würde ich von Zuhause wegrennen.«
(Nasser, 16)

»Wenn meine Eltern geschieden würden, wäre ich total
zerstört. Auf meine Schulnoten würde ich sicher nicht
mehr aufpassen können. Sie sind immer da, wenn ich sie
brauche. Manchmal hasse ich sie, vor allem meinen Vater,
aber ich will ihn auch lieben.
Ich rede mit jedem von beiden anders, deshalb könnte ich
auch nicht nur mit einem von beiden leben. Wenn sie lange
streiten, kriege ich Angst vor einer Trennung. Aber ich
weiß, daß sie sich nie trennen, weil sie unsere Kultur
respektieren und uns Kinder zu sehr lieben, um alles zu
zerstören.« (Ali, 16)

»Mit wem will ich leben? Mutter oder Vater? Ich weiß, daß
ich das als erstes denken würde. Und wie würden sich
meine Eltern dann fühlen? Ich gehe nächstes Jahr zur Uni
und würde als Ausweg woanders studieren. Aber wo
sollte ich in den Ferien hin? Ich hätte kein Heim mehr. Ich
glaube, daß die Mehrheit der Jugendlichen beide Eltern
braucht, wenn sie gewöhnt waren, mit ihnen zu leben.
Meist denkt man das nicht, aber es ist wahr.« (Miriam, 15)

»Wenn meine Eltern sich trennen würden, wäre alles sinn-
los. Ich würde dauernd die Schule schwänzen. Ich bliebe
sicher bei meiner Mutter und würde meinen Vater einmal
im Monat sehen. Jetzt hat er auch nicht so viel Zeit für
mich, das würde nicht so auffallen. Aber ich habe das
Gefühl, daß das Leben in Ordnung ist, solange die beiden
zusammen sind.« (Lisa, 15)

»Ich würde zuerst ganz schön verärgert sein und meine
Eltern anschreien, wie sie uns das antun können. Insge-
heim würde ich mich schämen, daß sowas Furchtbares in
meiner Familie passiert. Dann habe ich auch Eltern, die
nicht besser sind, die kein gutes Leben führen konnten.
Dann würde ich abwarten, bei wem ich leben soll. Bei mei-

nem Vater wäre es schöner, aber bei meiner Mutter wäre es realistischer. Sie ist auch die einzige, die mir bei den Aufgaben helfen will. Dann würde ich versuchen, Geld herauszuholen. Mein Vater müßte dafür bezahlen, daß er uns im Stich läßt. Sobald ich an der Uni bin, das ist in zwei Jahren, würde ich versuchen, die Eltern für eine Weile zu vergessen, total aus meinem Gedächtnis zu streichen, und ihre Versuche, sich mir zu nähern, total zu ignorieren.« (Silvie, 16)

»Ich bin glücklich, daß meine Eltern nicht geschieden sind wie viele Eltern meiner Freunde. Wenn sie sich scheiden ließen, würde ich mich richtig verändern. Ich würde nie mehr richtig lachen können, Witze würde ich auch nicht mehr machen wollen. Ich würde mich auch wenig mit meinen Freunden unterhalten, weil ich zu traurig wäre. Meine Schulaufgaben würde ich bestimmt auch nicht machen. Ich würde nur Gitarre spielen und versuchen, über gar nichts nachzudenken.« (Gunther, 16)

»Mir ist die Vorstellung schrecklich, weil ich bei meinem besten Freund sehe, wie er seit der Scheidung ruiniert ist. Er geht wie ein Pingpongball zwischen den Eltern hin und her. Er kriegt viel mehr Sachen als früher, aber ich würde nicht für meine Trauer belohnt werden wollen. Ich wäre lieber in einem Heim als bei einem von beiden.« (Milan, 17)

»Ich würde mich total betrogen fühlen und mir große Angst um die Zukunft machen. Wie wichtig wäre meinem Vater die Familie noch? Würde er für unsere Ausbildung genug zahlen? Meine Mutter hat Depressionen, wer würde sich um ihre Arztrechnungen kümmern? Meine Mutter hat sich ihr Leben anders vorgestellt. Sie ist von Natur aus sehr offen und interessiert an Menschen. Und jetzt steht sie hinter ihm in der zweiten Reihe, weil er eine so wichtige Arbeit hat. Sie ist noch nicht so alt, achtunddreißig, und hat ein Studium gemacht. Für sie wäre es gut, zu erkennen, daß sie auch ohne ihn jemand ist. Aber was ist mit uns, wenn es schief geht. Wir sind drei Kinder und das Leben ist teuer.« (Ethel, 16)

Marius, sechzehn Jahre alt, Gymnasiast. Seine Eltern sind seit drei Jahren geschieden:
»Ich habe mir nie gedacht, daß es bei uns zur großen Katastrophe kommen könnte. Unser Familienleben war nicht schlechter als das bei anderen. Mein Vater hat immer viel gearbeitet, zu viel. Er kam nach Betriebsschluß selten gleich heim, so daß wir nicht allzuviel Kontakt zu ihm hatten.
Meine Mutter ist aber immer sehr besorgt um mich gewesen, sie hat das Klima ausgemacht, sie hat sich um die Schule gekümmert, um das Leben meines Vaters, der immer sehr abwesend war, sowohl geistig als auch als Person. Ich wollte ihn jahrelang beeindrucken. Ich habe nur für ihn Geige gelernt. Das war rückblickend eine absurde Idee. Er ist eher ein Haudegen und steht auf nichts Feingeistiges. Als ich ihn zum Konzert einlud, mußte ihm meine Mutter stundenlang im Betrieb nachtelefonieren, damit er auch wirklich zu diesem Konzert erschien. Ich war damals neun. Der Platz neben meiner Mutter war bis zur Pause leer. Ich kam erst nach der Pause dran, aber das konnte er ja nicht wissen, genausogut hätte ich gleich am Anfang spielen können. Leider war nach mir eine Ballettnummer. Das war ihm unerträglich. Ich habe furchtbar gelitten, als ich ihn dort auf dem Stuhl sitzen sah, eingeklemmt in der Reihe, und ich konnte sehen, daß er nur raus wollte.
Ich wollte ihm etwas ganz Besonderes bieten. Ihm hätte es mehr gefallen, wenn ich mich in einem Boxklub profiliert hätte. Dann nach der Vorstellung hat er mir auf die Schulter geklopft und zu meiner Mutter gesagt: Mach mir keinen Schwulen aus ihm. Diese Bemerkung ist mir nie aus dem Kopf gegangen. Ich konnte damals nichts damit anfangen, aber ich habe mir das Wort gemerkt. Heute macht mir dieser Satz große Angst. Ich komme mit Mädchen

nicht so gut zurecht. Der wichtigste Mensch auf der Welt ist für mich mein Freund Dennis. Was hat das zu bedeuten? Vielleicht hat mein Vater damals eine mögliche Veranlagung bei mir erkannt?

Meine Mutter ließ sich scheiden, wahrscheinlich weil sie ihn nicht mehr ertragen hat. Aber es gab auch irgendeine Frauengeschichte auf seiner Seite.

Plötzlich hieß es Scheidung. Mir haben sie es erst gesagt, als alles vorbei war. Ich habe das als großen Betrug erlebt. Von meinem Vater habe ich nichts anderes erwartet. Aber daß sie da mitspielt und mich so hintergeht! Ich war alt genug, vierzehn, daß man hätte das Gespräch suchen können. Aber sie waren nur an sich interessiert. Meine Mutter hat Angst gehabt, irgendwas falsch zu machen, weil ich ihr einziges Kind bin und er hatte ihr gedroht, mich zu sich zu nehmen. Da wäre ich nicht geblieben. Ich wäre ausgerissen. Obwohl ich jetzt im alten Haus mit meiner Mutter lebe, hat sich mein Leben total verändert. Ich habe das Gefühl, versagt zu haben. Ich habe auch irgend etwas falsch gemacht. Irgend etwas habe ich nicht geschafft, was anderen Kindern gelingt. Die machen ihren Eltern so viel Freude, daß sie sich »wegen der Kinder« nie im Leben scheiden lassen würden. Das stand bei uns nie zur Diskussion. Ich war gar nicht wichtig, jeder hat an sich gedacht und an das eigene Leben. Ich habe heimlich ›happy pills‹ genommen, die habe ich bei meiner Mutter im Allibert gefunden. Das hat mir geholfen, so eine Fassade der Gleichgültigkeit aufrechtzuerhalten. Vor allem in der Schule wollte ich meinen Kummer nicht zur Schau stellen. Meine Noten sind in den Keller gesackt, aber das habe ich wieder im Griff.

Meinen Vater sehe ich manchmal zum Essen, aber immer sind andere Leute dabei. Wir haben uns, seit er ausgezogen ist, nie wieder allein gesehen. Es kommt mir komisch vor. Es ist auch merkwürdig, ihm im Gasthaus gegenüberzusitzen, ganz manierlich. Wir benehmen uns wie Fremde, sehr höflich, und daheim habe ich ihn das halbe Wochenende im Pyjama herumspazieren sehen.

Meine Mutter ist heute besser dran. Sie arbeitet als Aushilfe in einer Werbeagentur und führt ein ganz anderes Leben. Aber wir sind uns auch fremder geworden, weil ich ihr nicht verzeihen kann, daß sie mich nicht ernst und wichtig genommen hat. Das werde ich ihr niemals sagen, wie sehr sie mich gekränkt hat. Sie soll grübeln, warum wir so distanziert sind. Ich weiß, daß sie darunter leidet. In meiner Klasse haben sich gerade die Eltern von einem Mädchen scheiden lassen. Sie hat in der Schulstunde plötzlich zu weinen begonnen, das war ganz schön peinlich. Als sie sagte, ihr Vater habe gestern seine Koffer abgeholt und sie habe Angst, heute heimzukommen, weil sie nicht wisse, wie es jetzt genau sein werde, war ich auch ganz heftig aufgewühlt. Ich durfte gar nicht zu ihr rüberschauen, ich hätte fast mitgeheult. Aber man vergräbt das besser in sich. Ich konnte sie gut verstehen, eine Ära der Gutgläubigkeit ist zu Ende gegangen. Jetzt war sie nicht mehr so beschützt, jetzt war das Leben plötzlich in einer häßlichen Weise über sie hereingebrochen.

Ich träume oft, daß mich jemand haßt. Irgendwelche Personen, die im Traum eine Rolle spielen, hassen mich. Wir haben heuer das erste Mal auch Psychologie als Unterrichtsfach, ich werde so einen Traum einmal schildern. Ich weiß, daß ich mich selbst hasse, weil ich kein schönes Elternhaus habe. Aber dann denke ich, es sind nur mehr zwei Jahre, und ich bin aus der Schule, und all das kümmert mich hoffentlich nicht mehr.

Mein Vater hat mir so nebenher vorgeschlagen, daß ich auch bei ihm leben kann. Er sagte: Wenn's dich interessiert, kannst du dir meine neue Wohnung anschauen. Dort ist auch Platz für dich, wenn du von daheim rauswillst.

Ich vermute, daß er das nicht aus großer plötzlicher Liebe zu mir angeboten hat, sondern weil er meine Mutter fertigmachen will. Da spiele ich nicht mit.«

11
»Der klügste General ist derjenige, der es nie zu einem Krieg kommen läßt«
Sun Tzu

Unser stärkstes Gefühl, während wir uns die teils ziemlich schrecklichen Kriegsgeschichten von der Scheidungs- und Sorgerechtsfront anhörten, war nicht Betroffenheit oder Resignation oder Mitleid. Nein, das Gefühl, das sich am stärksten durchsetzte – bei aller Dramatik und Qual und Pein der Erzählungen –, war die innere Gewißheit, daß in den meisten Fällen die Konflikte eigentlich lösbar wären.

Das Gefühl überraschte uns, denn auf den ersten Blick erschien die Mehrzahl der geschilderten Situationen hoffnungslos verworren. Doch dann waren es gerade die besonders komplizierten und schlimmen Problemkonstellationen, die uns vor allen anderen lösbar erschienen. In diesen Situationen ging es allen Beteiligten schlecht. Und eigentlich hatten alle eine starke Motivation, es anders zu machen. Wenn da nur nicht so viele emotionale Blockierungen gewesen wären. Alle waren unglücklich, alle waren aufgeregt, alle befanden sich in einem Zustand der Anspannung. Diese Tatsache überschattete längst den objektiven Inhalt der Auseinandersetzungen. Es ging meist zu 90 Prozent um Emotionen und nur zu 10 Prozent um einen echten Interessenkonflikt. Dem neutralen Außenstehenden fallen angesichts der Darstellungen sofort praktikable Kompromißvorschläge ein. Doch diese kommen nicht in Frage, stehen nicht einmal zur Diskussion, weil die Betroffenen dermaßen in ihren emotionalen Konflikt verstrickt sind, daß sie nicht mehr denken können und nicht miteinander verhandeln wollen.

Unser Eingangszitat gehört einer Denkrichtung an, die sich

auf die Entwirrung komplizierter Konfliktsituationen konzentriert.

Diese historisch traditionsreiche, in unserem Jahrhundert wiederentdeckte und vielversprechende Richtung in den Sozialwissenschaften befaßt sich mit intelligenten Wegen der Konfliktlösung. Die Methoden, die von dieser Richtung entworfen wurden, richten sich meist auf internationale Beziehungen und auf Konflikte in der Arbeitswelt, aber sie erheben den Anspruch, generell auf alle zwischenmenschlichen Situationen anwendbar zu sein. Wir haben die diesbezüglichen Studien sorgfältig ausgewertet und darin eine Reihe von wertvollen Anwendungen für Scheidungs- und Sorgerechtskonflikte gefunden. In diesem Kapitel stellen wir zusammenfassend die wichtigsten Einsichten vor.*

Diese Richtung geht auf Arbeiten des Harvard Negotiation Project, einem Schwerpunktprojekt der anerkannten amerikanischen Harvard-Universität, zurück. In ihren zahlreichen, teilweise bahnbrechenden praktischen Anwendungen in der internationalen Diplomatie, in spannungsgeladenen Verhandlungen zwischen Gewerkschaften und Arbeitgebern, mit Geiselnehmern und Terroristen, in heiklen Fusionsgesprächen multinationaler Konzerne konnten sie Formeln finden, die sich selbst in sehr verhärteten und aggressiven Situationen bewähren. Die erfolgreichsten Techniken waren diejenigen, die dem üblichen Konfliktverhalten widersprachen.

In harten Konfliktsituationen setzen die meisten Menschen auf Konfrontation, auf Eskalation, auf Drohungen. Dieses Verhalten führt dazu, daß auch die Gegenseite feindseliger wird; die Positionen werden starrer, Drohungen führen zu Gegendrohungen, das Klima wird immer schlechter. Selbst wenn sich

---

* Die folgenden Punkte entnehmen wir den Texten von R. Fisher, P. Ertl, *Getting Ready to Negotiate*, New York 1995; U. Ury, *Getting Past No – Negotiating with difficult people*, New York 1991; J. Edelman, M. B. Crain, *The Tao of Negotiation*, New York 1993. Ganz besonders empfehlenswert ist: R. Fisher, S. Brown, *Gute Beziehungen*, München 1995.

eine Seite infolge ihrer überlegenen Macht durchsetzen kann, ist das resultierende »Abkommen« problematisch. Die unterlegene Seite ist voller Ressentiments, fühlt sich betrogen oder gedemütigt. Falls sie jemals dazu in der Lage ist, wird sie sich rächen. Man hat ein kurzfristiges Ziel erreicht, aber die Beziehung langfristig zerstört.

Was haben die Prinzipien, die von dieser Richtung entwickelt wurden, mit Ihnen und Ihrem privaten Familienproblem zu tun? Sie zeigen Ihnen einen Weg, um mittels Verhandlung eine Lösung für Ihr spezifisches Dilemma zu finden.

Nehmen wir also an, Sie und Ihre ehemalige Partnerin sind in irgendeinen Konflikt verwickelt, der Ihr gemeinsames Kind betrifft.

»Ich will das gemeinsame Sorgerecht, weil ich verdammt-nochmal der Vater bin und ein Recht darauf habe«, das ist ein Prinzip. Es ist nicht erfolgversprechend, von Prinzipien auszugehen. Statt dessen sollten Sie überlegen, was Ihr eigentliches Interesse ist. Was wollen Sie? Was befürchten Sie? Was ist Ihnen hier wirklich wichtig?

Vielleicht haben Sie die Erfahrung gemacht, daß Ihre geschiedene Frau sich nicht hinreichend für das schulische Vorankommen Ihres Kindes interessiert. Sie hat keine Zeit, sich die Hausaufgaben anzuschauen, sie geht ungern zu Elternabenden und sie ist als Künstlerin der Meinung, daß man in der Schule sowieso nichts Wesentliches lernt. Sie hingegen sehen die Dinge ganz anders. Ihr Kind ist begabt und gescheit, Sie wollen es fördern. Sie wollen das gemeinsame Sorgerecht, weil Sie dann ein verbrieftes Recht haben, in schulischen Angelegenheiten mitzubestimmen.

Nun gilt es, die Situation genau zu untersuchen. Führt das gemeinsame Sorgerecht wirklich zum gewünschten Ziel? Nicht unbedingt. Wenn Sie zu Ihrer Ex-Frau ein feindseliges, zerstrittenes Verhältnis haben, wird jedes Detail der Schulkarriere Ihres Kindes zu einem möglichen Kriegsanlaß werden. Sie wollen es in das sehr gute örtliche Gymnasium schicken; Ihre Frau bevorzugt die Waldorfschule. Sie möchten, daß das Kind Latein lernt, Ihre Frau besteht auf Spanisch. Was Sie also in Wahrheit erreichen müssen, ist irgendeine kooperative Gesprächsbasis, ein Konsens oder eine Arbeitsteilung, was die schulische Laufbahn Ihres Kindes anbelangt.

Nun zum Sorgerecht. Ihre Frau ist gegen das gemeinsame Sorgerecht. Sie müssen nun herausfinden, worauf ihr Widerstand tatsächlich gründet. Was sind vermutlich die Wünsche und Ängste Ihrer geschiedenen Frau? Ist sie wirklich gegen das gemeinsame Sorgerecht, oder hat sie nur Angst davor, wie Sie diese Situation vielleicht nutzen könnten, um ihr Schwierigkeiten zu bereiten? Hat sie irgendwelche berechtigten Gründe, das zu befürchten? Kann ihre Angst vielleicht irgendwie ausgeräumt werden?

Und schließlich nochmal zum Schwerpunkt Schule. Momentan stellt sich die Situation so dar, daß einer von Ihnen verlieren und der andere gewinnen muß: Entweder Sie setzen sich in Schulfragen durch, oder Ihre Frau. Aber muß es so sein? Vielleicht gibt es eine Lösung, die beiden Seiten entgegenkommt. Ihre Frau haßt es, sich mit schulischen Problemen abzuplagen. Vielleicht ist sie, sobald man sich von der Prinzipienfrage freigemacht hat, sogar ganz froh, Ihnen diesen Bereich überantworten zu können. Vielleicht stört es sie gar nicht so sehr, daß Sie die Schulangelegenheiten entscheiden wollen, sondern es stört sie Ihre Art und Weise, wie Sie das tun. Vielleicht machen Sie ihr dauernd Vorwürfe, weil sie sich nicht mehr darum kümmert. Vielleicht erwarten Sie von ihr, daß sie Ihre Anordnungen ausführt, und kritisieren sie dann, wenn sie es nicht zu Ihrer Zufriedenheit getan hat. Dann kann eine Lösung darin bestehen, daß Sie pauschal den ganzen Schulsektor übernehmen, inklusive Hausaufgaben, Elternabend und Vorbereitung auf Klassenarbeiten.

WORUM GEHT ES MIR WIRKLICH?
WORUM GEHT ES IHR/IHM WIRKLICH?

MUSS ICH MIT DIESER PERSON IN ZUKUNFT KON-
TAKT HABEN?
WAS WÄREN MÖGLICHE LÖSUNGEN?
NACH WELCHEN OBJEKTIVEN KRITERIEN KÖN-
NEN WIR BEURTEILEN, OB DIESE LÖSUNGEN AUCH
FAIR SIND?
WAS WERDE ICH TUN, WENN ICH KEINE LÖSUNG
ERREICHEN KANN?
WIE SETZEN WIR DIE LÖSUNG UM?

Das »normale« Konfliktgespräch sieht ganz anders aus. Falls
sie sich überhaupt auf das Gespräch vorbereiten und nicht einfach warten, was die Gegenseite ihnen anbieten wird, bringen
die meisten Menschen nur zwei Gedanken in die Verhandlung
mit. Sie wissen ungefähr, was sie wollen, und sie wissen ungefähr, auf welches Minimalangebot sie sich einlassen würden.
Diese Basis ist zu eindimensional und schließt viele andere
mögliche Kompromisse, die in einem konstruktiven Gespräch
entstehen können, aus.

Die wirklich wichtigen Erkenntnisse dieser Methode sind
grundsätzlicher Natur und stellen so etwas wie eine Konflikt-
Philosophie dar. Wir fassen zusammen:

1. Das optimale Ergebnis für Dich ist kein einseitiger Sieg, sondern eine Lösung, die auch Deinen Gegner zufriedenstellt.
Eine solche Lösung nämlich ist »billiger« (und zwar in jeder
Hinsicht: Geld, Nerven, Menschenleben), sie ist stabiler und
hat das Potential, auch noch in Zukunft viele Vorteile zu
bringen.

2. Es ist absolut notwendig, in einer Verhandlungssituation
ruhig zu bleiben und die eigenen Emotionen unter Kontrolle zu behalten.

3. Es ist viel besser, mit einer ruhigen und emotional stabilen
Gegenseite zu verhandeln. Man sollte alles tun, um zur Stabilität des Gegners beizutragen.

4. Ein Konflikt besteht meist aus einer sachlichen und einer emotionalen Seite. Es ist unbedingt erforderlich, beide zu behandeln. Aber sie dürfen nicht vermischt werden. Eine sachliche Konzession verbessert nicht das emotionale Klima, obwohl fast alle davon ausgehen, daß es so ist. Die zwei Ebenen müssen getrennt, aber gleichzeitig angegangen werden.
5. Man sollte in keine Verhandlung gehen, ohne zu wissen, welche Optionen man hat, falls die Verhandlung scheitert. Erstens fühlt man sich sicherer und besser, wenn man die Alternativen kennt. Zweitens kann man nur so entscheiden, welches Angebot man annehmen sollte.
6. In einer Familiensituation oder in einer Situation, in der zum Gegenüber auch in Zukunft eine Beziehung erforderlich ist, muß der Ausgang für alle Beteiligten positiv und als Sieg erlebbar sein.

Spielen wir diese Methode durch. Sie sind Vater und leben in Scheidung. Nächsten Freitagabend setzen Sie sich mit Ihrer ehemaligen Frau zusammen, um die Modalitäten der künftigen Kinderversorgung zu besprechen. Wird das Kind einen Hauptwohnsitz haben, und bei welchem Elternteil? Wie wird der Kontakt zum anderen Elternteil aussehen? Wie wird man sich über wichtige Entscheidungen verständigen?

Für viele Geschiedene ist, zwei Jahre nach ihrer Scheidung, nicht einmal mehr eine minimale Gesprächsbasis gegeben – geschweige denn die konstruktive, pragmatische Art von Kommunikation, die das Konfliktlösungsmodell meist sogar im Umgang mit hartgesottenen Terroristen erreichen kann.

Probe aufs Exempel

Nun noch ein allerletzter Fall, anhand dessen Sie Ihre eigene Konfliktkompetenz erproben können. Hier schildert ein geschiedenes Paar seine Gefühle über die Scheidung und das

Kind. Beachten Sie die vielen Empfindungen, die hier hinein-
spielen und eine sachliche Vereinbarung blockieren. Dieser
Vater spricht seiner Ex-Frau nicht die Kompetenz ab, dem
Kind eine gute Mutter zu sein. Die Frau ist nicht der Meinung,
daß die Vaterbeziehung bekämpft oder blockiert werden sollte.
Aber beide sind noch dermaßen heftig in ihre gemeinsame Vorgeschichte verstrickt, daß sie keine Lösung finden können. Ihr
fortgesetzter Kampf geht auf Kosten des Kindes. Der Vater ist
sogar bereit, das gewohnte Lebens- und Schulumfeld seines
Kindes zu zerstören, nur um den »Halt« zu schwächen, den
seine Frau durch das Kind bekommt. Die Frau nimmt diesen
Kampf auf, weil sie darin einen Kampf um ihre Integrität sieht.
Diese Leute sind geschieden. Es sollte mittlerweile darum
gehen, ein konstruktives Arrangement für diese neue Situation
zu finden, doch statt dessen geht es eigentlich immer noch um
ihre Ehe.

Hans trifft uns in einem Kaffeehaus nahe der Schule, die sein
Sohn besucht. Er ist so etwas wie ein »alternativer Anwalt«,
unter anderem für eine Umweltschutzgruppe.

»Mary ist gegangen. Sie hat mich verlassen, das ist eine
ganz tiefe Kränkung für mich, sie hat mich einfach sitzen-
lassen. (Beachten Sie die Formulierung: nicht, es »war«
eine Kränkung, sondern es »ist« immer noch eine tiefe
Kränkung.) Keine Ehe ist perfekt, wir sind seit fünfzehn
Jahren verheiratet (eigentlich: »waren«: Hans hat die Trennung noch nicht akzeptiert). Da passiert viel, und trotzdem muß man so viel Verantwortungsgefühl besitzen, daß
man weiß, man hat zu seiner Familie zu stehen.
Mary war immer extrem eifersüchtig, manchmal berechtigt, das gebe ich ja zu. Trotzdem hätte sie wissen müssen,
daß sie mein Lebensmittelpunkt war, egal was passierte.
Ein kleiner Flirt, das war doch nicht der Weltuntergang.
Zum Schluß ist sie völlig durchgedreht, weil meine kleine,
wirklich nur sehr kurzfristige Flamme zufällig ihre Assi-

stentin war. (Keine Akzeptanz der Gefühle der Gegenseite. Er ist tief gekränkt, aber seine Frau sollte seine Affären schmerzlos wegstecken.)

Ich habe ihr klar gesagt, daß sie sich ins Unrecht setzt, wenn sie mit dem Kind die eheliche Wohnung verläßt. Da habe ich ihr als Anwalt noch gute Tips gegeben. Sie ist trotzdem ausgezogen, mit dem Jungen; zuerst zu einer Freundin, das war nur halbernst, aber als sie schließlich eine Wohnung mietete, wußte ich, sie geht aufs Ganze.

Ich habe sofort gehandelt und ihr einen ganz sachlichen juristischen Brief zukommen lassen, der meine Unterhaltszahlungen festlegte, diese aber mit einem 50-prozentigen Anteil an Chris' Leben verknüpfte. (In Wirklichkeit handelte Hans hier aus Angst und Schock: Er wollte weder seine Frau noch sein Kind verlieren. Er ging jedoch den absolut falschen Weg. Er ignorierte die emotionale Seite und handelte nur auf der sachlichen Ebene, die durch die emotionale Problematik aber völlig zerstört wurde. Er beanspruchte die rechtlich stärkere Position, drohte ihr latent mit seinem überlegenen Fachwissen und mit ihrer finanziellen Abhängigkeit, und machte aus der Kinderfrage eine Prinzipienfrage.)

Ich habe mich immer um Chris gekümmert. Ich habe ihn jeden Tag zur Schule gebracht. Das ist beweisbar, an Zeugen wird es mir gegebenenfalls nicht fehlen. Ich habe an den Wochenenden auch viel mit ihm gemacht und in der Schule, das ist überhaupt meine Trumpfkarte, war ich drei Jahre lang Elternvorstand. Mangelndes Engagement für meinen Sohn kann mir keiner vorwerfen.

Ich habe der Mary Rache geschworen. Sie kann nicht so mit mir umgehen, ich lasse mich nicht einfach so aus ihrem Leben entfernen! (Dieser plötzliche Ausbruch, der nicht einmal direkt aus der Gesprächsabfolge resultiert, zeigt den enormen Grad an emotionaler Aufwühlung.)

Mary scheint einen Realitätsverlust erlitten zu haben. Wel-

chen Standard kann sie Chris eigentlich bieten? Er ist verwöhnt, bald wird ihm die Zimmer-Küche-Idylle, die jetzt
seine Welt ist, auf die Nerven gehen. Er hat von mir immer
die beste Computerausstattung bekommen, die besten
Skier, die beste Hockey-Ausrüstung.

Er fehlt mir. Das Gefühl, daß er im Haus ist, daß er mich
fragt, ob wir uns zusammen ein Tennis-Match im Fernsehen anschauen – das war alles so selbstverständlich.

Mary sagt, ich kann ihn nicht zur Hälfte haben. Ich hätte
nie eine so intensive Beziehung zu ihm gehabt, sagt sie.
Das ist Blödsinn. Ich habe mich einfach nicht so auf ihn
draufgehängt, wie sie das auch heute noch tut. Sie küßt ihn
heute noch ab, das mach' ich nicht. Wir sind Kumpel.

(Da Rache und Drohungen hier der gewählte Weg sind,
um sich zu schützen, gleitet die Frage der Beziehung zum
Kind in eine völlig unnötige Rivalität ab. Er droht ihr, daß
das Kind sie nicht mehr lieben wird, weil sie ihm nicht
mehr den gewohnten Lebensstandard bieten kann, sie
trumpft mit ihrer engeren Beziehung zum Kind auf. Diese
Ebene ist rein destruktiv, hier ist kein positives Einvernehmen möglich.)

Was denkt er von mir, wenn ich einfach aufgebe, wenn ich
das Feld räume? Dann ist mir nichts geblieben, sie hat alles
und ich habe nichts. (Das ist nach Scheidungen ein sehr
häufiger Gedanke auf beiden Seiten, und er muß unbedingt bei jeder Vereinbarung ernstgenommen werden.)

Mir ist klar, daß ich nicht zulassen darf, daß er in seinem
Alter ohne Vater aufwächst. Woran erinnert er sich dann
später? Kinder vergessen schnell, und plötzlich bin ich ein
Ereignis in seiner Vergangenheit. Ich habe der Mary auch
gesagt, nichts ist umsonst im Leben, man muß immer in
irgendeiner Form bezahlen. Wenn ich für das Kind finanziell aufkommen soll, dann muß sie zu einer Gegenleistung bereit sein, das sind die mir zustehenden 50 Prozent.
(Diese Formulierung in Prozenten täuscht Objektivität

vor, verdeckt aber in Wirklichkeit nur den starken Gefühlsgehalt und die vorher angesprochene Angst. Es wäre wesentlich konstruktiver, im Gespräch von dieser Angst auszugehen, die menschlich durchaus nachvollziehbar ist.)

Wie oft ich den Chris sehe? Fast gar nicht. Er ist völlig im Einflußbereich der Mutter, und nie klappt es. Einmal ist ein Camp angesagt, das sich übers Wochenende zieht, dann wieder hat er sich schon mit einem Freund verabredet, und dann liegt er mit Fieber im Bett. Genau deswegen muß ich darauf bestehen, ihn zur Hälfte zu haben, weil, dann ist mein Einfluß genauso stark wie ihrer, das ist doch nur fair. (Fair vielleicht, aber undurchführbar. Es gibt keine Lösung, die man nicht sabotieren kann, und kein Gericht kann verhindern, daß ein Kind krank wird, daß es lieber zu Freunden geht oder in ein Zeltlager möchte. Ist es wirklich das Ziel, daß beide Eltern das Kind zu 50 Prozent haben, um es die halbe Zeit indoktrinieren und die Indoktrinierung der Gegenseite bekämpfen zu können? Was wird dann aus dem Kind? Muß man nicht vielmehr erreichen, daß die Beeinflussung der einen Seite gegen die andere aufhört?)

Die Treffen mit Chris sind von einer komischen Künstlichkeit. Mein Haus ist nicht sehr bewohnt, ich koche nicht, irgendwie ist das Ganze sehr ungemütlich. Also gehen wir irgendwohin Mittagessen und danach vielleicht zu einem Match – wir sind beide Hockeyfans. Viel geredet wird nicht. Das war zwar früher auch so, aber damals war die Stimmung besser. Wahrscheinlich traut er sich nicht, nett und locker zu sein mit mir, weil er sich dann seiner Mutter gegenüber schuldig fühlt. (Falls das stimmt, ist es ein weiterer Beweis für die Notwendigkeit einer echten Lösung, denn in eine solche Lage sollte kein Kind gebracht werden.)

Mich nervt das alles.

Wie es weitergeht? Ich habe Zeit. Ich bin Experte und vertrete meine Anliegen notfalls bei Gericht bestens. Da muß sich die Mary schon dranhalten, um mitziehen zu können. Ausgedehntes Besuchsrecht, darauf kann ich verzichten. Das sind Almosen, Krümel, die sie mir aus ihrem Leben gnädig zuwirft. Ich will mein Recht, das mir zusteht, weil ich meine Pflicht erfüllt habe. Und Chris wird später, wenn er sich ein eigenes Urteil bilden kann, stolz sein auf seinen Vater, der um ihn gekämpft hat.«

Hans »kämpft« mit den simplen, groben alten Mitteln. Er will Mary Angst machen. Er will seine Trumpfkarten und seine Macht einsetzen. Es kümmert ihn nicht, ob das Arrangement seinen Interessen entspricht. Wichtig ist für ihn nur, daß es seine prinzipiellen Rechte zum Ausdruck bringt. Er fragt sich nicht, was er erreichen möchte, obwohl wir es aus seinen Aussagen gut herauslesen können: Er will eine natürliche, freundliche Beziehung zum Sohn, er will dessen Leben beeinflussen und er will vom Sohn geachtet und geliebt werden. Nun sollte er überlegen, welche tatsächlichen, konkreten, pragmatischen Arrangements diesem Ziel dienlich wären. Dann sollte er versuchen, Marys Angst auszuräumen, damit sie nicht das Gefühl hat, defensiv sein und blockieren zu müssen. Das Problem dieser beiden war nie das Kind; über dessen Erziehung und Ausbildung waren sie sich stets einig. Sie waren sich auch darin einig, daß Mary den Hauptteil der Kinderversorgung übernahm. Wenn Hans ehrlich darüber nachdenkt, und wenn er nicht befürchten muß, daß sie das Kind gegen ihn vereinnahmt, wird es ihm auch recht sein, daß sie weiterhin mehr als 50 Prozent der konkreten Erziehungsarbeit leistet.

Hören wir nun Mary.

»Hans war immer ein Sunny-boy, das hat mir auch an ihm gefallen. Einerseits war er konservativ und bestrebt, seriöse Arbeit zu leisten, andererseits war er ein Luftikus. Diese

Seite seiner Persönlichkeit sollte sich aber sehr bald als verhängnisvoll herausstellen. Er war immer einer, der hier und dort seine kleinen Affären hatte. Seine Mutter meinte, ich solle mich nicht aufregen. Solange er seinen beruflichen und familiären Verpflichtungen nachkomme, könne man ihm keinen Vorwurf machen. Seine Freunde im grünen Umfeld fanden es bieder von mir, so an Treue und Monogamie zu hängen. Er erhielt also rundum Bestätigung für seine Abenteuer, aber mir tat das weh. Ich hätte vielleicht schon früher Konsequenzen ziehen sollen, aber ich habe jedesmal gehofft, daß es nicht wieder passiert. Und ich war sehr glücklich über unser Kind und sehr beschäftigt mit ihm. Ich hätte gerne mehr Kinder gehabt, aber Hans wollte nur eines. Er hat sich sogar sterilisieren lassen, als Chris noch ein Baby war. (Wir können jetzt noch besser verstehen, warum Hans das Gefühl hat, mit der Scheidung »alles« zu verlieren. Er kann zwar wieder heiraten, aber er hat keine Aussicht auf weitere Kinder. Im übrigen ist aus der Darstellung ersichtlich, daß diese Ehe bei einer früheren und besseren Intervention wahrscheinlich zu retten gewesen wäre. Mary war tatsächlich der Lebensmittelpunkt für Hans. In einer Beratung hätte man die Beweggründe für seine häufigen unverbindlichen Affären aufdecken können.)

Meinen Beruf habe ich immer gemocht und zum Glück nie aufgegeben. Das ist heute mein Rettungsanker. Als er ausgerechnet mit meiner Assistentin ein Verhältnis anfing, war eine echte Grenze erreicht. Damit wollte er mich demütigen und beruflich fertigmachen. Endlich wußte ich, was ich zu tun hatte: nämlich gehen.

Mit Chris habe ich vorsichtig darüber gesprochen, daß ich daran denken würde, mich von Hans zu trennen. Er war weder überrascht noch hat er versucht, mich davon abzuhalten. Er hat gesagt ›Mama, das wird dir guttun, dann bist du nicht immer so angespannt. Der Papa wird's nicht so schwer nehmen, er hat ohnehin so viel zu tun.‹

Allerdings habe ich mir nicht ausgemalt, was für ein Nervenkrieg damit begann. Er schämt sich nicht, mich den Unterhalt über das Jugendamt einklagen zu lassen. (Hans benützt diese Taktik als Signal: Er will ihr zeigen, daß zwischen ihnen nun alles auf der formalen Ebene läuft, und er will sie spüren lassen, daß sie nach wie vor finanziell von ihm abhängig ist und lieber kooperativ sein soll. Er erreicht das Gegenteil: Er schmiedet Mutter und Kind als Opfer seiner Macht zusammen und erscheint als Feind.) Chris geht in das Gymnasium. Das war der Wunsch von Hans, und Hans hat sich dort immer sehr engagiert. Und nun ist er mit dem Schulgeld im Rückstand. Gestern ließ er mich wissen, daß Chris ›eventuell‹ diese Schule nicht wird weiterbesuchen können, weil das Verfahren um das Sorgerecht noch nicht entschieden ist und er es davon abhängig macht, wieviel er ›investieren‹ kann.

Alles kann ich ertragen, sogar die Schulden, die ich machen muß. Mein Gehalt reicht nicht für die Wohnung, das Leben. Ich bin mit nichts gegangen, aber daß er den Chris da hineinzieht, das ertrage ich nicht. Er liebt seine Schule, er ist seit dem Kindergarten dort, das ist wie eine zweite Familie für ihn. Hans bezweckt nur, mich weichzukriegen. (Diese Einschätzung ist richtig.) Er will das Einvernehmen zwischen Chris und mir zerstören. (Falls das stimmt, ist es sehr kurzschlüssig gedacht. Ein Kind ist nicht wie ein Lieferant, den man der rivalisierenden Firma »abwerben« kann. Ein gestörtes Einvernehmen zwischen dem Kind und einem Elternteil schadet fundamental und bleibend dem Kind.)

Ich werde meinen Kreditrahmen erhöhen lassen und so das Schulgeld bezahlen, aber ich werde nicht zulassen, daß er in das Leben von Chris mit solchen Mitteln eindringt. (Mary nimmt die Kriegserklärung an; keiner denkt mehr an konstruktive Kompromisse.)

Als Vater war Hans, würde ich sagen, durchschnittlich. Er

war nicht besonders hingebungsvoll, aber er war auch nicht schlecht. Er hat für ihn gesorgt, vor allem materiell. Ein besonders enges Verhältnis haben sie nicht gehabt. Ich glaube, daß er nicht so sehr um Chris kämpft; er will mich treffen. Ich soll bestraft werden dafür, daß ich nicht weitermachen wollte wie bisher. Die kleine geduldige Mary hat durchgedreht. (Tatsächlich hat Hans ihre Weigerung, seine Affären zu dulden, als irrationalen Akt beschrieben.) Ich kann nicht sagen, daß ich heute glücklich wäre. Meine Existenzsorgen sind geradezu überwältigend. Aber ich bin zufriedener. Ich muß nicht immer so tun, als ob nichts wäre, obwohl schon wieder dreimal eine Anruferin aufgelegt hat, wenn ich oder Chris rangingen. Chris hatte schon längst kapiert, was da lief. Im Grunde war mir das peinlich, und es hätte sich auf Dauer nicht halten lassen. Jetzt hat er zwar keinen Luxus mehr, aber eine Mutter mit Rückgrat.«

Hans versetzt Mary tatsächlich in die Lage, zwischen ihrem Stolz und einem Nervenkrieg zu entscheiden. In eine solche Situation darf man einen Verhandlungspartner nie versetzen, weil man es ihm damit praktisch unmöglich macht, entgegenkommend zu sein. Die Konflikttheorie sagt uns im Gegenteil, daß man ihm oder ihr eine goldene Brücke bauen muß: Die Lösung, die man selber erreichen möchte, muß auch der Gegenseite attraktiv erscheinen. Gerade bei Eltern, die nicht nur eine, sondern hunderte von kleinen und großen Fragen aushandeln müssen, ehe ihre Kinder erwachsen sind, sind eine kooperative Basis und ein grundsätzliches Vertrauen in die gegenseitige Fairneß unabdingbar.

Die Philosophie der Konflikttheorie ist denkbar einfach: nicht auf sein Recht pochen, sondern vernünftig verhandeln. Wer seine Interessen wahren möchte, muß die primitiven »Faustregeln« zu ihrer Durchsetzung vergessen. Wer seine Macht zur Schau stellt, wer polternd und donnernd versucht, seinen Gegner mit der eigenen Vehemenz zu beeindrucken, wer auf seinen Rechten besteht, hat seine besten Karten schon aus der Hand gegeben. Die Devise muß lauten: Lieber bekommen, was man wirklich möchte, als »Recht« zu bekommen. Wenn es eine Lösung gibt, bei der A verliert, und eine Lösung, bei der B verliert, sucht man nach einer dritten Lösung, mit der A und B gut leben können.

Nehmen wir an, Sie gehen mit Ihrem Besuchsrechtskonflikt vor Gericht. Sie stellen Ihre geschiedene Frau im schlechtestmöglichen Licht dar, um den Richter auf Ihre Seite zu ziehen. Schließlich bestätigt das Gericht Ihr »Recht«, das Kind an zwei Wochentagen und jedes zweite Wochenende zu sehen. Ihre Ex-Frau ist wütend über all die Dinge, die Sie ihr vorgeworfen haben und wütend über ihre Niederlage; wenn Sie sich begegnen, werfen Sie sich haßerfüllte Blicke zu. Dem Kind gegenüber präsentiert Ihre ehemalige Partnerin sich als Märtyrerin. Sobald es auch nur den geringsten Grund dafür gibt – eine leichte Erkältung genügt –, muß das Kind zu Hause im Bett bleiben, statt mit Ihnen mitzugehen. Ihr Kind, zerrissen in seiner Liebe für Mutter und Vater, ist nervös und traurig. Sie haben »Recht« bekommen – doch was haben Sie davon? Ihr wirkliches Interesse bestand nicht darin, Recht zu bekommen. Ihr wirkliches Interesse bestand darin, daß Sie eine innige und echte Beziehung zu ihrem Kind behalten, daß es dem Kind gutgeht, und daß Sie Ihr Kind oft sehen und mit ihm so weit wie möglich einen »normalen Alltag« erleben können.

Alle drei Ziele haben Sie verfehlt, weil es Ihnen nicht gelungen ist, eine konziliante Basis mit Ihrem »Gegner« herzustellen.

Die Voraussetzungen für eine solche Basis und die Details einer Kompromißlösung hängen von Ihren individuellen Umständen ab. Eine Konfrontation ist der schlechteste Weg, sie zu erreichen. Sie brauchen eine Minimalbasis an Kooperation, gegenseitigem Verständnis und Entgegenkommen mit dem anderen Elternteil Ihres Kindes. Sonst ist jeder Sieg eine Niederlage.